Samy Molcho

Partnerschaft
und
Körpersprache

Fotografien
von Nomi Baumgartl

Mosaik Verlag

Der Mosaik Verlag ist ein Unternehmen der Verlagsgruppe Bertelsmann

© 1990 Mosaik Verlag GmbH, München / 5 4 3 2 1
Layout: Hanne Koblischka
Satz: Filmsatz Schröter GmbH, München
Repro: Wartelsteiner GmbH, Garching b. München
Druck und Bindung: Mohndruck Graphische Betriebe GmbH, Gütersloh
Printed in Germany · ISBN 3-570-00958-0

Inhalt

Vom Geist der Partnerschaft

Partnerschaft zielt auf Harmonie, und diese Harmonie ist wie das sanfte Fließen eines Baches, das sich nicht an Steinen bricht. Information und Reaktion zwischen Partnern sollten von ähnlichem Einklang sein. Dieses schöne Gefühl des Miteinander kann jedoch die Gefahr in sich bergen, daß die Wahrnehmung der Harmonie mit der Zeit verblaßt. Daher muß es

Grenzen für den Harmoniestrom geben, Konfliktstoff also, der die Empfindung für die Wohltat des Fließens wieder weckt. In der andauernden Harmonie verwischen sich die gesetzten Grenzen leicht, und womöglich strandet einer am Ufer oder erwartet, etwas zu finden, das der Fluß gar nicht enthält.

Gefühle und Empfindungen von Partnern können mit dem Strom und gegen den Strom schwimmen wie die Forellen im Bach. Solange sie in Bewegung sind, harmonisieren sich auch die Gegenbewegungen. Unbeweglichkeit dagegen wirkt wie ein Stein im Wasser, er stört die Strömung.

Leben heißt Bewegung. Empfindungen, Wünsche, Forderungen unter Partnern sollten beweglich sein wie die Fische im Bach.

Begriffe – greif-bar gemacht

Körpersprache macht, wie ich in *Körpersprache als Dialog* ausführlich dargestellt habe, die Verbindung zwischen unserem geistigen und unserem physischen Wesen deutlich. Das heißt, alles was wir abstrakt denken, wird umcodiert auf eine physische Ebene und erhält damit physische Gestalt. Für uns als Körper ist es nicht möglich, einen abstrakten Gedanken ohne die besagte Umcodierung zu erfassen. Unsere Sinne können nur Materie aufnehmen. Das Gehirn vermag Abstraktionen zu speichern, kann Analogien und Assoziationen ins Unendliche fortentwickeln. In dem Augenblick jedoch, in dem der Gedanke in die Erfahrungswelt eingeführt werden soll, muß er physische Gestalt annehmen. Das vollzieht sich nicht jedesmal durch Übersetzung in große Motorik, sondern oft durch eine innere Bewegung, die zum Beispiel durch Erröten, durch Schweißausbruch sichtbar werden kann. Gedanke und Erfahrungswelt sind über eine Art Homunkulus-Modell in uns verbunden. Wir haben uns dieses Modell vorzustellen wie die Signaltafel in einem Eisenbahnstellwerk, auf der kleine Lichter die realen Zugbewegungen simulieren. Das einfachste Beispiel für die physische Gestalt eines Gedankens ist immer wieder jene Bewegung, mit der unsere Hand sichtbar einen Gedanken wegschiebt wie einen realen Gegenstand. Wir werfen wohl auch einmal einen Gedanken über die Schulter weg, wir verwerfen ihn. Unsere verbale Sprache ignoriert diesen Zusammenhang zwischen Geist und Körper keineswegs, im Gegenteil, sie stößt uns förmlich darauf. Ich erinnere an Ausdrücke wie »einen Standpunkt einnehmen«. Unsere Stellungnahme hängt mit der Stellung zusammen, die unser Körper einnimmt. Auf einen »Vorschlag«, den ich nicht akzeptiere, reagiert mein Körper durch Ausweichen, als handle es sich wirklich um einen Schlag und so fort. Die Sprache steckt voller Parallelen und Synonyme für das geist-physische Wechselspiel in uns.

Beziehungen scheinen etwas Abstraktes zu sein. Wir gehen eine Beziehung ein, benutzen das Wort Bindung dafür, sprechen von Partner und Teilhaber, können uns aber nur schwer vorstellen, daß diese Begriffe auch eine physische Seite repräsentieren und für uns physisch existieren. Wer eine Bindung eingeht, der ist gebunden. So einfach ist das. Was ich versuche, ist, die physische Realität von Bindung nachvollziehbar zu machen. Es geht mir um das unmittelbare körpergebundene Erlebnis, in ihm wird das Gefühl angesprochen. Überall, in harmonischen und disharmonischen Situationen zwischen Menschen reagieren wir zunächst emotional und nicht intellektuell. Da liegt das Problem. In meinen Partnerschaftsseminaren, denen dieses Buch folgt, kann ich in Übungen das körperliche Gefühl von Bindung direkt nachvollziehbar machen. Das Buch soll den Eindruck davon spürbar werden lassen.

Was heißt Partnerschaft?

Partnerschaft ist Teilhabe. Das Wort »Partner« wurzelt im Lateinischen: *pars* bedeutet sowohl Teil als auch Anteil. In die deutsche Sprache kam der Partner Anfang des 19. Jahrhunderts auf dem Umweg über den in England gebräuchlichen Begriff *partner*, und die wortgetreue Übersetzung mit »Teilhaber« beschreibt die Situation eines Partners immer noch am besten. Zwar sprechen wir von einem Teilhaber im heutigen Sprachgebrauch mehr oder weniger ausschließlich im geschäftlichen Lebensbereich, also vom Teilhaber einer Firma, aber das Wort trifft in jeder Beziehung auf das zu, was Partnerschaft ausmacht. Teilhaben heißt ganz wörtlich, einen Teil von etwas besitzen, das an sich ein Ganzes ist. Auch an sich Ganzes kann wieder Teil eines größeren Ganzen sein. Es ist ein physikalisches Gesetz, daß jeder Teil ein Ganzes darstellt und zugleich Partikel eines größeren Ganzen ist. Dieses System entwickelt Beziehungen, Größen- und Funktionsbeziehungen auf verschiedenen Ebenen. Schon in der einfachsten Partnerschaft tritt die Frage auf: In welcher Beziehung stehen die Teile zueinander? Das heißt auch zugleich, danach zu fragen, wie sich die Partnerschaft aufbaut.

Der Teilhaber an einem Ganzen kann nie über volle hundert Prozent verfügen, das heißt, er ist abhängig von dem, der an diesem Ganzen ebenfalls teilhat, oder von denen, die neben ihm an diesem Ganzen beteiligt sind.

Alles in der Welt entsteht aus Partnerschaft. Nicht nur der Mensch braucht den Partner, um sich fortzusetzen, um sich zu vermehren. Ganz grundsätzlich gilt: Durch Partnerschaft vergrößere ich mein Potential. Ich muß jedoch wissen, daß es in diesem Augenblick nicht mehr allein *mein* Potential ist, sondern *unser* Potential; es besteht aus gemeinsamen Kraftquellen.

In eine Partnerschaft geraten wir, ohne Einfluß darauf ausüben zu können, bei unserer Geburt, die schon das Resultat einer Partnerschaft ist. Die Familie, die Gesellschaft, in die wir hineingeboren werden, hält das System bereit. Jeder bekommt einen bestimmten Anteil an Familie und Gesellschaft zugewiesen, in dem er eine bestimmte Funktion hat, systemkonforme Aufgaben, die ihm Pflichten aufbürden, aber auch Rechte sichern. Die Gruppe bietet dem Teilhaber Schutz und macht ihn abhängig.

Es ist gut, sich zu Beginn dieser Überlegungen klarzumachen, daß Partnerschaften auf freiwilliger Basis eingegangen werden, aber ebensogut erzwungen sein können, daß aber weder das eine noch das andere am System der Partnerschaft etwas ändert: Wir treten in Beziehungen ein, und die funktionieren nach eigenen Gesetzen und nicht nach dem Entstehungsgrund der Partnerschaft. Wie gesagt: Ich bin in eine Beziehung hineingeboren, ohne daß man mich gefragt hat, ob ich will. An meine Mutter bin ich gebunden, ob ich will oder nicht.

Linke Seite
Harmonie und Gleichklang

Bindung

Gehen wir freiwillig eine Bindung ein, treffen wir darüber eine Abmachung oder schließen darüber einen Vertrag. Die Fäden solcher Bindung bleiben unsichtbar, aber der Gruppenzwang bzw. das Gesetz zwingen uns, die unsichtbare Bindung zu respektieren. Dabei ist es nicht leicht, sich die Realität dieser Bindung vorzustellen, weshalb Partner häufig weder die Grenzen noch die Vorteile ihrer Bindung erkennen oder aber unter ihr leiden, weil ihre Erwartung anders aussieht als die Realität der Partnerschaft. Es führt zu Aggressionen oder Hilflosigkeit, wenn das System oder die Spielregeln einer Bindung nicht mehr oder nie wirklich wahrgenommen werden. Unsere Sprache drückt dies treffend aus: »Ich fühle mich an ihn/sie gefesselt.« – »Sie binden mir Hände und Füße.« – »Ich halte ihn/sie kurz oder an der langen Leine.«

Um Beziehung erlebbar, körperlich erfahrbar zu machen, habe ich eine einfache Methode anzubieten, die klar die Grenzen und Vorteile von Bindung erkennen läßt. Nehmen Sie ein dünnes Seil und befestigen Sie es mit einem Ende an Ihrer Taille und mit dem anderen an der Taille eines Partners. Jetzt agieren Sie. Jeder der beiden Partner hat einen gewissen Spielraum, ist relativ frei. Aber es gibt einen Punkt, an dem der Partner feststellt, daß er nicht allein ist. Einer zieht, und beide bemerken die Spannung, die durch das Ziehen entsteht. Von jetzt an erleben Sie, was eine Bindung ist. Das Partnerschaftssystem ist in Gang gesetzt: Einer muß entgegenkommen oder folgen, sonst bleibt die Spannung, verstärkt sich, bis das Seil reißt oder einer stolpert und vielleicht sogar stürzt. War die Spannung zu groß, fällt der andere mit. Einer muß also nachgeben, damit die Spannung nachläßt. Schon in der Kindheit erfahren und

Enge Bindung ist kein Hindernis bei harmonischem Gleichschritt.

üben wir Bindung und Beziehung. Wenn ein kleines Kind seine Ente auf Rollen hinter sich herzieht, ist es durch die Schnur an das Spielzeug gebunden. Reißt das Kind daran, kippt die Ente um, zieht es gleichmäßig, rollt sie vorwärts. Wie bringt es die Ente über Unebenheiten? Schaut es zurück, wenn das Tier auf Rädern irgendwo steckenbleibt?

In derselben Situation, also mit dem Spielraum gewährenden, aber doch bindenden Seil zwischen zwei Partnern, haben beide die Möglichkeit, mit Dritten Kontakt aufzunehmen. Tun es beide mit jeweils eigenen Partnern, stellt sich ein Gefühl von Freiheit ein: nämlich frei zu sein, neue Beziehungen einzugehen. Geht einer im wörtlichen Sinn zu weit, verfolgt er ohne Abstimmung mit dem Partner sein Ziel, erinnert ihn die Spannung des Seils an seine Bindung. Seine Bewegung wird blockiert. Er kann jetzt nachgeben, sich mit dem Partner austauschen – oder das Seil durchtrennen. Die Beziehung existiert nicht mehr für ihn. (Scheidung, Vertragsauflösung etc.) Die lange Leine gibt dem einzelnen große Bewegungsfreiheit. Obwohl er an einen Partner gebunden ist, verhält er sich wie einer, der ungebunden ist, bis der Partner am Seil zieht – und eine kleine Spannung entsteht. Durch sie werden Informationen ausgetauscht. Analogien zum täglichen Leben sehen so aus: In einer Ehe brauchen Mann und Frau, die berufstätig sind, das lange Seil, um mit ihrer Zeit so disponieren zu

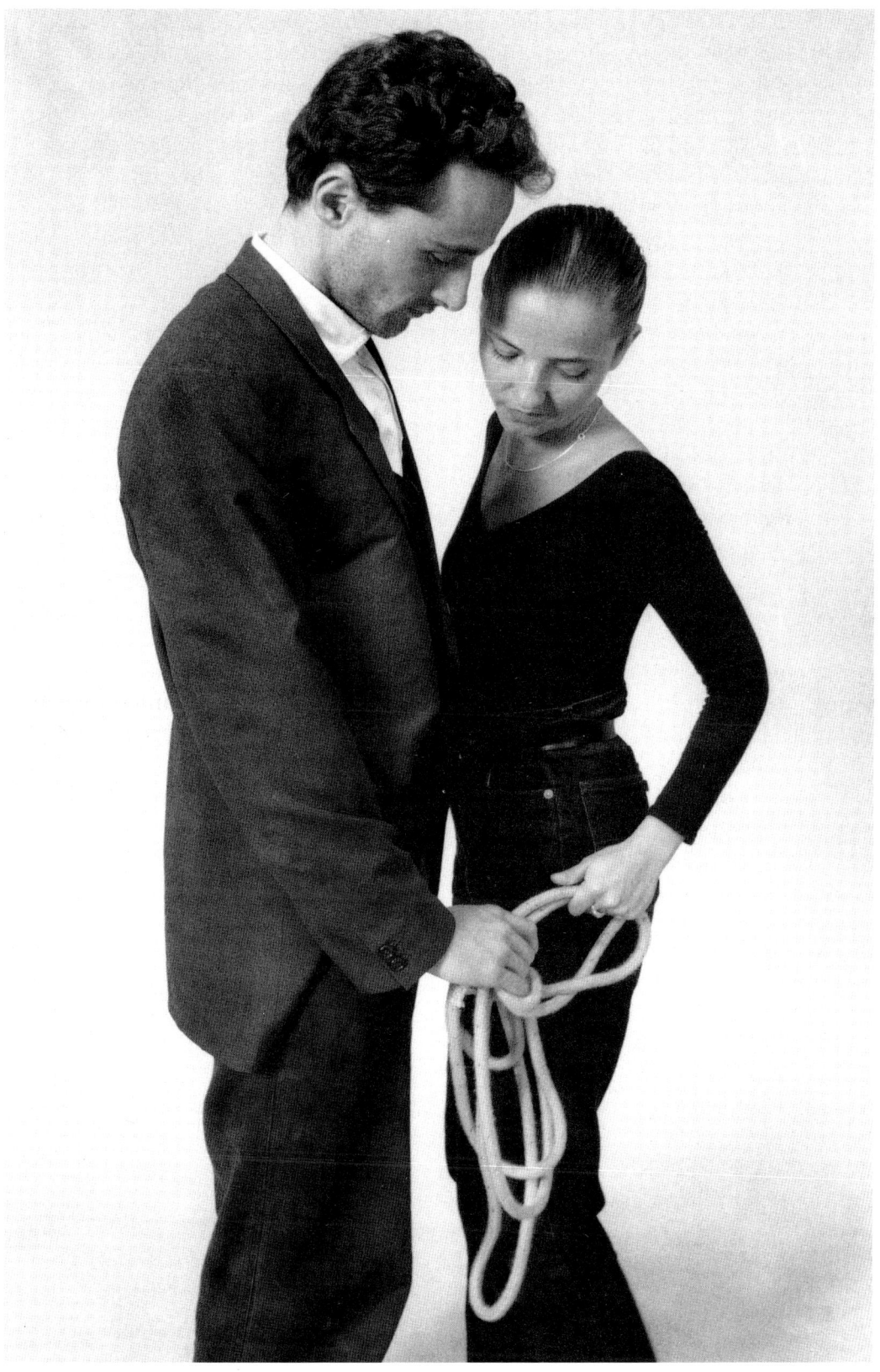

Emotional und körperlich sind sich die beiden nah. Wer zögert, weiß, was Bindung bedeutet. Wer sie ablehnt, übersieht, daß es keine Partnerschaft ohne Bindung gibt.

können, wie es ihre Arbeit verlangt. Die Hausfrau benötigt die lange Zeit-Leine für ihre Tätigkeit, sei es Kindererziehung, Arbeit in Haus und Garten, seien es Planung und Gestaltung des gesellschaftlichen Lebens oder Engagements beider. Analogien im Geschäftsleben liegen auf der Hand. Nicht nur der Leiter einer Auslandsniederlassung braucht Entscheidungsfreiheit, also lange Leine. Nicht nur bei ihm wird sie sich spannen, wenn er seine Kompetenz überschritten oder seinen Etat überzogen hat.

Je länger das Seil gelassen wird, um so freier ist der einzelne Partner, um so länger ist aber auch die Zeit, die der andere braucht, um das Seil zu spannen und die notwendige Information mit dem Partner auszutauschen. Kommunikation wäre der Ausweg. Leichtes Ziehen und Nachgeben kann signalisieren: Kommst du nicht mit? Partner A wünscht den Kontakt zu Partner C, ist aber an Partner B gebunden. Vielleicht toleriert B die Absichten von A und C, bleibt aber passiv. Die bessere Lösung wäre, es gelänge A, den Partner B aktiv in die neue Beziehung einzubinden.

Ein Beispiel: C will ein Produkt von A beziehen. A kann diesen Artikel jedoch nur mit Hilfe oder Genehmigung von B bereitstellen. Nimmt C keine Rücksicht auf die Verzögerung, weil er nicht weiß oder nicht versteht, wovon A abhängig ist, gerät A in eine Spannung zwischen C und B. (C will Lebkuchen, die A herstellt, der dazu aber die Backöfen von B braucht. Heizt B seine Öfen nicht, kann A den Auftrag von C nicht erfüllen.)

Der eine Partner ist meist nicht in der Lage, die schon bestehenden Beziehungen des anderen zu überschauen. Hätte Partner A in unserem Beispiel rechtzeitig über seine Abhängigkeit, sprich Bindung, den Partner B informiert, wäre C vielleicht bereit gewesen, im Termin etwas nachzugeben. C wartet: Er läßt das Seil locker; C setzt den Termin: Er spannt das Seil ein wenig. Es hat seine eigene Faszination, solche Beziehungszusammenhänge körpersprachlich zu erleben und zu analysieren. Das System wird sichtbar. Denn was wir nicht sehen und spüren, wird uns auch nicht klar. Ich habe zum Beispiel sehr viel Spielraum. Dennoch ist das Seil nicht unendlich, und es kommt der Moment, in dem ich meinem Partner signalisieren muß, ein Stück mitzugehen, damit ich wieder Spielraum habe. Im anderen Fall muß er mich überzeugen, daß er seine Position zur Zeit nicht verlassen kann und ich zurückkommen soll; sonst reißt das Seil oder einer von uns kappt es. Das Spiel zeigt außerdem, daß keiner der Partner das Signal des anderen ganz ignorieren darf. Das wäre Liebesentzug (siehe mein Buch *Körpersprache als Dialog*), die Folge davon stärkeres Ziehen (aggressive Reaktion), um auf sich aufmerksam zu machen, oder Resignation: Da mache ich eben nicht mehr mit.

Die Natur hat dem Menschen zwei Systeme mitgegeben: ein geschlossenes und ein offenes. Nach dem geschlossenen System arbeitet unser ganzer Organismus wie ein Automat. Er tut es, ob wir wollen oder nicht. Krankheiten, Streßsymptome sind äußere Signale dieses Programms. Mit dem offenen System, das uns zur Verfügung steht, können wir selbst Ziele setzen, ein Rastersystem aufbauen, durch das unsere Entscheidungen gehen: Wichtig – unwichtig.

Beide Partner sind eng verbunden, jedoch mit einem elastischen Band und nur an der Taille. In ihrem Handeln (Hände) sind sie individuell frei.

Größere Entfernung ist möglich, ohne daß die Partnerschaft gefährdet wäre, weil die Informationsspannung gewährleistet bleibt. Auch im Streit schafft die Elastizität der Verbindung einen Toleranzspielraum.

Das Seil zwischen den Partnern kennt keinen elastischen Spielraum in der Auseinandersetzung. Der Streit wird zur Zerreißprobe.

Nutzen wir die Chance nicht, Ziele zu setzen, verselbständigt sich das System, läuft auf Gewohnheiten hinaus statt auf Entscheidungen. Fragen wir uns also häufiger: Warum reagiere ich auf dieses oder jenes übertrieben scharf oder verletzt? Die Fragen »Was will ich?« und »Was erwarte ich von einer Beziehung?« sind von großer Wichtigkeit, denn ohne Ziele gibt es keine Wertigkeit und somit auch keine Entscheidungsorientierung.

Das Seil in leichter Spannung zu halten oder wieder einmal unter Spannung zu bringen, garantiert den Informationsfluß. Über das schlaff herabhängende Seil stolpern die meisten. Entfremdung heißt vergessen zu haben, daß eine Verbindung existiert. Nur wenn ich »ziehe«, beginnt die Beziehung wieder lebendig zu werden. Reibungen sind positiv zu bewerten. Wir spüren, daß wir nicht allein sind. Wir kommen zueinander, wir machen unsere Bindung etwas enger. Wir gehen ein Stück gemeinsam. Es ist verblüffend einfach. Weder ist das starke Reißen am Seil nützlich, noch das Loslassen. Die leichte Spannung aber bringt Orientierung. Wenn meine Frau zu mir sagt: »Laß dir doch bitte die Wochenenden frei für die Familie«, so ist das ein Orientierungssignal, keine Drohung. Sie hat am Seil gezogen. Ignoriere ich es, wird sie stärker ziehen. Reagiere ich aber darauf, hat der Informationsaustausch funktioniert. Wir können uns nur orientieren, wenn wir die Grenzen kennen, die uns gesetzt sind. Ohne Grenzen keine Orientierung. Wie weit ich gehen kann, erfahre ich nur, wenn ich an einen Punkt komme, wo das Seil sich spannt. Je kürzer das Seil

Enge Verbindungen können notwendig sein, wo Hand in Hand gearbeitet werden muß. Der Bedarf an Informationsaustausch ist enorm und kostet Zeit, lohnt sich aber durch perfekte Koordination.

Jede Bewegung, die der eine macht, nimmt den anderen in Anspruch. Es gilt, Prioritäten zu setzen.

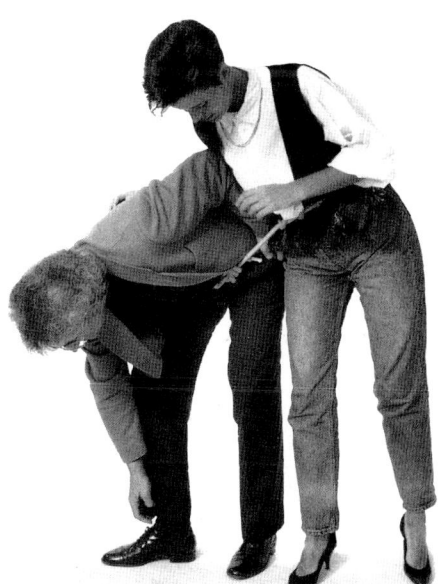

Enge Bindung zwischen Mitarbeitern einer Firma, z. B.
zwischen dem PR-Mann und
dem Graphiker, erfordert
Abstimmung. Der Kunde äußert
seine Wünsche. Er ist nicht in
den Abstimmungsprozeß
eingebunden.

Das gemeinsame Ziel verlangt
Koordination und Harmonie.

Unterschiedliche Meinung kann harmonisiert werden, solange beide in dieselbe Richtung wollen.

Nur am Rande: Zu Spannungen kommt es, wenn jeder in eine andere Richtung zieht. Die Arbeitsfähigkeit ist gelähmt.

gehalten wird, um so mehr Information fließt zwischen den Partnern. Es gibt keine Bewegung, die nicht sofort registriert wird. Bückt sich der eine, um sich die Schuhsenkel zu binden, muß er zwingenderweise den anderen informieren und auf dessen Feedback warten, denn unter Umständen funktioniert es nur so, daß der sich mitbückt. Anders gesagt: Bei kurzem Seil verbraucht der Informationsaustausch achtzig Prozent der Zeit, denn jede Bewegung muß signalisiert, aufgenommen, bearbeitet, entschieden, beantwortet werden. Nur zwanzig Prozent der Zeit bleibt für die Aktion selbst. Dennoch ist das System notwendig, wenn jeder Schritt kontrolliert und abgestimmt werden muß. Denken Sie an die Partnerschaft von Pilot und Copilot im Flugzeug, an wissenschaftliche Arbeit und ähnliches.

Die Varianten der Bindung zeigen die Vielfalt der Bindungsmöglichkeiten. Binden wir unser Seil um die Hüfte, bleiben Hände und Füße frei, binden wir dem Partner die Hand, kann er nicht mehr frei handeln, sondern bedarf vor jeder Aktion der Genehmigung des anderen, der Zentrale oder der zweiten Unterschrift. Ein Seil um den Hals kann dem Partner den Atem rauben, zum Beispiel bei Eifersucht.

Übrigens läßt sich die Übung, mit der ich das elementare Funktionieren von Partnerschaft nachvollziehbar mache, auf interessante Weise variieren: Statt eines Seils verwendet man ein elastisches Gummiband. Die neue Erfahrung ist hier, daß auch bei Spannung noch etwas Spielraum bleibt. Verwendet man statt eines Seils oder Gummibands einen Stab, kann man eine ganz unbewegliche Partnerschaft demonstrieren, weil starre Hierarchie immer in gleicher Entfernung hält. Wichtig scheint mir, was schon das Beispiel vom Lebkuchenbäcker,

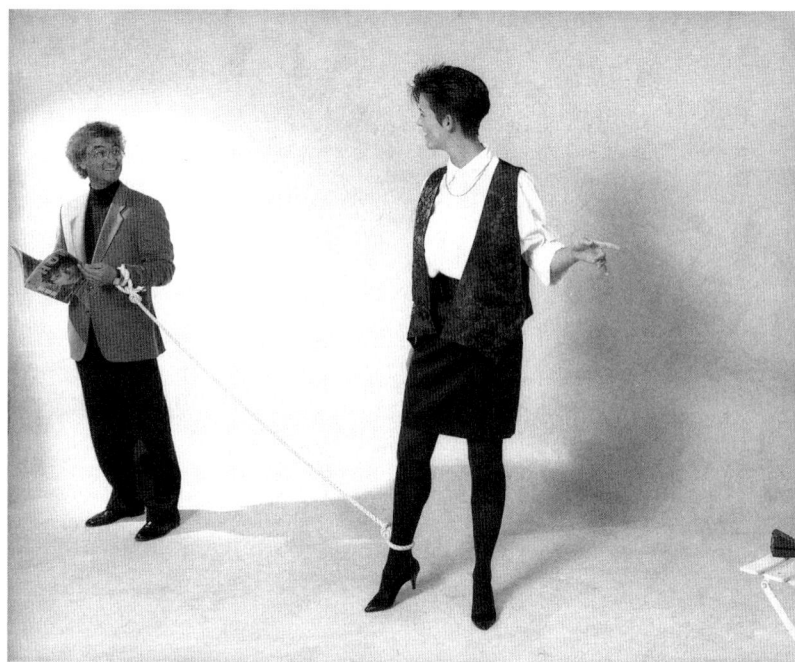

Bindungsarten: Ihre Bewegung stört seine Handlungsfähigkeit. Sein Handeln beeinflußt ihren Standpunkt. Entgegenkommen schafft Harmonie.

seinem Kunden und seinem Backofenpartner zeigt, jenes Gesetz von den vielen Einheiten als Teil eines größeren Ganzen nachvollziehbar zu machen. Mit unseren Partnerschaften befinden wir uns stets innerhalb eines Beziehungsnetzes. Die Organisation jeder Firma könnte das sichtbar machen, statt dessen sehen die Organigramme von Firmen, wie ich oft feststellen konnte, aus wie aus Quaderblöcken gemauert, sie zeigen nichts von kurzen oder langen Wegen, häufiger oder seltener stattfindender Kommunikation.

Eifersucht

Eifersucht legt dem Partner den Strick um den Hals. Die Bilder wirken brutal, aber sie sind nicht weit von der Realität entfernt. Denn bis zum heutigen Tag zerstört Eifersucht nicht nur abstrakt das Leben von vielen Paaren und Partnern. Über »mildernde Umstände«, die dem Täter gewährt werden, bleibt zu streiten. Unverwüstlich scheint auch der Aberglaube zu sein, daß, wer liebt, auch eifersüchtig sein müsse. Eine Krebskrankheit für jede Beziehung.

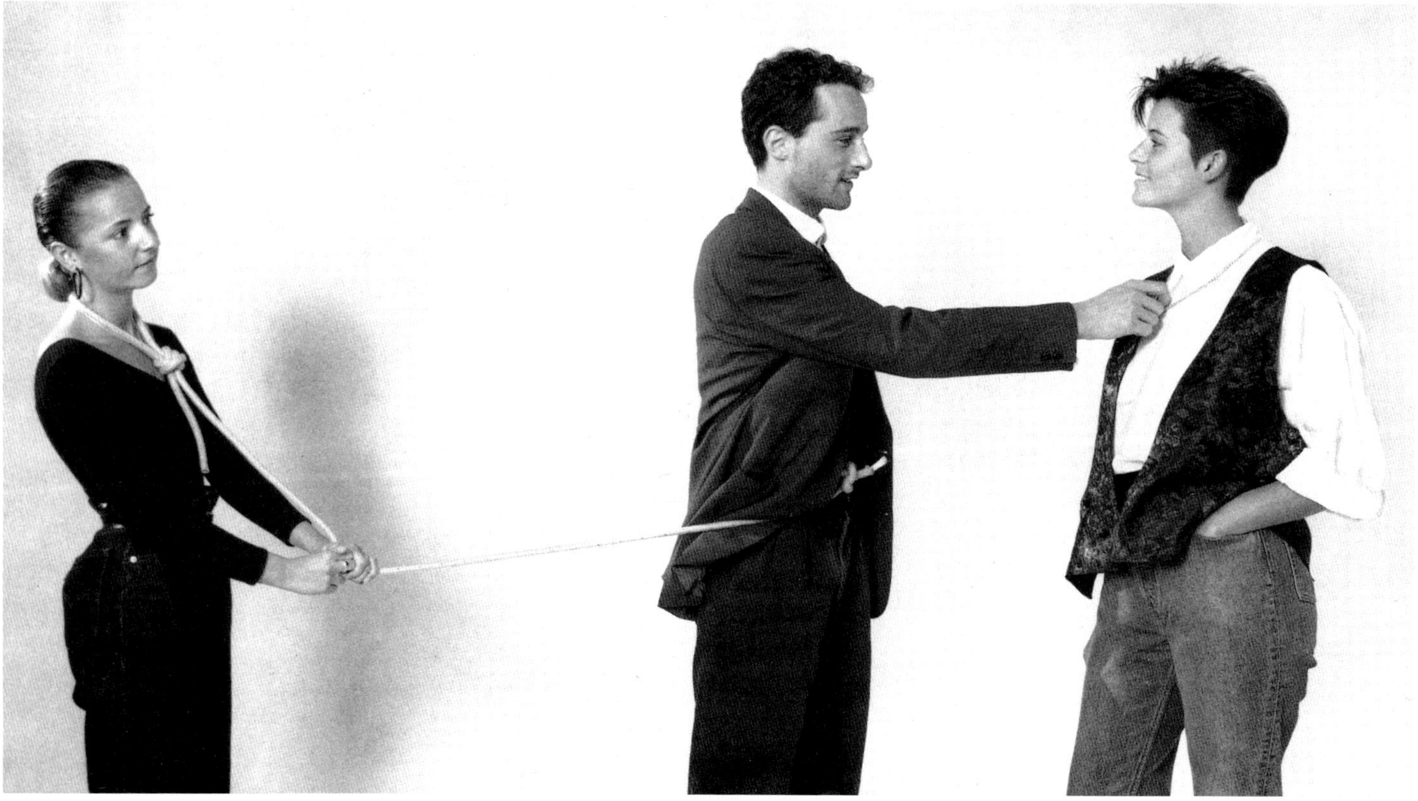

Auf den vorangegangenen *Seiten 22 und 23* ist die Entwicklung einer Eifersucht nachgezeichnet. Sie lächelt, weil sie seine Eifersucht, solange sie locker um ihren Hals liegt, für ein Schmuckstück hält. *(S. 22 oben)*

Seine Bewegungsfreiheit macht ihm den Kontakt zu einer anderen leicht, und wenn die Hauptpartnerin das Seil anzieht, bringt es ihn nicht um. *(S. 22 unten)*

Seine Eifersucht dagegen läßt ihr keinen Spielraum, sein Signal *(S. 23)* verschlägt ihr sogleich den Atem. Wie oft hört man: Ich kriege keine Luft! Er erwürgt mich mit seiner Eifersucht! Sie läßt mich nicht frei atmen!

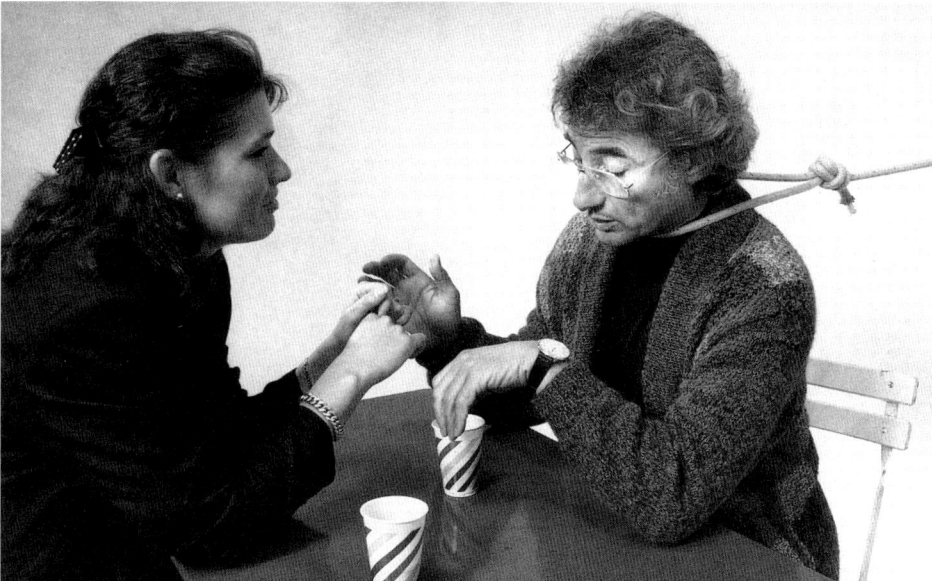

Die Fotos dieser Seite verdeutlichen zwei Aussagen zu den drei Bildern. 1. Eifersucht bezieht sich nicht nur auf die Beziehung zu Personen des anderen Geschlechts. Sie ist übergeschlechtlich. 2. Es existiert kein Unterschied im Verhalten und in der erdrosselnden Wirkung, ob ein Mann eifersüchtig ist oder eine Frau. Zuwendung einem Dritten gegenüber empfindet der Eifersüchtige immer nur als Abwendung.

Das Beziehungsnetz

Der Inhaber (1) oder Leiter einer Firma zum Beispiel pflegt die engsten Kontakte mit seiner Finanzabteilung (2) und der Produktionsabteilung (3).
Beide Abteilungen stehen in ähnlich enger Verbindung untereinander.
Da die Abteilungen sehr selbständig arbeiten und der Chef sich vor allem als Koordinator sieht, geht die Verbindung zu den Lieferanten unmittelbar von der Produktionsabteilung aus. Unter diesen gibt es Stammlieferanten (4) und Gelegenheitslieferanten (5).

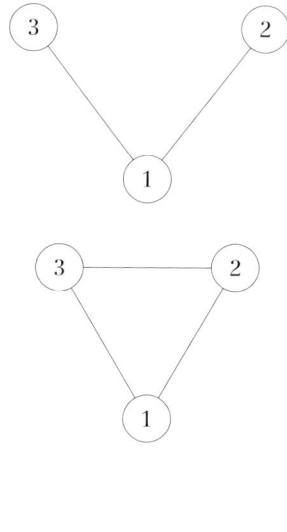

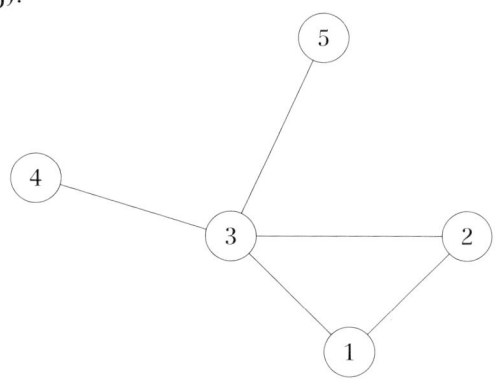

Produktion (3) und Verkauf (6) arbeiten ebenso eng zusammen wie Firmenleitung und Verkauf, während der PR-Abteilung (7) vom Chef eine lange Leine gegeben wird

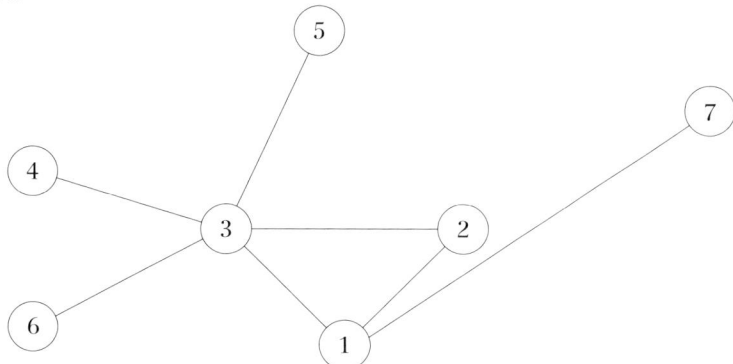

und damit große Bewegungsfreiheit. Der Nachteil besteht darin, daß PR (7) keinen direkten Kontakt zur Produktion (3), zur Finanzabteilung (2) und zum Verkauf (6) hat, so daß alles über den Chef (1) koordiniert werden muß.

   Dagegen hat der Verkauf (6) nur mit der Produktion (3) direkte Verbindung. Die Beweglichkeit der Produktion (3) ist abhängig von den Lieferanten (4) und (5). Der Chef (1) muß sich bewußt machen, daß die Produktion (3) zugleich eine Koordinationsaufgabe übernimmt, da sie sich an der Leine von (2), (4), (5) und (6) bewegt bzw. diese an der Leine hat. Nicht der Chef (1), sondern die Produktion (3) hält hier die zentrale Stellung und braucht entsprechende Unterstützung.

Die Kundschaft teilt sich wie bei den Lieferanten in Stammkunden (8) und Gelegenheitskunden (9).

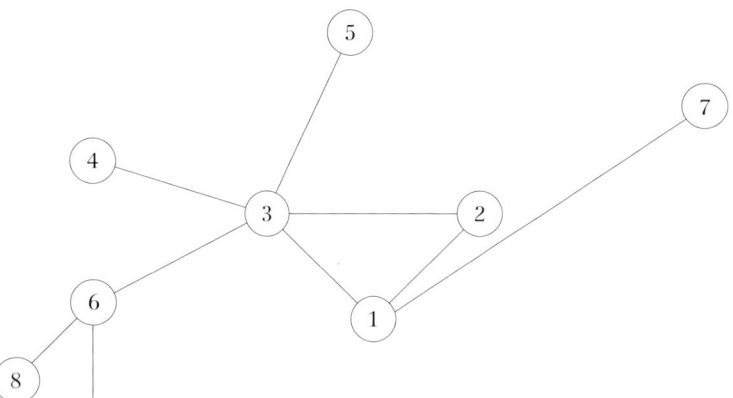

Was wir hier skizziert haben, ist das Abbild eines Beziehungssystems. In der Praxis würde es um viele Stellen erweitert sein. So wie es hier sichtbar wird, läßt es sich aber auch leicht mit einer Gruppe von neuen Teilnehmern nachvollziehen, und die unterschiedlichen Beziehungsarten lassen sich durch Seil, Gummiband und Verbindungsstab simulieren. Zu bedenken haben wir, wenn wir die Skizzen auf dem Papier vor uns sehen, daß dieses Beziehungssystem nicht statisch ist, sondern daß es sich permanent bewegt, daß Teil-Beziehungen sich lockern oder fester werden, daß Spannung zu unerwarteten Bewegungen führt, Beschleunigungen der Bewegung oder auch Stolpern verursachen kann.

In Partnerschaftsseminaren habe ich mich selbst oft als Unbeteiligter (x) in die Nähe des Systems gestellt – und war plötzlich gefangen. Es brauchte nur der Chef (1) auf die Idee zu kommen, die Verbindung zu seinen Gelegenheitskunden (9) selbst in die Hand zu nehmen und die Verbindung zu straffen. Die Verbindungsstraße zu ihnen führte dann, bildlich gesprochen, leider über mein Grundstück. PR (7) verwickelt mich durch seine Bewegungsversuche noch mehr in Aktionen, mit denen ich nichts zu tun habe.

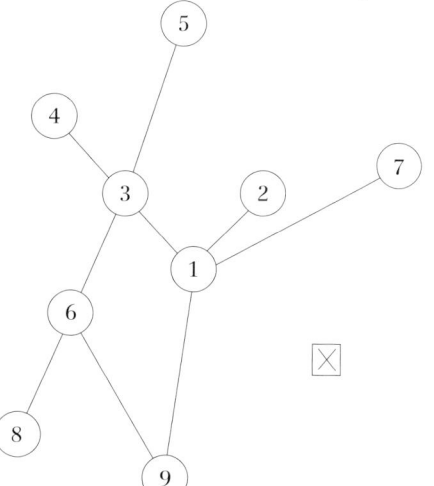

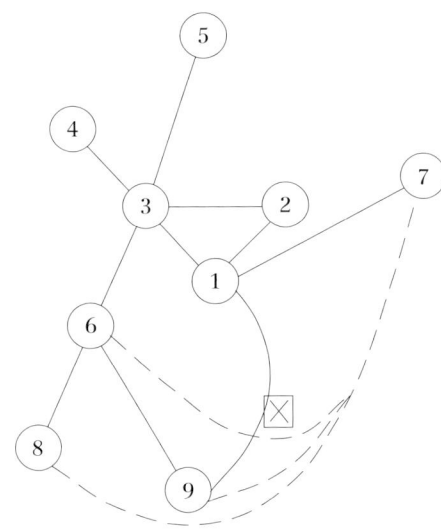

Beziehungssysteme stehen nicht still, sie bewegen und verändern sich permanent. Schnell ist ein Unbeteiligter in ihren Strudel gerissen.

Die Beispiele lassen sich fortsetzen. Familiäre Konstellationen bieten sich an. Wie eng, wie starr oder wie locker ist die Verbindung zwischen Mutter und Vater? Läßt sie ihm Leine? Und wieviel läßt er ihr? Ist die Beziehung des Ehemanns zu seiner Firma enger als die zu seiner Frau? Oder zu seinen Kindern? Und ist die Großmutter immer dabei? Die Schule bindet die Kinder ohne Spielraum.

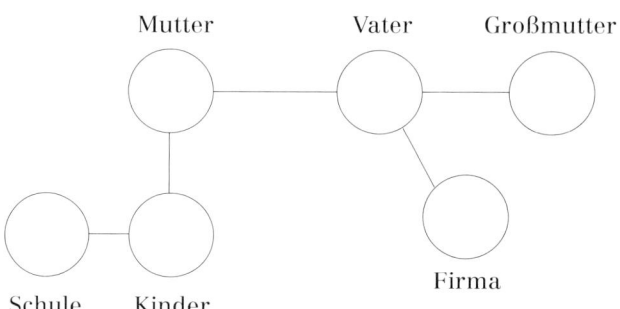

Die lange, lockere Leine bedeutet Freiheit — für den, dem sie gelassen wird. Der muß aber unter Umständen von sich aus auch einmal daran ziehen, damit er nicht vergessen wird. Eine initiale Veränderung, die sich auf den ersten Blick nur auf zwei unmittelbare Partner zu beziehen scheint, kann ein ganzes Beziehungssystem verändern — verbessern so gut wie durcheinanderbringen. Da will der Vater seine Frau auf eine Geschäftsreise mitnehmen und vergißt, da er im Moment nur sie allein im Sinn hat, ihre Bindung an die Kinder und deren Schulstundenplan. Da plant die Mutter Urlaub in den Schulferien, ohne auf die enge Bindung des Vaters zu seinem Geschäft oder zur Großmutter zu achten.

Die Einstellung einer neuen Sekretärin kann den Beziehungsrhythmus zwischen Chef und Mitarbeitern stören. Die neue Beziehung zwischen zwei Menschen, vor allem, wenn es sich um eine der ursprünglichsten Beziehungsarten handelt, die Sexualpartnerschaft, bringt gewöhnlich das bisherige Beziehungsfeld beider durcheinander. Keiner versteht zunächst, warum er ausgerechnet sie oder warum sie ausgerechnet ihn gewählt hat.

Keine Partnerschaft ohne Bindung

Mit dem oben geschilderten »Seil-Trick« will ich unter anderem zeigen, daß es keine Partnerschaft ohne Bindung gibt. Viele Menschen wollen zwar eine Beziehung haben, aber weiter für sich allein agieren, wie es ihnen beliebt. Partnerschaft bedeutet aber, daß zwei oder mehrere in einer Bindung stehen und eben nicht machen können, was sie wollen. So unbequem es manchmal klingen mag: Partnerschaft heißt auch, Verzicht leisten. Abstrakt oder physisch: Die Bindung existiert. Wir können sie mehr oder weniger fühlbar, mehr oder weniger sichtbar gestalten. Jeder Partner kann, wie beschrieben, eigene

Er bittet hier nicht nur um ihre Hand, sondern will sie binden; vielleicht, um bei größeren Ausgaben als höhere Instanz gefragt zu werden.

Kontakte aufnehmen. Außenstehende mögen meinen, der eine werde vom anderen allein gelassen in seinen Interessen, aber der grundsätzlichen Bindung bewußt, bleiben sie am langen Seil verbunden, geht sie zur Ballettstunde und er zum Fußballspiel oder umgekehrt.

Die Bindung ist durch die gegenseitige Information unbeschädigt geblieben, also auch die Partnerschaft. Will der eine nicht, daß der andere geht, »zieht« er. Es liegt beim anderen, darauf zu reagieren. Einer leistet Überstunden; wenn der andere »zieht«, hat er ihm zuviel Alleinsein zugemutet. Einer ist mit der ganzen Produktion fertig, während die Finanzabteilung noch nicht einmal kalkuliert hat. Da ist nicht rechtzeitig »gezogen« worden. Die Partnerschaft entstand, als der Produzent die Kalkulationen nicht mehr selber machen wollte und eine Finanzabteilung eingerichtet hatte. Nun ist der Partner da, mit ihm die Beziehung und mit ihr die Bindung. Es gibt Bindungen von langer Lebensdauer, aber das Seil, das die Beziehung hält, wird dünn und dünner, länger und länger, schließlich reißt es. Das Ende der Bindung, so lose sie auch sein mag, ist gleichbedeutend mit dem Ende der Partnerschaft. Die Art der Bindung setzt die Spielregel ein. Sind zum Beispiel beide Partner nur um die Taille gebunden, so sind, wie gesagt, Handeln und Bewegungsfreiheit individuell ungestört, da Hände und Füße nicht gebunden sind. Bindet einer die Hand des anderen, so macht er dessen Handlungsfreiheit von seiner Genehmigung abhängig usw. Die Variationen sind fast unbegrenzt.

29

Wertsysteme und Partnerschaft

Partnerschaft, also Beziehung, schafft unser Wertsystem. Ich bin darauf schon in meinem Buch über ganzheitliche Kommunikation *Körpersprache als Dialog* eingegangen. In der Partnerschaft spielen diese Werte eine große Rolle, mehr noch: Die Beziehung zwischen Menschen, zwischen Mensch und Natur, läßt Maßstäbe erst entstehen. Niemand kann von sich behaupten, er sei groß oder klein, wenn er sich nicht auf etwas bezieht, auf einen, der kleiner oder größer ist. Das gilt für das physische Maß eines Menschen, es gilt aber auch für seine Wichtigkeit, seinen Intellekt, sein Wesen oder für seine Nützlichkeit in der Gesellschaft.

Funktionen verleihen Gewicht. Ist eine Funktion nicht mehr gefragt, ist auch der Mensch nicht mehr wichtig, natürlich auch dann, wenn er die Funktion, die ihn nützlich und wichtig machte, verliert. Ist die Funktion gefragt, gilt auch der Mensch, der sie ausübt, als wichtige Persönlichkeit. Ich bin so oft auf Partys geschleppt worden, weil dort wichtige Persönlichkeiten anzutreffen wären. Meine Frage: Wichtig für wen? hat viele irritiert.

Das alles hängt mit dem Beziehungsnetz zusammen, in dem wir stehen. Die Werte sind also keineswegs absolut. Was hier und heute für wichtig gehalten wird, kann anderswo und zu anderen Zeiten ganz unwichtig sein.

Die Funktion und ihre Wichtigkeit hängen mit dem Anteil zusammen, den ich in einer Partnerschaft habe. Von Bedeutung scheint der zu sein, der wichtig ist für die Erhaltung eines Ganzen. Der wiederum wird mehr Rechte für sich beanspruchen können als die anderen, weil er weiß, daß ohne ihn das Beziehungssystem nicht funktionieren würde. Es kann jedoch sein und kommt häufig vor, daß ein solcher Bedeutungsträger noch nicht entdeckt hat, daß es ohne die Mitwirkung der kleineren Anteilsinhaber auch nicht weiterginge. Eine Einsicht, zu der fast jeder Zeit braucht.

Es gilt aber, dieses Phänomen zu entdecken, weil wir sonst, daß heißt die Partner, eines Tages kein Ganzes mehr sein werden. Das Ganze, besser die Ganzheit, zu sehen, obwohl sich die Funktionen teilen, kann bei verzweigten Beziehungsnetzen durchaus eine schwierige Aufgabe sein. Unser Organismus, der fraglos ein Ganzes ist, verteilt seine Funktionen deutlich und macht zugleich die Abhängigkeit des Ganzen von den Teilen überdeutlich: Funktionieren die Augen nicht, kann man nicht sehen, und wir stolpern, ohne Stimmbänder hört uns niemand.

Fragen wir weiter nach der Wichtigkeit, dem Wert der Teile: Was ist wichtiger, Gehen oder Denken zu können? Wir müssen wieder eine Beziehung herstellen: Für wen wichtiger, wozu wichtiger? Wenn ich in großer Gefahr bin und um mein Leben rennen muß, sind die Beine wichtiger als der Verstand. Der mußte mir allerdings sagen, daß Wegrennen in dieser Situation das Richtige ist.

Partnerschaft fifty-fifty?

Was sich Hände zu erzählen
haben.

Ich habe schon angedeutet, daß Partnerschaft keineswegs auf einer fünfzigprozentigen Beteiligung für jeden beruhen muß. Wir idealisieren diese Größe als Gleichgewicht. Aber 50:50 kann auch Patt bedeuten. Partnerschaftssysteme lassen Bedürfnisse verschiedener Art entstehen, die aus ihnen erwachsenden Funktionen werden von den Partnern zu unterschiedlichen Teilen übernommen. In einer Familienpartnerschaft teilt man sich Aufgaben wie Kindererziehung (Fahrten zur Schule, Spiele, Schularbeiten usw.) Gartenarbeit, Reparaturen, das Pflegen gesellschaftlicher Beziehungen und so weiter. Im Beruf ist es nicht anders: der eine verkauft, der andere organisiert, der dritte produziert. Welchen Teil habe ich am jeweiligen Ganzen? Das ist eine Frage, die dem Leser dieses Buches beantwortbar gemacht werden soll. Was das mit Körpersprache zu tun hat?

Für mich hat alles mit Körpersprache zu tun, denn wir erfahren durch unseren Körper alles. Unser Gehirn kann nur umsetzen, was unser Körper erfahren hat. Danach hat es die Möglichkeit, spekulative oder analoge Formen und Formeln in der Abstraktion aufzubauen. Der Ausdruck Welt-Bild ist anschaulich und richtig, denn unser Gehirn macht sich ein Bild, das wir als real nehmen, obwohl unser Auge nur die Lichtreflexionen eines Gegenstands aufnimmt und nicht den Gegenstand selbst.

Die Hände tasten, das Gehirn verbindet die Information mit bildlicher Vorstellung. Wir meinen, das Bild sei eindeutig, aber es stammt aus unterschiedlichen Informationen. Unser Ohr nimmt Schwingungen verschiedener Länge und Intensität wahr, wir hören eine Beethoven-Symphonie nur als Produkt unseres Gehirns.

Wir erleben die Welt durch das Bild, das sich unser Gehirn von ihr macht. Manche Lebewesen sehen die Welt zweidimensional, wir sehen sie dreidimensional. Wie viele Dimensionen hat sie wirklich?

Zuerst kommt stets das Erlebnis. Es hilft uns weiter, wenn wir uns einmal bewußt machen, daß wir unseren Körper auf die Welt projizieren. Wir sprechen von oben und unten, gerade im übertragenen Sinn (»ihr da oben, wir hier unten«). Die Welt wird auf den Kopf oder auf die Füße gestellt. Gingen wir auf allen vieren, würden wir von vorwärts und rückwärts, von vorn und hinten sprechen. Je nachdem, wie sich ein Körper bewegt, ändern sich für ihn Werte und Wichtigkeiten.

Die kurze Entfernung zeigt: Ich gehöre zum engeren Kreis.

Ungeschriebene Spielregeln

Die Systeme, die von jeder Beziehung aufgebaut werden, lassen sich körpersprachlich verfolgen. Jemand macht eine dominierende Bewegung, es braucht nur ein energisches Zeichen mit dem Kopf oder eine Zeigefingerattitüde zu sein, und schon beginnt der Aufbau eines Systems. Denn der Partner wird reagieren. Wie reagiert er? Mit Widerstand, Erschrecken, Weglaufen, Aggression, Unterordnung, Übertrumpfen der dominierenden Geste? Es tut nichts zur Sache, wie er reagiert. Es kommt darauf an, daß er reagiert, und indem er dies tut, wird er ein Teil des Systems, meist ohne es zu bemerken.

Solche gesetzmäßigen Abläufe erhalten ihre Eigendynamik je nach der Reaktion: sich widersetzen, sich unterordnen oder sich zurückziehen. Es ist nicht leicht, ein entstehendes System zu verlassen. Jedenfalls entstehen diese Gesetze unmerklich, und wir spielen mit, ohne daß sie uns bewußt sind.

Das gilt für alle partnerschaftlichen Beziehungen, und für jeden von uns hat das in frühester Kindheit begonnen. Die Familie stellt ein ausgeprägtes Partnerschaftssystem dar. Erziehung baut Systeme auf. Der Mensch neigt dazu, diese Systeme für unabänderlich, für naturgegeben zu halten. Dabei handelt es sich nur um Spielregeln; doch obwohl es nur Spielregeln sind, halten sie allein das System aufrecht. Der Spielverderber wird als Rechtsbrecher angesehen.

Ich will hier nicht dazu aufrufen, Spielregeln zu mißachten oder zu brechen. Worauf es mir hier ankommt, ist, sie bewußt zu machen. Der Mensch kann sich in Wahrheit nur so lange dem Spiel verweigern, wie er allein bleibt; trifft er auf einen zweiten, entsteht auf der Stelle ein System. Ob er es will, ob der andere

es will, spielt nicht die geringste Rolle. Wir können uns den Spielregeln also nicht entziehen, aber wir können darüber sprechen, und indem wir das tun, erreichen wir Klarheit über die ihnen zugrundeliegenden Mechanismen. Tun wir es nicht, sind wir auf Vermutungen angewiesen. Wir nehmen an, daß etwas das bedeutet, was wir vermuten, daß es bedeuten müßte.

Links: Der eine schreibt auf, was er sieht; der andere sperrt sich. *Rechts:* Sie sitzt auf seinem Schoß und raubt ihm seine Bewegungsfreiheit.

Ungeklärte Spielregeln

In jeder Partnerschaft entwickelt sich unausgesprochen ein Geheimcode. Er ist so geheim, daß die Partner ihn in der Regel nie untereinander ausgetauscht, nie miteinander verglichen haben. Jeder der Partner geht schlicht davon aus, daß der andere seinen Code versteht und sich dementsprechend verhalten wird. Hier wird an den Partner eine unerhörte Anforderung gestellt, denn der persönliche Code entsteht aus einer Interpretation selektiver Projektionen von Annahmen. Eine davon ist die Erwartung, daß der Partner unsere Probleme löst. Ich kann einem anderen durchaus helfen, mache ich jedoch seine Probleme zu meinen, hilft es ihm nichts, wenn ich sie für mich gelöst habe. Partnerschaft ist eine Wechselbeziehung und keine Totalübernahme.

Wir sehen etwas in unseren Partner hinein, das ausgesprochen viel mit uns,

33

aber äußerst wenig mit ihm zu tun hat, und wir erwarten, daß er sich dieser Projektion gemäß verhält. Das geschieht täglich, in jeder Familie, in jedem Büro, in jeder Fabrik, in jedem Geschäft, in jeder Partnerschaft, also in jeder Beziehung.

Die vernebelte Information

Es sind die vernebelten oder nie ausgewechselten Informationen, die innerhalb einer Partnerschaft oder Gruppe entscheidende Probleme schaffen. Wir tun gewöhnlich nichts, um unsere Vorstellungen vom Funktionieren des Systems aufzudecken. Wir leben mit ständigen Unterstellungen und nehmen auch Veränderungen nicht wahr.

Die Ehe als Beispiel von Partnerschaft. Da gehen zwei eine verbriefte Verbindung ein. Von der Seite des Mannes sieht diese Partnerschaft etwa so aus: Er hat für sein Haus ein Frau genommen. (Das soll es auch heute noch geben!) Für ihn ist das Spiel, sind die Spielregeln klar. Kein »Ziehen« am Seil von seiten der Ehefrau beeinträchtigt seinen Standpunkt. Zehn Jahre später: Besteht noch dasselbe System? Gilt noch dieselbe Rollenverteilung? Wurde je darüber gesprochen, daß sich etwas verändert hat? Das System wird häufig unter Anstrengungen aufrechterhalten, bis einem Partner der Kragen platzt. Reißt auch das Seil? Verständlicherweise ist es in unserer Gesellschaft meist die Frau, die den gemeinsam erzeugten Nebel vertreibt. Sie ist inzwischen möglicherweise Mutter geworden, hat beruflich und gesellschaftlich Karriere gemacht und hält es einfach nicht mehr aus, vom Ehemann als Kindfrau behandelt zu werden, die sie zu Beginn der Partnerschaft vielleicht einmal war. Auf die Frage an einen Ehemann, ob er seiner Frau je gesagt habe, daß ihm ihr Essen besonders gut geschmeckt hat, antwortete er mit nein. Ich fragte weiter: »Und wie zeigst du es deiner Frau, daß dir die Suppe gut schmeckt?« – »Ganz einfach«, antwortete er, »ich nehme einen zweiten Teller oder löffle die ganze Suppenterrine leer.« – »Und weiß deine Frau auch bestimmt, daß du nicht nur großen Hunger hast, und bekommt sie nicht vielleicht ein schlechtes Gewissen, ob sie genug gekocht hat?« Er machte große Augen. »Daran habe ich nicht gedacht.« Wozu also die Vernebelung, wenn es so einfach geht?

Das System der Vernebelung von Veränderungen wird uns in mehreren Kapiteln dieses Buches wiederbegegnen, es bezeichnet eines der wesentlichen Probleme von Partnerschaft überhaupt. Das beginnt bei dem Spitznamen für ein Kind, und nun wird ignoriert, daß dieser Mensch kein Kind mehr ist. Da heißt einer »Bubi« oder »Hansi« und ist inzwischen ein ausgewachsener Mann geworden. Wir sollten uns beizeiten daran erinnern, daß Bezeichnungen Rollen und Rollenverhalten schaffen. Das gilt auch für die Kosenamen in der Partnerschaft. Das »Mäuslein« möchte vielleicht schon lange nicht mehr das graue Mäuschen sein. Aus falscher Rücksicht spricht die Frau, die von ihrem Partner vielleicht sogar zärtlich so genannt wird, nicht darüber, weil sie annimmt, den

Partner damit zu verletzen. Der wiederum fühlt sich verpflichtet, ihr weiter den überalterten Kosenamen zu geben, um sie nicht zu kränken. Kreisende Nebel könnte man das nennen. Wir ertappen uns immer wieder dabei, daß wir etwas voraussetzen, das keinen Anhaltspunkt in der Realität besitzt: Die Sekretärin nimmt an, daß ihr Chef es so erwartet, der Chef nimmt an, daß die Sekretärin es so erwartet; der Chef nimmt an, daß sein Kunde es so und nicht anders erwartet. Wie selbstverständlich erwartet der Vorgesetzte etwas von seinem Mitarbeiter, hat ihm aber ebenso selbstverständlich diese Erwartung nicht mitgeteilt.

Von der Relativität unserer Maßstäbe

Körperliche Größe hatte einmal eine nachvollziehbare Bedeutung. Der Mann mit dem längeren Arm kann meine Nase leichter erreichen als ich seine. Seit geraumer Zeit und nicht erst seit Einstein wissen wir, daß klein und intelligent zu sein, mehr wert ist als groß und dumm, siehe David und Goliath. Was wiederum nicht dazu führen darf, daß klein mit Intelligenz und groß mit Dummheit gleichgesetzt werden müßte. Das Wissen um die Relativität unserer Anschauung sagt uns, daß die Welt nicht so ist, wie wir sie sehen. Ein Blatt unter einem Mikroskop sieht anders aus, als das, das wir mit bloßem Auge betrachten: Wie sieht es wirklich aus? Die Dinge, die wir als statisch annehmen, sind in Wirklichkeit in permanenter Bewegung. Gibt es tote Materie? Die Physik kann uns von beweglichen Elektronen mit enormer Geschwindigkeit erzählen, von Reaktionen, die Materie den Lebewesen verwandt erscheinen lassen.

Obwohl wir das alles wissen, baut sich unser Weltbild vorwiegend nach dem auf, was wir unmittelbar sehen. So sehe ich es, so ist es! Vielleicht ist, was wir jetzt sehen, jetzt richtig. Isaac Newtons Weltbild ist durch die Entdeckung der atomaren Gesetze nicht mehr allgemein kosmisch wahr. Und ohne in philosophische Tiefen hinabsteigen zu wollen, frage ich: Was ist wahr? Was wir wahrnehmen, beruht auf subjektiver Wahrnehmung, und die geht immer auf meinen Körper zurück. Die Eindrücke, die mein Körper durch seine Sinnesorgane empfängt, projiziere ich auf alles, was ich sehe. Die Dinge existieren aus der Beziehung, die mein Körper zu seiner Umwelt hat. Intellektuell können wir selbstverständlich über Beziehungen spekulieren. Die bloße Wahrnehmung reduziert jedoch die Welt über Aktion und Reaktion auf die physischen Elemente. Durch unseren Körper empfinden wir Gesetzmäßigkeiten am unmittelbarsten. Wir stoßen an und wissen, daß wir an eine Schranke gestoßen sind. Durch den Körper können wir konkret das Funktionieren von Systemen erfahren, und sei es nur in einer Spielsituation wie der mit dem bindenden, verbindenden Seil zwischen zwei Partnern. In Analogien zu Alltagssituationen wird uns das deutlicher als in spekulativen, abstrakten Formeln. Die Sprache unseres Körpers lehrt, durch ihn etwas zu erfahren, was uns sonst entginge. Erfahrung wird hier unmittelbar gemacht. Spekulation ist mit dem Risiko verbunden, daß ich erlebe, was ich zu sehen meine bzw. was ich sehen will; was mir anerzogen ist, daß ich es so sehe, wie ich es sehe. Und wir sehen oft eine Fata Morgana – ebenso selbst erlebt wie selbst erschaffen. Das rührt an Existenzfragen.

Die Relativität unserer Maßstäbe zeigt sich auch in unseren Wunschbildern. Wir idealisieren zum Beispiel Mutterliebe und Kindesanhänglichkeit. Aber wäre das Kind so unbedingt anhänglich, wenn es nicht abhängig wäre von Mutter und Mutterbrust? Es ist natürlich und entspricht dem System, daß die Partnerschaft sich lockert, wenn die Abhängigkeit nachläßt, daß die Kinder später ihre Eltern verlassen und neue Bindungen eingehen. Bleibt die Bindung zu den Eltern stark, wird der neue Partner in die alte Bindung einbezogen. Unsere Aufmerksamkeit in allen partnerschaftlichen Beziehungen und ihre Bewertung muß unbedingt dem Wechselspiel zwischen den Partnern gelten.

Das Wechselspiel als Motor der Partnerschaft

In einer Gruppe sollte jeder das tun, was er am besten kann, und zwar zum Nutzen der Gemeinschaft. So funktioniert das Modell von der Gruppe. Für Partnerschaft allgemein, die wir ja grundsätzlich eingegangen sind, um einen Vorteil zu haben (woran ich gern erinnere), gilt der Grundsatz, daß der Vorteil beidseitig ist bzw. alle Partner also einen Vorteil aus der Beziehung haben. Einseitiger Vorteil begründet keine Partnerschaft. Der Vorteil, den das Kind aus seiner Partnerschaft mit der Mutter zieht, ist keineswegs einseitig. Wird die Mutter nicht belohnt durch das Lächeln ihres Kindes, durch seine »Dankbarkeit«? Wie gesagt liegt der Vorteil, den sie genießt, vor allem in der Abhängigkeit des Kindes von ihr. Das verleiht ihr ein starkes Selbstwertgefühl: Sie wird gebraucht, sie ist die Hauptkontaktperson, denn das Kind ist natürlich von ihr sehr viel abhängiger als vom Vater. Das Selbstwertgefühl der Mutter wird gesteigert. Das ist ihre Belohnung. Es gibt immer eine Wechselbeziehung in Partnerschaften, man muß nur befähigt sein, sie auszuschöpfen. Der Frau, der keine Steigerung ihres Lebens- und Selbstwertgefühls aus ihrer Mutterschaft erwüchse, bliebe nur die Mutterpflicht, und das wäre frustrierend.

Die Wechselwirkung kann zum Motor einer Partnerschaft werden, vorausgesetzt, wir erkennen den gegenseitigen Vorteil und sind bereit, das System zu akzeptieren. Wie viele persönliche Partnerschaften aber gibt es, bei denen beide Partner, jeder für sich, überzeugt sind, daß nur er/sie der/die Gebende sei und nichts dafür erhielte? Mißtrauen wir solchen Gedanken und analysieren wir einmal emotionslos – wenn das überhaupt möglich ist: Was habe ich von der Partnerschaft? Noch besser sprechen wir mit dem Partner darüber. Wahrscheinlich kommt die Beziehung dann wieder in Gang.

Zum Wechselspiel einer Partnerschaft gehört der funktionierende Informationsfluß. Dieser muß sozusagen helles Wasser führen, darf nicht verfärbt und schon gar nicht vergiftet sein. Er sollte uns auch Veränderungen anzeigen,

denen entsprechend wir neue Spielregeln erfinden, neue Gesetze aufstellen können. Denn wenn wir bei den veralteten Gesetzen bleiben, besteht die Gefahr, daß sie heutigen Bedürfnissen nicht mehr entsprechen oder daß sie zu einem der Partner durch dessen Entwicklung nicht mehr passen. In solchen Fällen funktioniert das Wechselspiel nicht mehr, Sand ist im Getriebe. In Familie, Beruf und Gesellschaft ist es dasselbe. Wie viele Gesetze haben wir, die nicht mehr in unser Zusammenleben passen? In den meisten Fällen läßt man sie ruhen nach dem Prinzip, wo kein Kläger ist, ist auch kein Richter. Wie sicher kann man jedoch sein, daß nicht doch ein Kläger auftritt?

Veraltete Gesetze einer Gesellschaft, veraltete Spielregeln im privaten, beruflichen, geschäftlichen Bereich – von Zeit zu Zeit sollten wir uns nach ihnen umsehen. Sie können beiden Seiten lästig werden und das Wechselspiel bis zur Lähmung hemmen. Wie oft hört man in diesem Zusammenhang nicht den Satz: »Das haben wir schon immer so gemacht!«

Nur die geringe Distanz spricht noch von Partnerschaft. Aus Gewohnheit wird sie aufrechterhalten, und Gewohnheit hat sie entleert. Zu sagen haben diese beiden einander nichts mehr.

Partnersuche

Wer eine Partnerschaft eingehen will, schickt Signale aus – und gerade die Partnersuche hat ihre besonderen Spielregeln. Die Signale sind dazu da, dem anderen zu zeigen, daß ich die Partnerschaft mit ihm suche; die Spielregeln dafür, die richtigen Schritte zu tun. Aber woher kennen wir überhaupt die Signale und Spielregen der Partnersuche? Haben wir sie irgendwo gelernt, erwerben wir sie uns durch Nachahmung, oder sind sie biologisch bedingt?

Eine Reihe von Signalen ist Mensch und Tier angeboren. Auch das Pflanzenreich kann hier einbezogen werden, denn die »Marken«, mit denen nektarspendende Blüten Schmetterlinge und Bienen anziehen, sind natürlich auch Signale der Werbung. Die Natur verleiht oder läßt zu bzw. schreibt männliche Attribute vor, die signalisieren können: Ich bin besser, ich bin stärker als andere, das heißt genetisch im Vorteil!

Eine ausgeprägte Muskelstruktur soll von Stärke zeugen, und der Mensch – recht eifrig auf diesem Gebiet – trainiert sich dieses Imponiersignal im Bodybuilding-Studio an.

Die natürlichen weiblichen Signale deuten hauptsächlich auf Gesundheit hin (harmonische Bewegungen, gute Proportionen, glatte Haut). Wir sind hingerissen von der Pracht und Schönheit einer Löwenmähne, im Prinzip ist sie ein Imponierkleid, wie der starke Nacken und das kräftige Gebiß maßgebend sind im Kampf. Diese verkünden: Ich bin ein guter Jäger, wenn ich zubeiße und das geschlagene Tier schüttelt mich, wird es mir nicht das Genick brechen. Die erwähnte Löwenmähne soll die Vorstellung von einem starken Genick hervorrufen. Und wenn wir einen solchen mähnigen Löwen kahlscheren würden, käme unter Umständen ein schlankes Hälschen zum Vorschein. Die Mähne selbst ist sozusagen Plüsch – also die Vorspiegelung falscher Tatsachen.

So haben wir es von frühester Zeit an mit echten und falschen Signalen in der Natur zu tun. Die Augen auf den Schmetterlingsflügeln sind Täuschung wie der Bart des Mannes, der ein starkes Kinn vortäuschen und dem Gegner bedeuten soll, daß er es mit jemandem von starker Beißkraft zu tun hat. Der Gegner oder Rivale kann nicht erkennen, wie stark und kräftig das Kinn des Widersachers wirklich ist, weil der Bart es optisch vergrößert. Die Gesetze des Zusammenlebens verändern sich. Wir wollen heute alle jung sein; da jung für schön und stark steht, rasieren wir uns glatt und halten Diät, um zu zeigen: Wir sind jung!

Schön, gesund und paarungsfähig

Das Bemühen um Partnerschaft wird, wie ich darzustellen versucht habe, in
Signalen sichtbar, und die Ursignale der Werbung finden sich im System
der Paarung. Die biologisch genetische Devise heißt: Gesund sein ist schön!
Weil gesund sein, genetisch vorteilhaft ist, muß Gesundsein auch Schönsein
heißen. Ein glänzendes Fell mit dichtem und glattem Haar signalisiert beim Tier
Gesundheit und Wohlbefinden. Sind die Fellhaare struppig, gesträubt, spiegeln
sie die innere Spannung. Das Tier ist verstört. Fehlt der Fellglanz, ist auch das
ein Indiz dafür, daß etwas nicht in Ordnung ist. Wir empfinden ein stumpfes Fell
als unschön. Ein weiteres Indiz für Gesundheit, die für uns synonym mit Schönheit ist, zeigt sich in der Harmonie des Bewegungsablaufs. Verläuft er harmonisch, ist das Tier gesund. Die Umsetzung von Energie in Bewegung entspricht
der unversehrten Tierphysis. Bei einem verletzten oder kranken Tier kann der
Bewegungsablauf nicht mehr harmonisch sein, da er gehemmt ist. Die gestörte
Harmonie weist auch auf ungestillte Bedürfnisse hin. Harmonie drückt also
Gesundheit und innere Ruhe aus, und wir finden sie als Harmonie schön.

Der Körper des Menschen – Gestalt, Haare, Haut, Stirn, Augen, Kinn, Hände und so fort – ist selbstverständlich Signalträger. Wir sind dem Tierreich nahe verwandt: das glänzende Haar, die glatte Haut, die schlanke Taille, die erwähnte Jugendlichkeit, der federnde Gang. Wir tun alles, uns die Signale der Werbung weiter zu bewahren und wenn möglich zu betonen. Dazu werden die Augen gerollt, die Brust gehoben (nach Desmond Morris Symbol für die Hinterbacken). Die Lippen sind Ersatzsignal für die verdeckten Schamlippen. Der rote Lippenstift simuliert Erregung (die heute verwendeten Lippenstifte von Blau bis Schwarz sollen als Leichenfarben provozieren). Lange Beine, Signale für geschlechtliche Reife, werden durch hohe Absätze betont, so wie die geschnürte Taille einst die Hüften hervorhob.

Bei den Männern wurden die Schulterpartien gepolstert (eine Mode, die heute auf die Frauen übergegangen ist) und so Stärke demonstriert. Die Hosenmode nahm zeitweise exzentrische Formen an. Die alles dominierende Schamkapsel, die zuerst unter Landsknechten üblich war und das männliche Geschlecht herausfordernd betonte, trugen im 16. Jahrhundert Patrizier, Herzöge und Angehörige des kaiserlichen Hofes. Heute sind starke Nähte und Reißverschlüsse weniger dazu da, die Hose zusammenzuhalten, als sie – als Symbole der Potenz – zu zieren. Ganze Industriezweige leben davon, daß wir der Natur nacheifern: Schön ist gesund. Hunderte nonverbaler Signale in einer Welt, die glaubt, sich immer nur durch verbale Sprache zu verständigen. Zwar brachte die Sprache dem Menschen unendliche Vorteile der Kommunikation. Wer sich aber nicht darauf einlassen will, zuerst durch seine Erscheinung und dann erst durch seine Eloquenz zu wirken, begeht einen Fehler, der ihm zum Nachteil gereicht. Die Harmonie zwischen Erscheinung und verbaler Ausdrucksweise erst macht ihn glaubwürdig.

Zu den einfachsten, aber nicht in jeder Situation zu empfehlenden Signalen der Annäherung gehört das Augenzwinkern. Es versucht, Vertrautheit herzustellen: Gehen wir in eine Partnerschaft? Welcher Art soll sie sein? Über die eine Hälfte unseres Annäherungsziels reden wir, über die andere schließen wir das Auge. Es ist das Signal einer Partnerschaftsanbahnung, von der ein Teil bewußt im dunkeln gelassen wird.

Es gibt Situationen, in denen ein seitliches Rücken des Kopfes (»Komm mit!«) genügt, um dem anderen zu signalisieren, daß wir mit ihm eine Partnerschaft eingehen wollen, und stellen die Frage: Kann ich dir vertrauen? Schon habe ich meine Halsseite freigemacht – unkonventionell, aber kaum zu übersehen. Bereits an dieser Stelle möchte ich darauf hinweisen, daß der Bewerber stets auf ein Feedback des erwünschten Partners angewiesen ist. Gibt er nur das Signal und macht sich auf den Weg, bleibt er wohl allein. Eiserne Regel: Es genügt nicht, eine Information zu geben, weiterzugeben. Wir müssen prüfen, ob sie angekommen ist, verstanden und erwidert wird.

Die Frage, ob wir vor Aufregung oder Verkrampfung in einer Werbungssituation nicht ganz falsche Informationen geben, trifft ins Leere. Im Gegenteil: Aufregung und Verkrampfung sind Teil der Information. Viele Menschen gehen davon aus, daß es einen Kern in uns gäbe, der die Wahrheit über unser wirkliches Wesen aussagt. Ich will darüber nicht streiten. Nach meiner Meinung sind wir die Summe aller Möglichkeiten. Denn wie immer es auch sei: Dieses wahre Wesen muß in Erscheinung treten. Und es tritt am deutlichsten in der Sprache unseres Körpers in Erscheinung.

Der Mensch, der einen Partner sucht, wird sich ebenso ins rechte Licht setzen wollen wie der Vogel auf seinem Singplatz, er wird sein Haar sorgfältig kämmen oder genauso sorgfältig durcheinanderbringen, je nach herrschender Mode – wie der Löwe, wenn der etwas von Mode wüßte. Er wird Signale setzen, die »Komm-mit-Geste« mit dem Kopf machen, mit den Augen zwinkern oder auch nur lächeln und warten, ob sein Lächeln erwidert wird. Menschen, die der alte Paarungstrieb bewegt, in Bewegung setzt (immer wieder beschreibt Sprache Körpersprache), suchen Gelegenheit, mit einem anderen anzuknüpfen. Heute finden sich Partner häufig im Beruf, aber auch in der Freizeit; und sogar in Seminaren, wie ich sie leite, haben sich Verbindungen angebahnt, obwohl dies im Programm keineswegs vorgesehen ist.

Wo immer auch Menschen aufeinander treffen, bietet sich die Möglichkeit,

Signale zu setzen. Diese Möglichkeit zu nutzen, ist lebenswichtig, denn wie soll der andere sonst erfahren, daß ich seine Partnerschaft suche? Danach zu handeln, fällt vielen Menschen aber schwer. Wenn wir einen Augenblick lang die private Sphäre verlassen und in die berufliche, geschäftliche überwechseln, so erkennen wir, daß Werbung und Bewerbung sich immer weiter vom direkten Signal entfernt haben. Werbung bedarf nun der Vermittlung, bedarf der sogenannten Medien. Auch auf der Suche nach dem Sexualpartner spielt das Medium Zeitung eine traditionelle Rolle. Aus den Partnerschafts- bzw. Heiratsanzeigen tönt lauter, unüberhörbarer Gesang: Ich bin schön (man sagt eher attraktiv), sportlich (jung) und aufgeschlossen. Modellhaft wird die Notwendigkeit des Feedback deutlich, denn wir warten auf Antwort, sind auf Antwort angewiesen. Die Antwort mag viel oder wenig Information enthalten, im positiven Fall kommt es zu einer Begegnung. Wir haben Gleichstand erreicht mit denen, die sich ohne die vorausgeschickten Signale der Annonce treffen. In jeder Begegnung mit einem anderen Menschen aber tauschen wir sofort Signale aus – ein Film rollt ab.

Was sehe ich?

Das, was ich sehe, ist eine Vielzahl von Signalen, und sie entscheidet darüber, ob ich bereit bin, die Partnerschaft einzugehen oder nicht. Auf einen einfachen Nenner gebracht heißt unsere Antwort jedesmal: Gefällt mir – gefällt mir nicht. Wir reagieren zunächst auf das Bild, können aber gar nicht anders, als zugleich über die bloße Erscheinung des Partners hinaus Signale aufzunehmen und selbst unbewußt Gegensignale auszusenden. Alles läuft in Sekundenbruchteilen ab: Warum gefällt er mir? Warum gefällt er mir nicht? Gefällt er mir, versuche ich ein Lächeln (Werbungssignal). Nimmt der andere das Signal an, lächelt er zurück. Ein Spiel auf Gegenseitigkeit beginnt. Wenn du mir gefällst, gefällt mir das. Wenn ich dir gefalle, gefällst du mir auch! Wenn dir gefällt, was mir gefällt, bist du mir sympathisch. Wenn dir an mir gefällt, was ich an mir nicht wahrhaben will oder nicht akzeptiere, dann bist du nicht mehr mein Freund. Häufiger als bei Männern kommt diese Einstellung bei Frauen vor, zum Beispiel wenn sie ihre Weiblichkeit auf den zweiten Platz ihrer Wertskala setzen und ihrem Intellekt Priorität einräumen. Für den Mann kann das zum Problem werden, weil er die Frau zuerst optisch wahrnimmt, bevor er mit ihr spricht.

Ein System ist in Gang gesetzt. Es entwickeln sich Spielregeln: Signal und Gegensignal. Habe ich signalisiert: Du gefällst mir!, und erhalte das einschränkende: Freut mich, aber bis hierher und nicht weiter!, darf ich für den Augenblick die Werbung nicht fortsetzen. Das Stoppsignal ist einfach zu erkennen. Der andere bremst mit dem Fuß (Fuß wird hochgestellt), er weicht aus, er schlägt ein Bein über das andere, und zwar so, daß eine Abwendung damit verbunden ist. Die Gründe sind zunächst ganz irrelevant, nur die Zeichen sind wichtig. Jede Interpretation ist jetzt müßig: Gefalle ich ihm/ihr nicht? Bin ich unfähig, den

Kontakt herzustellen? Ist sie/er verheiratet, und sitzt die/der Ehefrau/Ehemann daneben? Es bedarf keiner Interpretation, um Signale zu akzeptieren. Jedes Stoppsignal bedeutet: Hier geht es so nicht weiter oder noch nicht weiter. Von Aufgeben aber braucht keine Rede zu sein. In der Werbung um Partnerschaft übersehen wir oft Signale, die wir im Straßenverkehr ohne weiteres beachten. Die Signale wechseln wie an der Ampel. Im Ernst: Signale sind zu akzeptieren, hauptsächlich Signale des Entgegenkommens, genauso wie Signale der Reserviertheit. Wer darauf achtet, erkennt genau, wie weit er in der jeweiligen Phase gehen kann. Wie bewußt oder unbewußt solche Signale gesetzt sein mögen, sie sind real, es sind Informationen über unsere innere Befindlichkeit, die sich in körperlichen Reaktionen ausdrückt. Übersehen wir die Signale oder ignorieren wir sie, so haben wir entweder gerade das grüne Licht verpaßt oder uns einer Grenzüberschreitung schuldig gemacht, die oft einer Vergewaltigung gleichkommt.

Mann und Frau

Die Mann-Frau-Werbung geht auf Annäherung aus. Habe ich über den Blickkontakt, das Lächeln eine erste Stufe des Einverständnisses erreicht, werde ich in einer zweiten Stufe versuchen, die Distanz zu verkürzen. Ich komme näher. Ein Zeigefinger richtet sich auf mich: Stopp! – Ich bin zu nahe gekommen. Auch die zwischen die Partner gelegte Hand bedeutet eine Sperre. Der Blickkontakt kann zur Distanzverkürzung auffordern. Das System, kurz hinzuschauen, wegzusehen und wieder hinzuschauen, besagt: Hast du mein Signal verstanden? Tust du jetzt etwas? Ich schaue so lange weg, um dich nicht sofort mit deiner Aktion zu konfrontieren. Solange dieses Spiel läuft, können wir die Distanzverkürzung fortsetzen. Läßt der Blick lange auf sich warten, will der andere den Kontakt unterbrechen. Kommen wir uns weiterhin näher, wird der andere entweder weglaufen oder sich zum Territorialkampf stellen.

Die Distanzregel ändert sich von Kulturkreis zu Kulturkreis. Im allgemeinen wird Armeslänge als soziale Distanz akzeptiert. (Sein Schlag kann mich noch nicht treffen!) Verkürzen wir diese Distanz, erreichen wir die Intimzone. Je mehr die Partner sich einander frontal nähern und nicht durch ein Augensignal gebremst werden, um so größer muß das gegenseitige Vertrauen sein und die Bereitschaft zur Intimität. Anders ist es – und darin liegt ein Trick der Distanzüberwindung –, wenn man sich seitlich nähert. Schulter an Schulter zu stehen, hat nichts mehr mit Konfrontation zu tun. Auf diese Weise kommt man schneller zueinander, ohne die Intimsphäre zu verletzen; dies allerdings nur so lange, wie eine Berührung ausgeschlossen ist.

Überwindet der Bewerber die Distanz, wird er als dritte Stufe der Annäherung die Berührung versuchen. Kleine Signale des Berührungswunsches haben sich durch alle Zeiten hindurch erhalten: Knie gegen Schenkel, die wie zufällig wirkende Berührung der Hand, des Oberarms des anderen und so fort. Das sind

Da sitzen wir, Schenkel an Schenkel, und rühren uns nicht, um nicht Stellung nehmen zu müssen, um kein verfrühtes Nein zu riskieren, um die Situation des »Vielleicht« auszukosten.

Bewegungen, die sofort zurückgenommen werden können, sozusagen unge-
schehen zu machen sind. Aus dem Kino kennen wir alle das Flirten unter dem
Tisch (oder doch nicht nur aus dem Kino?) mit Schuhen und ohne. Die Berührung ohne Schuhe vergrößert natürlich die Intimität des Signals. Ich saß einmal
in einer überfüllten Halle bei einer Veranstaltung neben einer jungen Frau. Wir
Zuschauer hockten auf einfachen langen Bänken. Unsere Schenkel lagen eng
aneinander. Wir schauten uns für einen kurzen Augenblick an, wandten den
Blick aber sofort wieder ab. Das gegenseitige Anschauen entsprach der Augen-
blick-Prüfung: gefällt mir / gefällt mir nicht. Trotz des, wie sich herausstellte,
positiven Ergebnisses wollte sich keiner von uns sogleich offenbaren. Signalcha-
rakter hatte lediglich, daß nach dem »Checking« keiner seinen Schenkel
zurückzog. Weder sie noch ich wollten es riskieren, Stellung zu nehmen. Wir
nahmen die Situation als gegeben. Denn aktiv Stellung zu nehmen, hätte ein
größeres Spielregelsystem in Gang gebracht.

Ich will hier einschieben, daß wir bewußt oder unbewußt mit jeder neuen
Stufe von Annäherung, ganz gleichgültig, um welche Art der Partnerschaft es
sich handelt, ein neues, erweitertes Spielregelsystem in Bewegung setzen und
uns neuen Regeln unterwerfen. Kein Schritt in der Partnerschaft ist ohne Folgen.

In der geschilderten Situation empfanden wir beide es als verfrüht, den
nächsten Schritt zu tun. So saßen wir eng beieinander, Schenkel an Schenkel,
und sahen uns die Veranstaltung bis zum Ende an. Jeder von uns wußte, wenn

45

Große Vertraulichkeit der Partner spiegelt sich darin, daß die Frau es dem Partner gestattet, ihre Hand auf seinen Schenkel zu ziehen. Der Mann fühlt sich legitimiert, nun seine Hand aktiv werden zu lassen.

der Kontakt durch eine Bewegung unterbrochen wird, gibt es kein Zurück ohne Offenbarung. Der Zeitfaktor spielte hier wie überall eine wesentliche Rolle. Dieses Sitzen Schenkel an Schenkel, ohne sich zu bewegen und damit die Verbindung aufzugeben oder zu verändern, war ehrlich gesagt eine anstrengende, beinahe akrobatische Angelegenheit. Ich weiß nicht mehr, was damals auf der Bühne vor sich ging. Meine Aufmerksamkeit war völlig in Anspruch genommen von dem Informationsaustausch unserer Schenkel, ein Austausch der immer subtiler wurde. Am Anfang war die Muskulatur angespannt, dann lockerte sie sich, und ich spürte eine Erregung, die durch den Wärmeaustausch verursacht wurde. Ich weiß nicht, ob es a priori eine erotische Erregung hätte sein müssen. Jedenfalls zogen wir beide bis zum Ende der Vorstellung die Schenkel nicht zurück. Dann standen wir auf. Ich sah sie an und sagte: »Trinken wir einen Kaffee miteinander?«

Sie lachte, und wir gingen zusammen weg. Das enge Zusammensitzen hatte uns mehrere Stufen der Annäherung überspringen lassen. Dennoch hätte ich die Spielregeln, also die verrückbare Stufenfolge der Annäherung verletzt, wenn ich zur übernächsten Stufe übergegangen wäre und gefragt hätte: »Gehen wir zu dir oder zu mir?« Ich hätte mir mit Sicherheit ein Nein eingehandelt. Die Phasen der Annäherung sind von gar nicht zu überschätzender Bedeutung. In einem Fall wie dem geschilderten ist es sogar nötig, einige der übersprungenen Phasen nachzuholen: Einander zu identifizieren, zu sagen: Wer bin ich? Zu

fragen: Wer bist du? Informationen auszutauschen, zu fragen und zurückzu-
fragen, sich einander zu vergewissern. Und nun wieder die Berührung suchen,
tasten, diesmal mit den Händen.

Wieder haben wir das Feedback zu beachten: Wird meine Berührung akzeptiert? Sie muß es nicht sagen, ich kann es sehen. Wie weit geht ihre Zustimmung? Ist ihr die ruhende Hand angenehm, akzeptiert sie schon die bewegliche,
zärtliche Hand? Und nun kommt die ganze institutionalisierte Reihenfolge:
Schulter, Arm, Hüfte, Gesicht, Busen, Becken, Beine – oder vorher Lippen? Die
Finger an den eigenen Mund gelegt sind ein sogenanntes suggestives Signal, das
schon einer hohen Stufe der Annäherung angehört. Reagiert der Partner nicht
durch Abwenden des Blicks, ist es akzeptiert. Öffnen sich seine Lippen, signalisiert er die Bereitschaft, sensibler wahrzunehmen als zuvor. Der Kuß auf die
Lippen markiert auch nur eine Stufe in einem Spielregelsystem, das zwischen
Frau und Mann das biologische Ziel der Vereinigung als letzte Stufe ansteuert.
Auf jeder Stufe kann einer der Partner sein Stoppsignal setzen.

Die Berührung der Hände hat einen großen Informationswert. Nicht umsonst
spielen Verliebte ausgiebig mit den Fingern des Partners. Wie zärtlich, wie
verlangend, wie besitzergreifend, schüchtern oder unsicher sind sie, wie stark,
warm oder kalt, feucht vor Erregung und Angst, wie beweglich oder starr,
wie warm, aber schlaff, oder aktiv und kooperativ?

Der Berührung der Hände folgt als zweite Stufe die der Schulter (Kameradschaft). Von der Schulter kann die Hand leicht zur Hüfte gleiten und damit
das erste erotische Signal setzen, da eine erogene Zone erreicht ist. Von der
Hüfte zum Po ist es nicht mehr weit. Früher galt die Polka als Höhepunkt eines
ländlichen Festes, und zwar als Gelegenheit zu erotischer Annäherung. Das
Ja zum Tanz war schon das Ja zur Annäherung. Die Paare verschwanden
danach im Gebüsch.

Der Walzer sorgte bei seinem ersten Erscheinen für Diskussionen über Moral,
es kam zum Verbot!

Zarte Berührung von Kopf und Gesicht zeugt von Vertrautheit und Zärtlich-
keit. Den Finger des Partners in den Mund zu nehmen, ist ein fortgeschrittenes
erotisches Signal, stärker etwa als der Zungenkuß. Es folgt in der Stufenleiter
die Berührung von Brust und Schenkeln (isoliert durch Kleidung) und als Steigerung der unmittelbare Hautkontakt. Eine weitere Stufe ist der Mund-Busen-
und Mund-Schenkel-Kontakt. Die Berührung der Genitalien ist nur ein weiterer
Schritt – er gilt als die letzte Stufe vor dem Liebesakt.

Der Tanz: eine traditionelle
Form sozialer Annäherung
zwischen den Geschlechtern. Die
Polka erlaubte den Griff um die
Taille. Partnerwahl wurde in der
Geschichte des Gesellschafts-
tanzes wichtig, als die körper-
nahen Tänze, Polka, Walzer und
später besonders der Tango, in
Mode kamen.

Das Annäherungsritual

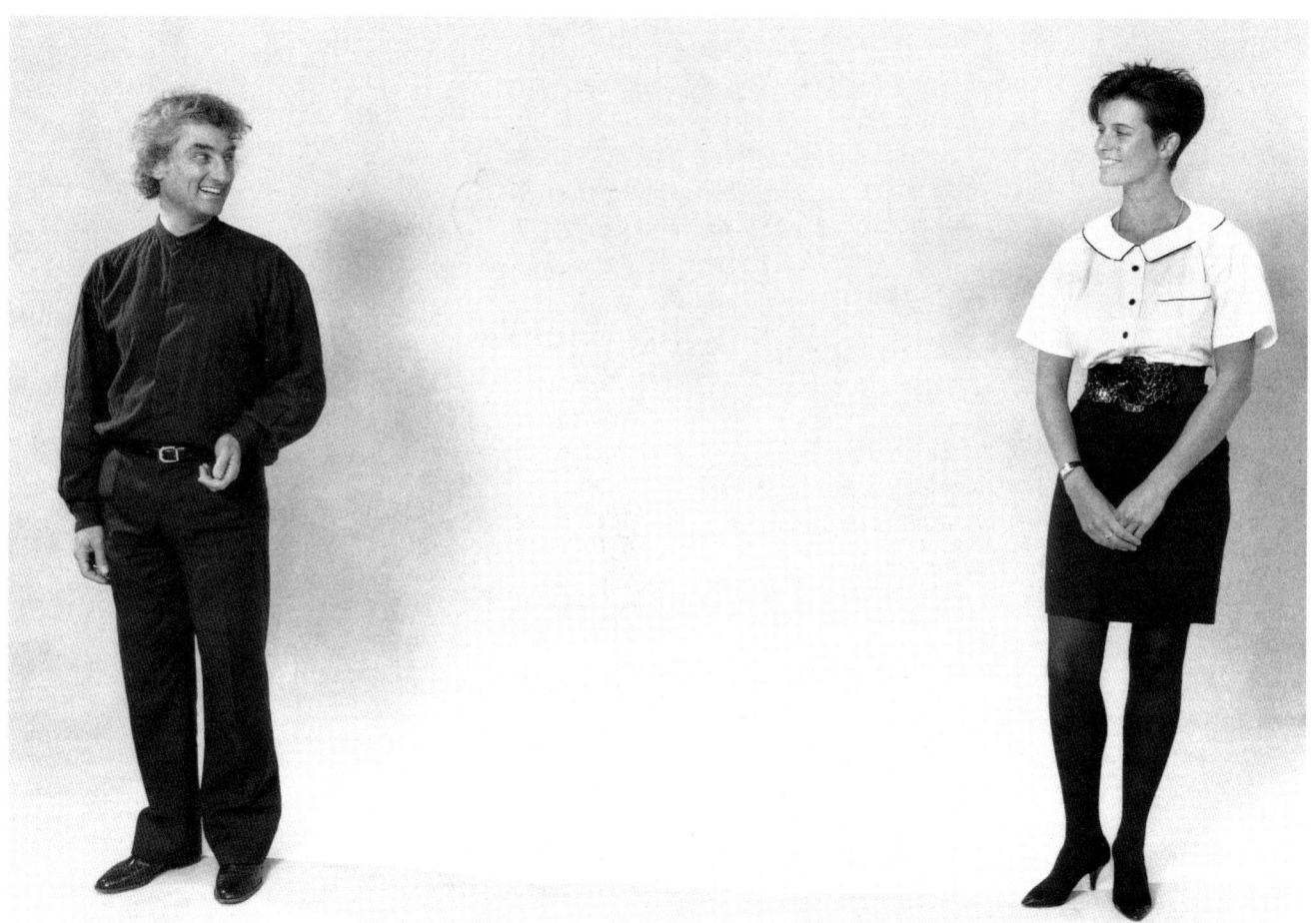

Ein erster Blickkontakt soll die Distanz überwinden.

Ihr Blick hat mir gestattet, näherzukommen. Ich mache eine typische Bewerbungsgeste, indem ich mein Haar streichle und damit zeige, daß es wert ist, gestreichelt zu werden.

Die Annäherung geht schon sehr weit – zu weit? Die Hände der Partnerin kommen nach vorn, wie um ihre Intimsphäre zu schützen. Ich war zu schnell.

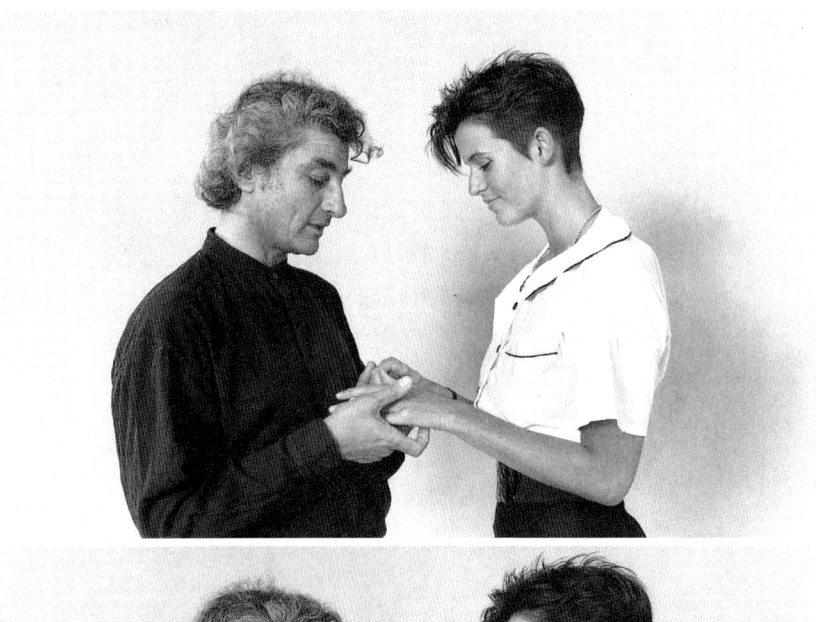

Die Berührung der Hände entspricht unserem Begrüßungsritual. Halte ich die Hand des Partners länger, beginnt ein feinnerviger Informationsaustausch.

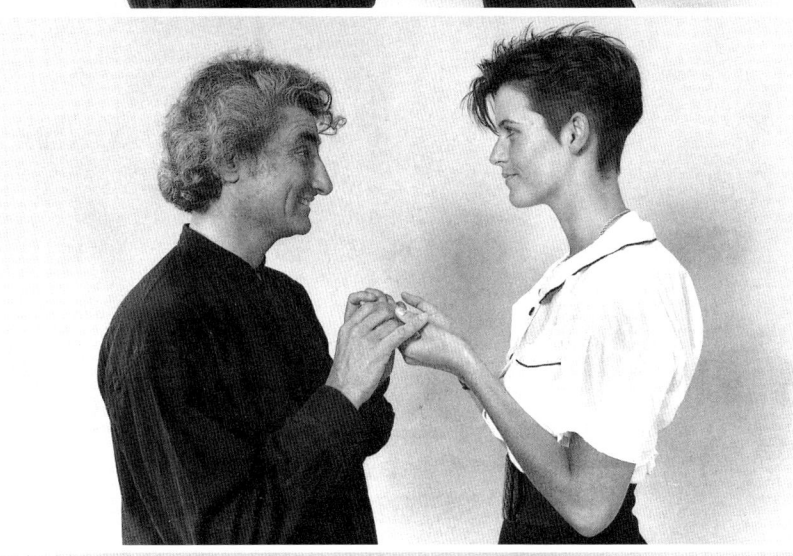

Die Berührung wird akzeptiert. Die Augen der Partnerin erheben sich wieder von den Händen. Der Blickkontakt signalisiert: Es gefällt mir.

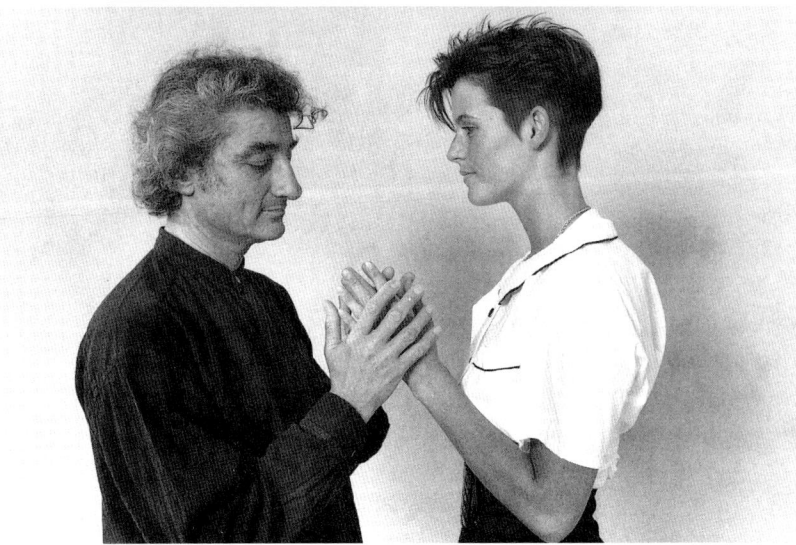

Ich versuche weiterzuspielen. Die Hände bieten Geborgenheit, schließen den anderen jedoch nicht ein.

Die Hand am Oberarm, der Schulterschluß sind eine Variante der Annäherung, vielleicht ein Umweg: Kameradschaft.

Von der Schulter gleitet der Arm leicht zur Taille. Der Intimitätsgrad wird gesteigert.

 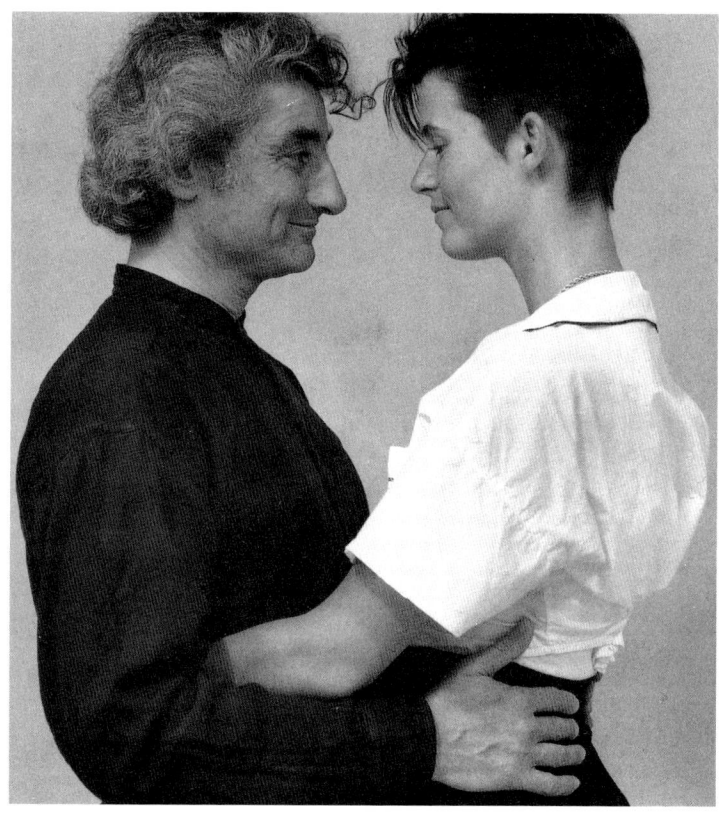

Aus Annäherung wird Zuwendung. Die Partnerin hat es akzeptiert, daß meine Hände ihre Taille umfassen, und schlingt ihre Arme um meinen Hals: Vertrauen.

Sie zieht mich näher an sich heran. Wir stehen Becken an Becken, die Annäherung ist vollzogen.

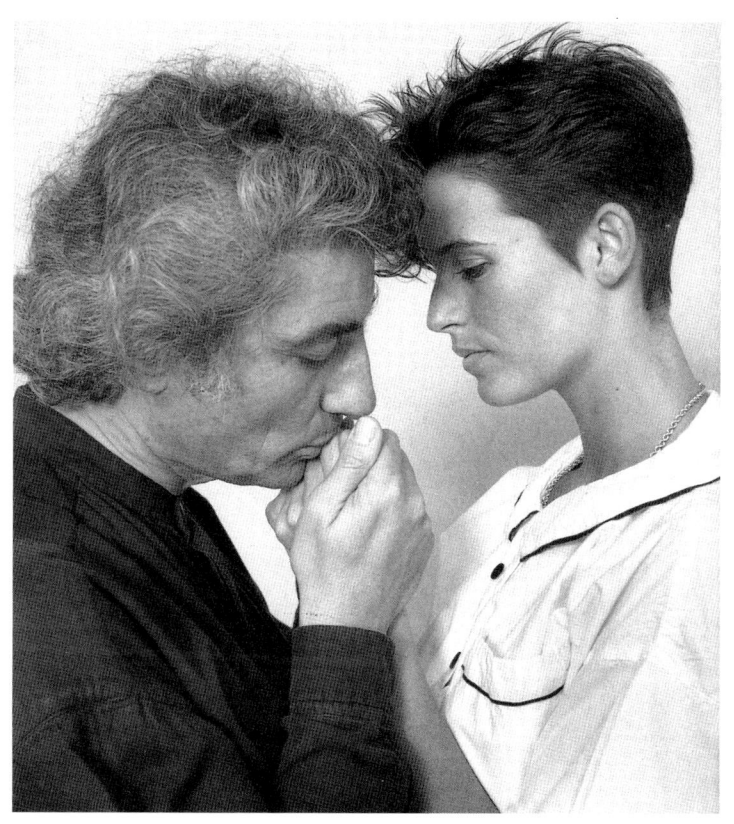

Der Kuß auf die Hand will sagen: Ich bin zärtlich; ich akzeptiere dich und habe dein Handeln gern, gebe mich gern in deine Hand.

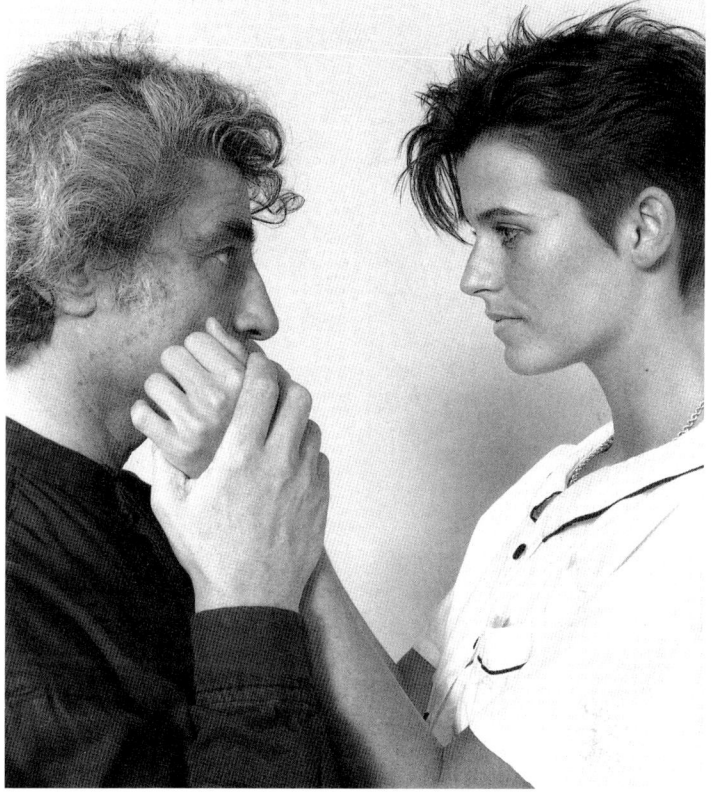

Ich führe ihre Hand an mein Gesicht und signalisiere so den Wunsch nach Intimität, ohne Zwang auszuüben. Es ist an ihr, die Hand zu öffnen oder sie geschlossen zu halten.

Indem sie mich streichelt, erfährt sie auf sensible Weise, was ihr mein Gesicht verraten kann.

Meine Antwort wird akzeptiert. Wir erfühlen einander gegenseitig.

Die Lippen lösen die Hände ab.
Eine Variante der Zuwendung:
Ich küsse – ohne die Hände zu
gebrauchen (und das ist wichtig) –
»Vertrauensorgane« der Partnerin:
Auge, Ohr, Hals (Schlagader!).

Der erste Kuß

Der Kuß in der Umarmung; ich halte
die Partnerin fest um die Taille
gefaßt . . .

. . . doch schon tastet die Hand sich
weiter vor, und mein Knie drängt sich
zwischen die Beine der Partnerin.
Eine assoziative Bewerbung. Wird sie
akzeptiert, verstehe ich dies als positive Antwort auf meine Wünsche,
zumal wenn ein zarter Kuß die Akzep-
tanz unterstreicht.

Linke Seite
Sind meine Vertrauensangebote
akzeptiert, werden sich die Arme wie
von selbst zur Aktion drängen. Die
Umarmung wird vollzogen.

57

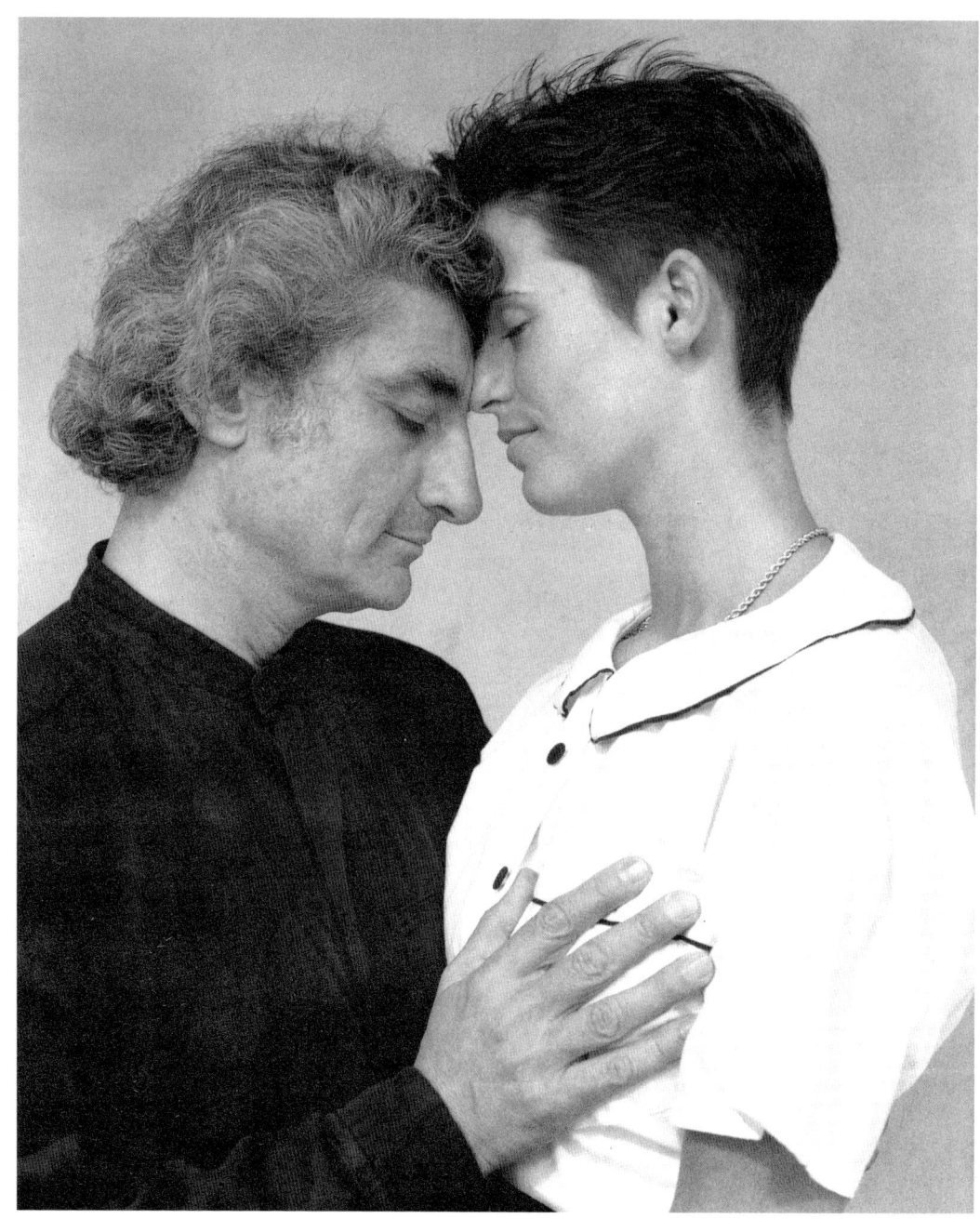

Das bestätigende Feedback auf die Berührung des Busens einer Frau wird stets der Kuß sein. Folgt er nicht, ist die Hand nur geduldet. Auf diesem Weg komme ich nicht weiter.

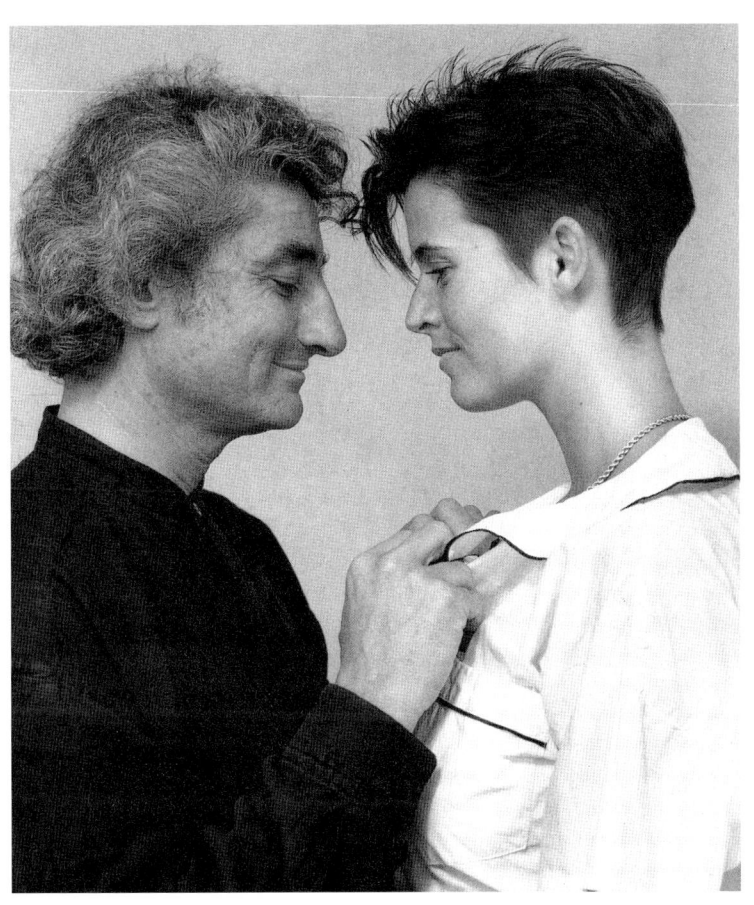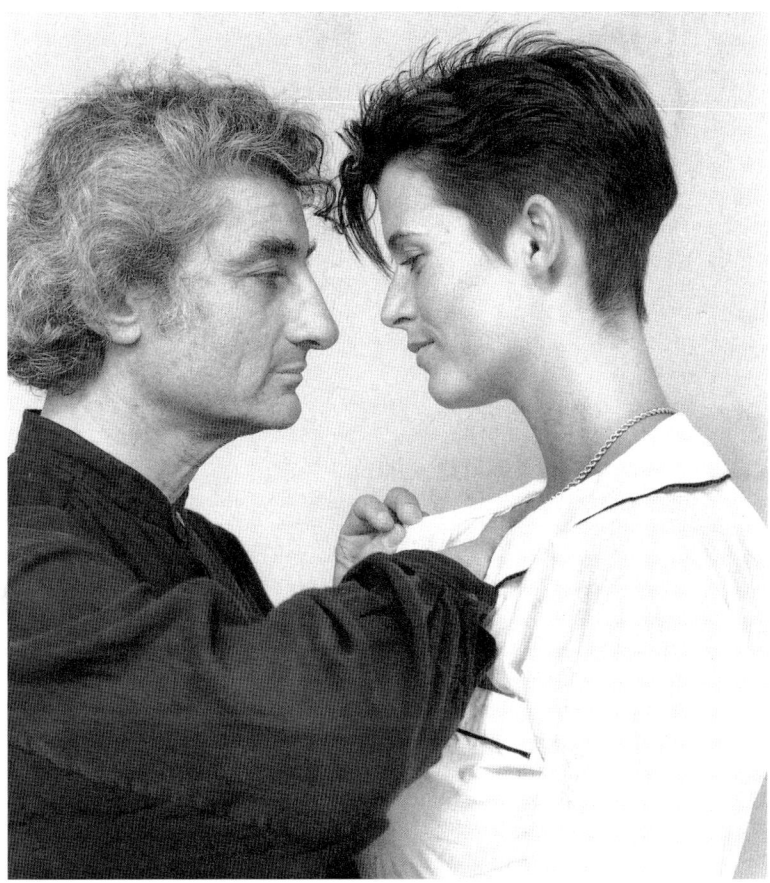

Wie weit darf ich gehen? Dem spielerischen Aufknöpfen entspricht auch ein Anheben der Bluse von der Taille her.

Akzeptiert meine Partnerin den Hautkontakt?

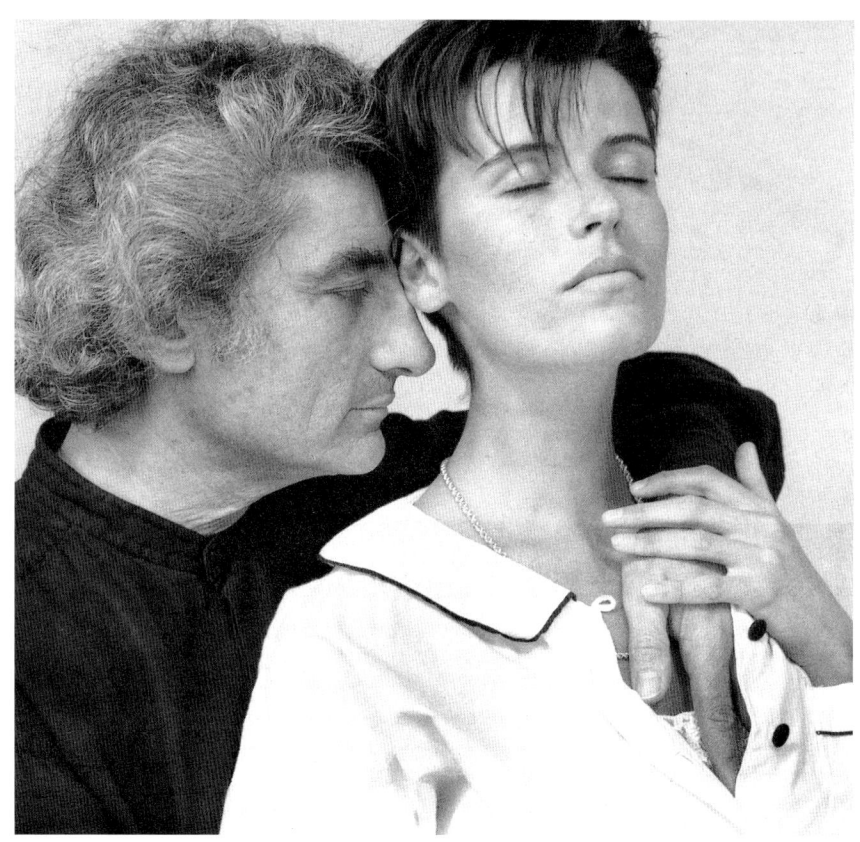

Hält sie meine Hand oder führt sie mich?
Die Hingabe läßt Harmonie zwischen Innen und Außen erkennen.

Spielregeln auf dem Prüfstand

Spielregeln wie die eben skizzierten sind biologisch angelegt und gleichermaßen bei Mensch und Tier vorhanden, müssen also eingehalten werden. Sie lassen sich nicht einfach überspringen. Dabei kommt es nicht darauf an, ob wir uns noch im Stadium des ersten Flirts befinden oder ob schon Klarheit über Partnerschaft besteht. Die Spielregeln gelten im ersten und im dreißigsten Jahr der Partnerschaft. Gleichgültig, ob Mann oder Frau sich übergangslos dazu entschließen, Liebe zu machen, der jeweils andere Partner wird sich immer benutzt fühlen. Er oder sie, sagt sich der Partner vielleicht, hat das Recht, mich auszunutzen, nun gut. Gar nicht gut! Nur wenn die Spielregeln eingehalten, die Reihenfolge beachtet wird, stellt sich Befriedigung statt Frustration ein; denn im Hintergrund sollte der Respekt und die Achtung vor dem Partner und die erneuerte Bereitschaft zu dem stehen, was den Namen Partnerschaft wirklich verdient.

Es gab Zeiten, in denen die Menschen unseres Kulturkreises vom ersten Blick bis zum ersten Kuß ein Jahr benötigten. Den Blicken in der Allee folgten in besseren Kreisen die Blicke von Theaterloge zu Theaterloge, diesen die Begegnung im größeren Gesellschaftskreis, dann das Treffen zu zweit unter Aufsicht einer Anstandsperson. Nach und nach wurde die Distanz verkürzt. Die erste Berührung fand vielleicht beim Eingießen des Kaffees statt. Wie auch immer, das Jahr verstrich. Heutzutage geht das alles viel schneller. Manchmal reichen

»Haben Sie Feuer?« Auch so findet nach wie vor Annäherung statt. Vielleicht geht es wirklich nur um den Rauch...

ein Abend in der Diskothek aus oder auch nur drei Minuten bei vertrauten Paaren. Auf den Zeitraum kommt es aber gar nicht an, sondern darauf, daß die Spielregeln nicht verletzt werden und die Reihenfolge eingehalten wird. Die Zeit kann verkürzt, aber keine Stufe darf übersprungen werden. Sind alle Stufen erklommen, begonnen mit der Berührung und unter Beachtung aller Nein- oder Noch-nicht-Signale, kann das Ganze statt einem Jahr auch nur zwei Minuten dauern. Werden Stufen übersprungen, stellen sich auf der Stelle Störungen ein.

Spielregeln wie die eben angesprochenen gelten für Begegnungen jeder Art. Die richtige Reihenfolge, der richtige Augenblick sind entscheidend. Wann darf, wann muß ich den Hut abnehmen, die Jacke ausziehen, wann mich setzen? Wann darf ich wem die Hand geben? Wie locker darf ich sein, sollte ich sein? In welcher Distanz sitze ich vom anderen? Empfange ich einen Partner hinter dem Schreibtisch oder davor?

Wer sich bewußt macht, daß es sich um Spielregeln handelt, kann das Tempo des Spiels beeinflussen. Schnell oder langsam: Es darf nur keine Stufe ausgelassen werden. Oft genug ist uns nicht klar, daß wir Stufen der Vertraulichkeit für absolviert halten, die es noch nicht sind. Die engen Beziehungen in einem Büro zwischen Chef und Sekretärin, die sich aus dem gemeinsamen Wissen um Vorgänge und Zusammenhänge ergeben, das keinem anderen in der Firma so

... umfaßt die Frau jedoch die feuerspendende Hand des Partners und zieht sie langsam an sich heran und begleitet ihre Aktion mit einem Blick, der nicht dem Feuer gilt ...

weitgehend zur Verfügung steht, tragen den Konfliktstoff in sich. Gemeinsames Wissen, gemeinsames Arbeiten schafft Vertrautheit, nicht nur objektiv über die Dinge, sondern menschliche Vertrautheit. Es kann sein, daß einer die erotische Komponente dieser Gemeinsamkeit erkennt, der andere aber nicht. Es kann sein, daß der eine glaubt, bei solcher Nähe könne er den übernächsten Schritt schon vor dem nächsten tun, und er wird sich wundern, wenn es plötzlich zu einem Rückschlag in der schönen erreichten Gemeinsamkeit kommt: Halt! Bis hierher und nicht weiter! Eine Grenze, eine Barriere stellt sich in den Weg. Was geschehen ist, läßt sich einfach erklären. Einer hatte die eigenen Vorstellungen als vom anderen akzeptiert vorausgesetzt. Die Spekulation war: Der andere muß es längst auch so empfinden wie ich!

Es gibt genug Möglichkeiten, herauszufinden, wo der andere steht. Erhalten die von uns ausgesandten Signale ein Feedback? Nimmt der andere das Signal wahr und reagiert nicht, heißt das in keinem Fall, daß er zustimmt. Keine Reaktion kann auch Vernebelungstaktik sein, die das Ja oder Nein als Option offenläßt. Erst die positive Rückmeldung erlaubt den nächsten Schritt. Aber nicht nur der eine, der werbende Teil, muß auf das Feedback des potentiellen Partners achten und warten. Beide Partner müssen bereit sein zu antworten. Die Art der Antwort ist ein Mentalitätsanzeiger.

... so ist der Wunsch nach Annäherung unzweifelhaft zum Ausdruck gebracht.

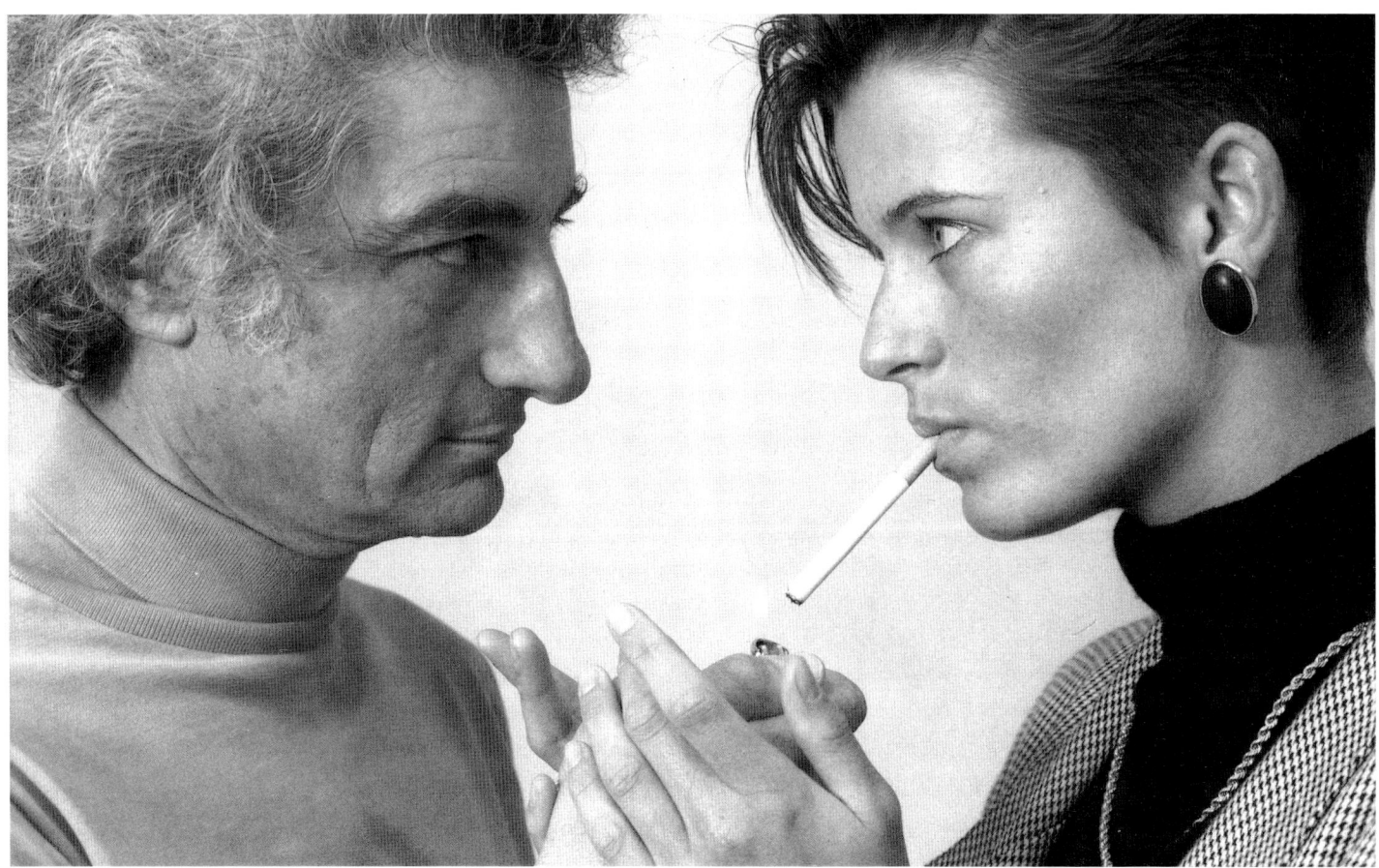

Wer uns ganz sanft und leicht den Rauch einer Zigarette ins Gesicht bläst, will Distanzverkürzung. Ein starkes Signal, das bedeutet: Komm näher, mit dem Rauch erreiche ich dich zwar, doch das genügt mir nicht! Bei größerer Intensität kann es auch bedeuten: Ich puste dich weg.

Was tun wir mit einer Information, die, um wirksam zu werden, weitergegeben werden muß? Wir geben sie weiter. Aber genau dies genügt nicht, denn es entspricht einer negativen Beamtenmentalität: Man ist administrativ gedeckt dadurch, daß man die Information weitergegeben hat und es beweisen kann. Worauf es angekommen wäre, liegt auf der Hand: darauf zu warten, ob die Information beim Empfänger angekommen und verstanden worden ist. Das gehört zu den elementaren Gesetzen der Verständigung, noch ehe wir eine Partnerschaft eingehen. Es bewahrt uns vor Fehleinschätzungen und Mißverständnissen.

Es gibt keine bessere Taktik unter Partnern als die Kommunikation.

Die gute Ausgangsposition

Die Partnersuche, bei der jeder seine positiven Seiten hervorkehren will, verführt in besonderem Maß zu selektiver Informationsaufnahme. Zwar erhalten unsere Sinne die Gesamtinformation, wir suchen jedoch das nach unseren Bedürfnissen Wünschenswerte aus. Wollen wir die Gunst eines anderen erwerben, projizieren wir jedes positive Signal vergrößert auf unser Bewußtsein. Negative Signale werden verdrängt. Wir überhören Informationen, die uns nicht in den Kram passen, nehmen sie tatsächlich nicht wahr oder interpretieren sie um. Bei negativ eingestellten Menschen kehrt sich das System um: Das Negative wird vergrößert, das Positive verdrängt. Das alles gehört in das Kapitel der subjektiven Wahrnehmung. Der Bewerber um irgendeine Art

65

von Partnerschaft will sich eine gute Ausgangsposition schaffen und befindet sich damit in einer Situation seelischer und nervlicher Anspannung. Erhöht sie unser momentanes Aufnahmevermögen, oder setzt sie es herab? Vorbereitung, Konzepte, Training sind wichtig, aber es kommt zunächst darauf an, wie wir im Augenblick der ersten Begegnung wirken und wie wach, daß heißt aufnahmefähig wir im Augenblick der Anspannung sind. Auch im Verlauf einer Partnerschaft spielt das Hier und Jetzt stets die entscheidende Rolle. Was erfüllt den Moment: Spannung oder Spannungslosigkeit, Interesse oder Desinteresse, Ausweichen oder Standhalten? Die Ausrede: »Eigentlich bin ich ganz anders«, hilft in der Regel nicht. Meine Zweifel an einem »eigentlichen« inneren Kern habe ich schon zum Ausdruck gebracht. In der verbalen Sprache gibt es ein passives und ein aktives Vokabular. Der passive Wortschatz ist die Summe der Wörter, die wir kennen und die uns helfen, jedes Buch, das wir lesen, zu verstehen, obwohl wir das Vokabular in unserem Alltag nie benutzen. Der aktive Wortschatz umfaßt den kleinen Bestand an Wörtern und Satzkonstruktionen, die wir benutzen, aus dem wir unsere Denkschemata bauen. Wir wiederholen diese Wörter und Sätze, ohne zu bemerken, daß wir uns in den aus ihnen errichteten festen Denkkategorien bewegen. Wir empfinden den Satz: »Das habe ich schon immer gesagt!« nicht als Stillstand, sondern als Beweis für Charakterfestigkeit.

Der Zeitgeist manifestiert sich oft im Sprachgebrauch. Es gab die Zeit der . . . ismen, ihr folgte die der Alternativen und heute die der Innovationen.

Mit unserem Verhalten geht es uns nicht anders. Das passive Verhaltensvokabular ist die Summe der Bewegungen, die unsere Gelenke zulassen und die wir nicht nutzen. Das aktive Vokabular sind die beschränkten Bewegungsabläufe unserer Gewohnheiten, die unser typisches Verhalten und Handeln ausmachen.

Wer für sich akzeptiert, daß er die Summe von Herkunft und Erziehung, Erfahrung und sich oft widersprechender Eigenschaften ist, lernt leichter mit sich und anderen umzugehen. Er weiß ja, daß die anderen ebenso strukturiert sind. Er wird auch nicht mehr vor den Spannungen davonlaufen, das Angespanntsein fürchten. Er nimmt beides als Informationen, die sich verwerten lassen, auf keinen Fall aber ignoriert werden dürfen. Wahrnehmung schafft die Möglichkeit des Analysierens. Warum fühle ich mich angespannt? Sollte ich etwas dagegen tun, oder hilft mir die Anspannung sogar? Die Reihe der Fragen an sich selbst läßt sich fortsetzen. Habe ich die Wichtigkeit der Situation überschätzt? Oder sogar: Liegt mir wirklich so viel daran, daß dieser oder jener Partner mich wahrnimmt und schätzt, oder könnte ich darauf ganz gut verzichten?

Wir lassen uns ganz generell zu wenig Zeit, die Informationen, die wir erhalten, zu bewerten. Statt dessen reagieren wir sofort und – häufig falsch. Spontan zu sein, ist keine Qualitätsgarantie; die bewußte Entscheidung folgt einer subjektiven Wahl unter mehreren Alternativen. Unsere Klimmzüge um die gute Ausgangsposition haben uns den Atem geraubt.

Positives und negatives Denken

Wir tragen ein Wirklichkeitsbild in uns, das manchmal nicht sehr real ist. Wir schleppen Projektionen, Ängste mit uns herum, in jedem Fall schleppen wir etwas herum, und dieses Wort überträgt ganz offenkundig Körpersprache. Wer schleppt, wer schwer zu tragen hat, dessen Fähigkeit, Informationen aufzunehmen, ist eingeschränkt.

Es ist ein Fehlschluß, zu glauben, daß eine gute Ausgangsposition sich durch eine negative Polung leichter erreichen ließe als durch positives Denken. Ausdruck negativen Denkens ist als erstes Mißtrauen und als zweites Schuldzuweisung. »Warum hat er nicht?« »Warum tut er nicht?« »Warum ist nicht schon?« Das Verfahren der Schuldzuweisung kann sich in einer Partnerschaft von der ersten Begegnung an bis ans Ende einer dann meist überstrapazierten Beziehung zu einem Großkonflikt auswachsen. Dabei hat derjenige, der sich dieses Mittels bedient, gedacht, er könne es sich damit leichtmachen. Die gute Ausgangsposition, die er sich suchte, versperrt ihm aber von vornherein den Zugang zu wesentlichen Informationen, wesentlich im Sinn der Beziehung. Wir mißtrauen einem potentiellen Partner, weil wir den Menschen im allgemeinen mißtrauen. Wir sind voreilig bereit, dem Verhalten eines anderen einen negativen Sinn zu unterstellen.

Die vernachlässigten Wirklichkeiten

Die Bereitschaft der meisten Menschen, sich eine Situation, in die sie geraten, anders vorzustellen, als sie sie gerade subjektiv erlebt haben, ist überaus gering. Sie sehen auch selten mehr als eine oder – wenn es hochkommt – zwei Lösungsmöglichkeiten für ein Problem, sie neigen vielmehr dazu, sich die meisten solcher Möglichkeiten entgehen zu lassen. Es liegt nicht an mangelnder Intelligenz, nicht einmal an fehlendem Eifer, sondern an der gewohnheitsmäßigen Einschränkung des Informationsradius, als sei es gefährlich, nach links oder rechts zu sehen. Die Ausgangsposition ist statisch, und wir schauen mit Scheuklappen, die wir uns selbst anlegen, in die Welt; denn eine Welt ohne Scheuklappen ist vielseitig und groß wie unser Bewegungsradius und könnte uns verwirren. Deshalb gehen wir so gern davon aus: Wir sind so und nicht anders. Er ist so und nicht anders, und die Probleme sind bei uns schon immer so und nicht anders gelöst worden. Das ist der Katalog der Informationsabwehr.

Ein einfaches Beispiel: Da muß ein Mensch aus seinem Zimmer über einen offenen Hof in ein anderes Zimmer gehen. Es regnet, und er hat keinen Regenschirm. Also wird er sich naßregnen lassen. Auf den Gedanken, einen Stuhl zu nehmen und ihn sich über den Kopf zu halten, kommt er nicht, weil Stühle zum Sitzen da sind und nicht als Ersatzregenschirme dienen.

Wer eine Partnerschaft eingehen will, findet den besten Ausgangspunkt, wenn er versucht, sich von der scheinbar festgelegten Realität zu distanzieren.

Funktionsalternativen. Man muß
sie nur wahrzunehmen lernen.

Diese festgelegte Realität stellt nämlich nur eine der unendlich vielen Alternativen dar, die existieren. Wir haben Prioritäten zu setzen und dürfen nicht vergessen, sie unseren Bedürfnissen entsprechend von Zeit zu Zeit und manchmal sehr rasch zu verändern. Was die sogenannten Realitäten angeht, muß man nur einmal mit Kindern zusammensein, um zu erfahren, wie viele Verwendungsmöglichkeiten und Wirklichkeiten jedes Ding besitzt. Wir erfahren es von den Kindern, weil sie noch nicht so festgelegt sind wie die Erwachsenen.

In der Spielsituation wie im »richtigen Leben« kommt es vor, daß einer eine Beziehung zu einem anderen Menschen aufnehmen will, der andere es aber gar nicht bemerkt. Daraus ergibt sich ganz selbstverständlich, daß es nicht genügt, eine Beziehung eingehen zu wollen. Der andere muß von dem Wunsch erfahren. Wir nähern uns den Abläufen Schritt für Schritt. Wir fragen danach, was der Werbende unternommen hat, seinen Wunsch nach Annäherung zu signalisieren. Schaute er seinen Wunschkandidaten nur an? Unterstützte er seinen Blick mit einer Gebärde? Ging er vielleicht auf ihn zu? Und wir fragen weiter: Unternahm er nach dem gescheiterten Versuch einen zweiten? Wenn nicht, wird er sich fragen müssen: Mache ich das immer so? Ziehe ich mich zurück, wenn sich der Erfolg nicht unmittelbar einstellt?

Bei der Partnersuche gelten Regeln wie auf dem freien Markt. Alles, was in der Spielsituation ans Licht kommt, läßt sich mühelos auf das berufliche und geschäftliche Leben übertragen, dem privaten ähnelt das Spiel ohnehin. Selbstverständlich kommt es vor, daß ein potentieller Geschäftspartner unser Angebot übersehen hat, ja, daß er sich gerade dann einem anderen Lieferanten zugewendet hat, als wir auf ihn zugehen wollten. Jede Zuwendung schafft automatisch eine Abwendung, die aber nicht mit Desinteresse gleichzusetzen ist. Alles spielt sich genauso ab, wie in der simulierten Partnersuche: Ich resigniere, oder ich setze nach, erst um meine Absicht bekanntzumachen, dann um zu überzeugen, daß ich der bessere oder sogar der einzig richtige Partner für ihn bin. Interessanterweise entsteht auch in einem Fall wie dem eben geschilderten, in dem die Bemühung um Partnerschaft ja nicht abgelehnt, sondern lediglich nicht wahrgenommen wurde, sofort ein System, das weiterläuft. Mit dem Rückzug ist die Geschichte nicht zu Ende. Es ist wie mit der ausgestreckten Hand, die ignoriert wird. Mit den Gefühlen und ihren Wirkungen, die auf diese Weise entstehen, haben wir tagtäglich zu tun. Ihre Beachtung ist das A und O aller Kommunikation. Der erfolglose Bewerber, der so schnell aufgegeben hat, fühlt sich bereits abgewiesen, mindestens jedoch allein und abseits. Für den erfolglosen Bewerber existiert ein Dialog, der gar nicht stattgefunden hat. Indem er den Versuch, mit dem anderen in Kontakt zu treten, abbricht, straft er ihn sozusagen mit der Begründung: Du hast mich übersehen, nun wende ich mich ab. Das hat er nun davon, der völlig unschuldige andere.

Bei der Übung in der Gruppe stellt sich bald heraus, daß von den meisten Teilnehmern unterstellt wird, es widerspräche den Spielregeln, sich in eine andere entstehende Partnerschaft einzumischen oder einem anderen zuvorzukommen. Zwar ist diese edle Zurückhaltung im Geschäftsleben seltener anzutreffen, jedoch setzen wir ganz allgemein in unserem Alltag Spielregeln voraus, die niemand aufgestellt hat – oft zu unserem Schaden. Auf der anderen Seite mißachten wir Spielregeln, die sehr wohl, wenn auch ungeschrieben, bestehen.

Hemmungen wie die eben beschriebenen und kritisierten müssen nicht als nur unpraktisch und unnütz angesehen werden; denn sie schützen den einzelnen vor der eigenen Hemmungslosigkeit und bewahren die anderen vor Schaden. Ein Mensch ohne Hemmungen ist eine Gefahr. Machen wir uns die Hemmung, die uns an einem bestimmten Vorgehen hindert, bewußt, betrachten wir sie nicht als Störung, sondern als Information, dann können wir beginnen, den Sachverhalt zu analysieren. Hemmung weist auf Grenzen hin, die zu respektieren sind. Nur ein überempfindliches Hemmungssystem ist partnerschaftsstörend.

Bleiben wir noch bei dem erfolglosen Bewerber. Er fühlt sich schnell nicht nur allein gelassen, sondern übriggeblieben. Sein Selbstwertgefühl reduziert sich. Schon fühlt er sich als Überbleibsel in einer selbstbewußten Gesellschaft. Aber

Partnersuche in einer gegebenen Gruppenkonstellation. Jeder versucht, seinen Partner zu bestimmen. Noch sind alle Möglichkeiten offen. Die junge Frau *ganz links im Bild* schaut deutlich dem jungen Mann *(zweiter von rechts)* entgegen.

Sie verstärkt ihr Signal durch ihren ausgestreckten Zeigefinger: Er soll die Aktion übernehmen.

Ich war schneller. Zwar habe ich die Kontaktaufnahme zwischen den beiden gesehen, mich aber nicht zurückgehalten, sondern das erste Angebot gemacht. Das Lächeln, das wir miteinander tauschen, scheint meinen Erfolg zu sichern. Sein Blick deutet Rivalität an, aber er wagt nicht anzugreifen.

damit noch nicht genug. Findet sich nämlich nun doch noch ein Partner, entsteht sogleich die Projektion: Ist er auch ein Überbleibsel? Haben wir nur zusammengefunden, weil er auch übrig war? Dabei müssen auch in diesem Fall beide ja sagen zu der Partnerschaft. Aber dieses Ja fällt im Wert hinter die Enttäuschung über das erste Scheitern zurück. Man weiß auch hier selten, wie der Kontakt zustande gekommen ist. Kann man sich auch nicht daran erinnern, so muß es doch Signale gegeben haben, auf die man reagiert hat. Waren es vielleicht die breiten Schultern des Partners? Hat der Alleingelassene eine Stütze gesucht? Das eigene Rückgrat war durch die erlebte Enttäuschung wahrscheinlich geschwächt.

Natürlich gehen wir Partnerschaften aus weniger unmittelbar abzuleitenden Gründen ein, als den eben geschilderten.

Meine »Eroberung« schaut noch einmal zurück, mein Rivale nimmt es als Ermutigung und tritt in Aktion. Wir stehen einander gegenüber, gleich zu gleich, und doch gilt ihr Blick dem anderen. Er tut das Richtige: Er »schnappt sie mir weg«.

Mein Bild vom Partner – sein Bild von mir

Vergessen wir bei der Partnerwahl und dem ersten Blick auf den anderen nie, daß wir jenen subjektiven Eindruck von ihm haben, der sich aus Projektion und Information zusammensetzt, behalten wir aber auch im Gedächtnis, daß sein Eindruck von uns ebenso entsteht! Unsere Nervosität, die sich in dem Gedanken ausdrückt, daß der andere jetzt dies oder das von uns denkt, ist sicher verständlich, weil wir Schwächen, die wir haben, und Angriffspunkte, die wir bieten, zu kennen glauben. Warum übrigens soviel weniger unsere Stärken? Viel wahrscheinlicher aber ist, daß er sich von uns ein Bild macht, von dem wir keine Ahnung haben. Denn was er von sich selbst auf uns projiziert, können wir kaum wissen. Diese Erkenntnis kann uns das Auftreten in Gesellschaft erleichtern, wenn wir sie richtig in Verhalten umsetzen. Zwar können wir nicht voraussehen, daß der andere den Eindruck, den er von uns erhält, relativiert, wie wir es tun. Wir brauchen uns jedoch nicht zu scheuen, uns ins rechte Licht zu rücken, die Signale zu verstärken, deren Erkennen uns für das Zustandekommen einer Partnerschaft wichtig erscheint. Die meisten Menschen scheuen sich, ihre guten Eigenschaften herauszustellen, obwohl sie von ihnen überzeugt sind. Um nicht als Aufschneider zu gelten, braucht man jedoch sein Licht nicht unter den Scheffel zu stellen. Und die heimliche Vorstellung, ja die Erwartung, der andere müsse unsere Qualitäten erkennen, ohne daß wir sie zeigen, bleibt Illusion.

Wenn ich gesagt habe, daß der Partner nicht darauf reagiert, was einer meint, sondern nur darauf, wie einer wirkt, so gilt das auch für sein Bild vom anderen: Er sieht nicht den Kern, sondern die Schale. Wenn wir uns daran gewöhnen, unsere Wirkung zu kontrollieren, statt innere Tänze aufzuführen, die niemand verfolgen kann, sind wir einen guten Schritt weitergekommen, auch wenn diese Regel banal klingt. Zu den »inneren Tänzen« gehört es auch, daß wir mit den gerade erwähnten Angriffspunkten, die wir zu bieten haben, kämpfen, statt darauf zu achten, ob der potentielle Partner sie anvisiert oder überhaupt wahrnimmt.

Ich komme in diesem Zusammenhang auf die häufig gegebene Antwort zurück, die meine Frage »Was gefällt dem Partner wohl nicht an mir?« in den Seminaren hervorrief, jedenfalls bei den männlichen Teilnehmern: das Übergewicht, der Bauch.

Hier geht es mir darum, was der Mensch tut, der zu erkennen glaubt, daß seine Schwäche den umworbenen Partner stört. Hält er Diät , oder zieht er nur den Bauch ein? Die Frage ist: Wurde er dem anderen dadurch sympathischer? In neun von zehn Fällen höre ich die Antwort: »Ich weiß es nicht.« Und warum weiß er es nicht, obwohl er dieser Frage eine so große Priorität eingeräumt hatte? Weil er nicht überprüft hat, ob sein Signal angekommen ist, ob sein Werben um Sympathie gewirkt hat.

An diesem einfachen Beispiel läßt sich ein System erklären. Am selben Verhalten in einer komplexeren und schwierigeren Situation wäre der zugrun-

deliegende Mechanismus schwerer aufzudecken. So aber sehen wir die Bemühung ausgesprochen körperhaft-sinnlich vor uns und können sogar darüber lachen. Ich nenne die potentiellen Partner A und B. A hat etwas geändert, weil er davon ausging, daß B etwas an ihm mißfiele. Er hat jedoch nicht kontrolliert, ob sein Verhalten bzw. seine Handlung dazu geführt hat, daß B ihn nun stärker akzeptiert. Damit hat A nur die Hälfte des notwendigen Wegs zurückgelegt. Wo liegt der Grund?

In der Mehrzahl aller Fälle wird die Kontrolle aus einem Gefühl der Vorsicht, besser gesagt der Angst, unterlassen. Wir fürchten uns vor der möglichen negativen Antwort, denn die würde uns zurückwerfen in der Bemühung um Partnerschaft. Das heißt: Ich habe etwas versucht, es wird nicht angenommen. Wieder setzt sich das Gefühl in uns fest, abgelehnt worden zu sein, ohne daß der Partner auch nur mit der Augenbraue gezuckt hätte.

Ich wiederhole: Einzig die Reaktion des Partners kann uns sagen, ob wir mit dem, was wir da versuchen, auf dem richtigen Weg sind, ob wir weitermachen, weiter vorrücken können oder nicht.

Distanz als körpersprachlicher Ausdruck von Partnerschaft.
1. Wir stehen uns fern. Das Lächeln fragt: Wollen wir uns näherkommen?
2. Nähe kann das Bedürfnis nach Partnerschaft ausdrücken, wird jedoch oft als bedrohlich oder lästig empfunden, zumal in direkter Konfrontationsstellung, und wenn der eine den anderen auch noch an sich zieht.

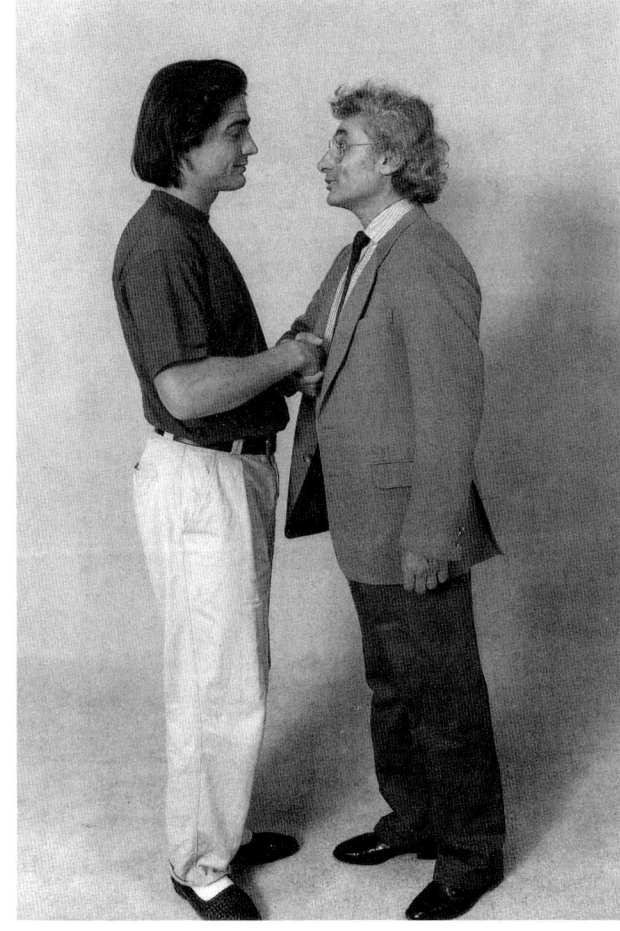

Körpersprache kennt keine Untertitel

Meine Wirkung auf die Menschen meiner Umgebung vermittelt ein allgemeines Bild von mir, von meinem Verhalten und von meiner Fähigkeit zur Partnerschaft. Auch auf diesem Gebiet erwirbt der Mensch sich einen »Ruf«, der das Bild, das andere sich von ihm machen, prägt. Der einzelne Partner, mit dem er eine Beziehung eingehen will, wird den Ruf, der einem vorausgeht, kaum von dem subjektiven Eindruck, den er erhält, trennen können. Das heißt: Der Ruf verschmilzt unauflöslich mit diesem persönlichen Eindruck. Meine Wirkung legt also Spielregeln fest, und auch ich selbst verhalte mich nach diesen Spielregeln. Ich kann den geschlossenen Kreis nur durchbrechen, indem ich mir das System bewußt mache und mich dadurch in die Lage versetze, mein Verhalten zu ändern. Ausschlaggebend für den Vorsatz, etwas zu ändern, ist vor allem die oft nur langsam dämmernde Erkenntnis, daß einer anders wirkt, als er wirken möchte, daß seine Umgebung auf das, was er tut, so reagiert, als hätte er etwas ganz anderes im Sinn gehabt als er tatsächlich im Sinn hatte. Wir gelangen damit wieder einmal zu der Differenz zwischen Meinen und Bewirken.

    Die notwendige Veränderung liegt nicht in dem, was wir sagen, sondern

3. »Seit an Seit«. Der Schulterschluß schafft Vertraulichkeit ohne Bedrohung.
4. Ich schätze dich, komm mir aber nicht zu nah! Der unelastische (oder gesperrte) Ellbogen wirkt als Blockade.

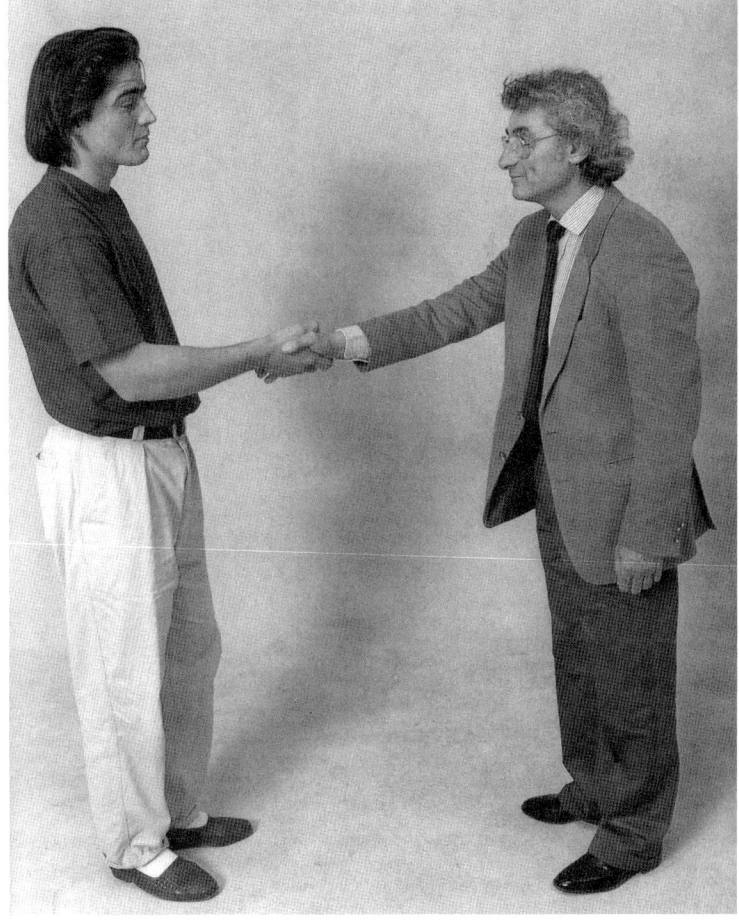

darin, wie wir es sagen, nicht darin, was wir tun, sondern wie wir es tun. Gutgemeinte Bewegungen, die für den Rhythmus der Situation und den Rhythmus des Partners zu heftig ausfallen, wirken verstörend und aggressiv. Körpersprache kommt ins Spiel. Der nonverbale Ausdruck dessen, was wir meinen, ist gefragt. Körpersprache kennt keine Untertitel, sie wirkt unmittelbar. Ein hochgewachsener Mensch macht häufig die Erfahrung, daß er von anderen, und zwar von kleinwüchsigen Menschen, für arrogant gehalten wird, schon weil er über alles hinwegzublicken vermag. Was kann man tun, um diesem Vorurteil zu entgehen? Es ist kaum möglich und genügte auch nicht, jedermann bzw. jedem potentiellen Partner mit dem Satz zu begegnen: »Ich kann nichts dafür, ich bin nun mal groß, ich fühle mich dadurch aber niemandem überlegen und bin überhaupt nicht arrogant.« Verbal ist, wie man sieht, nicht viel auszurichten, ganz abgesehen davon, daß eine solche wunderliche Rede dem Partner unterstellen würde, er fühle sich bereits unterlegen bzw. er empfinde den anderen als arrogant. Körpersprachlich läßt sich dies einfacher korrigieren. In dem beschriebenen Fall läge es zum Beispiel nahe, sich zu setzen, um gleiche Voraussetzungen zu schaffen, die Größenverhältnisse zu regulieren.

In einer meiner Seminarübungen zeigte sich dies in übertragener Weise: Partner A, klein von Wuchs, fühlte sich von Partner B, groß und breitschultrig, einerseits angezogen, weil er »den Schutz des großen Bruders« suchte. Andererseits störte ihn der Eindruck von Arroganz, den er erhalten hatte, um nicht zu sagen, den er sich machte. Aber es gab eine positive Abweichung vom sozialen Ideal des Großen und Starken. Partner B hatte an diesem Morgen nämlich deutlich dunkle Ringe unter den Augen. Für A ein beruhigendes Signal: So stark ist er nun auch wieder nicht! Und er nutzte das für sich als Wiederherstellung des Gleichgewichts.

Sogenannte Schwächen fördern unter Umständen mehr sozialen Kontakt als unangreifbare Stärke. In einem späteren Abschnitt dieses Kapitels werde ich unter dem Titel »Wo Schwächen Stärken sind« auf dieses Phänomen eingehen.

Die richtige Distanz

Der Abstand zwischen Menschen ist bereits ein Signal. Wir halten Distanz zu Menschen, die uns nicht gefallen, und zwar wenn möglich so weit, daß wir sie nicht mehr wahrnehmen. Wir schaffen Distanz auch dadurch, daß wir andere ignorieren. »Ich halte ihn mir vom Leib«, sagen wir, oder »Für mich existiert er nicht«.

Es gibt daneben auch die respektvolle Distanz. Wenn es sich um einen Star, eine hochgestellte Person handelt, ist es uns eine Ehre, zu dessen engem Kreis zu gehören.

Das Wort »Sie« schafft konventionelle Distanz, das »Du« verkürzt sie.

Gute Partnerschaft sucht die Nähe des anderen und läßt ihm zugleich die

Möglichkeit zur Distanz. Informationsaustausch bringt uns einander näher. Manche Menschen, die durch äußere Umstände gezwungen sind, anderen physisch nahezukommen, ziehen sich in sich selbst zurück, um die Distanz wiederherzustellen.

Im westlichen Kulturkreis irritiert es die Mitglieder einer Gruppe, wenn einer sich in sich selbst zurückzieht. Im Orient ist es ganz natürlich, daß unter den vielen, die in einem Zelt sitzen, einer in sich versinkt. Die anderen respektieren dieses Distanzbedürfnis, und der Für-sich-Gebliebene kehrt nach einiger Zeit wie selbstverständlich zum allgemeinen Gespräch zurück.

Bei der Anbahnung einer Partnerschaft sind Fragen wie die folgenden von Bedeutung: Wer hat die Distanz verkürzt? Wie reagiert der andere? Wie sieht sein Gegensignal aus? Wir wissen schon: Nimmt einer Verbindung zum anderen auf, ist alles, was der tut oder läßt, Signal, gleichgültig, ob er mein Signal wahrgenommen hat oder nicht. Blockiert er, indem er sich zurücklehnt, um die alte Distanz wiederherzustellen? Wendet er sich ab, oder geht er weiter? Diese Signale bedeuten: Du kommst mir zu nah! Lächelt er, akzeptiert er die Nähe, so begrüßt er das Angebot.

Annäherung, das Suchen körperlicher Nähe, ist nonverbale Partnerschafts-suche. Sehr oft versteht der Abgewiesene das nonverbale Signal des Zurückwei-chens nicht. Es entsteht eine unangenehme Situation, die ungeklärt bleibt und sich in immer neuen Abläufen wiederholt, wenn die Verneblung, die entstanden ist, nicht aufgehoben wird. Der abgewiesene Partner kann und will nicht verstehen. Der andere, der die Verbindung nicht erneuern will, muß begreifen, daß seine körpersprachlichen Signale des Zurückweichens nicht deutlich genug sind. Warum nun nicht ein klärendes, wenn auch nicht angenehmes Gespräch

In hierarchischen Bindungen sind die Distanzen unverän-derbar. Weder lassen sie sich verkürzen, noch ausdehnen. Annäherungsversuche bleiben vergeblich. Distanz regiert. Kommunikation läuft nur durch vorgegebene Kanäle.

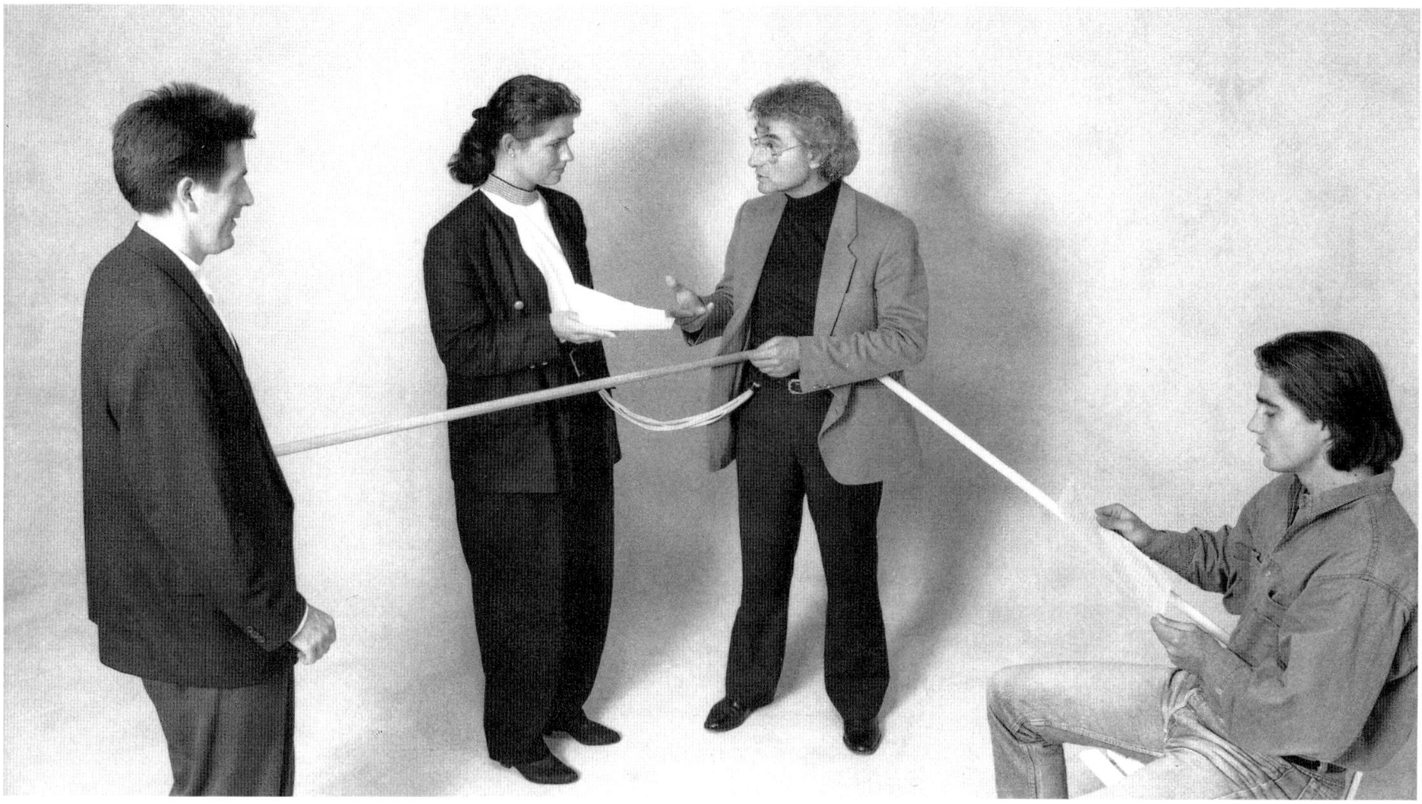

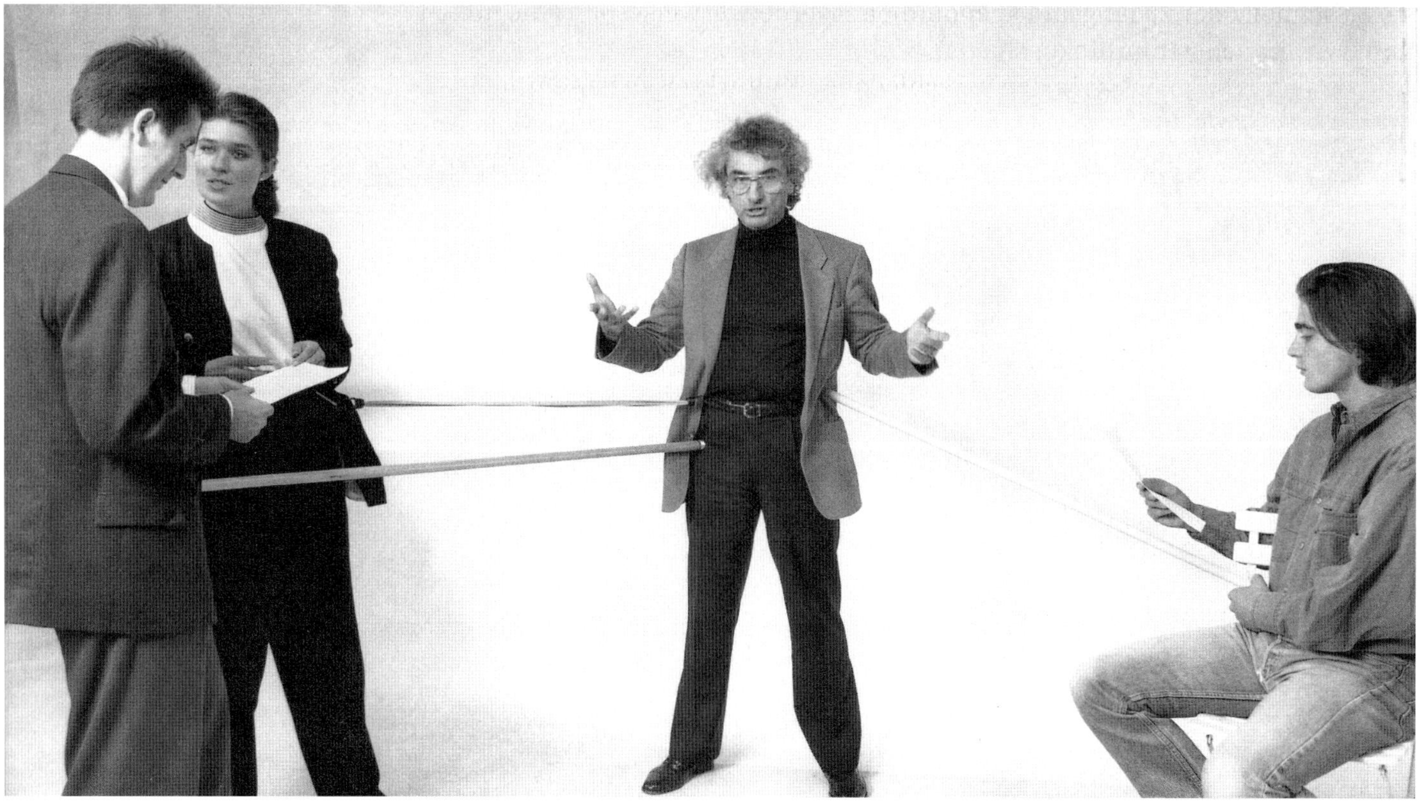

versuchen? Über Körpersprache Bescheid zu wissen, heißt auch, ihre Grenzen zu kennen. Aber es scheint manchmal bequemer zu sein, die Nebel weiter schweben zu lassen, nicht aufzuklären, oft auch aus falsch verstandener Rücksicht auf den anderen. Dabei sollte jedem auch aus eigener Erfahrung bewußt sein, daß dieser Nebel den Partner zu neuen Spekulationen und falschen Hoffnungen verführt. Je später eine Enthüllung kommt, um so größer ist die auf sie folgende Frustration.

Die meisten Menschen gehen davon aus, daß sie ein ganz bestimmtes Distanzempfinden haben. Es scheint ihnen wie in die Wiege gelegt und ganz selbstverständlich zu ihrer Persönlichkeit gehörig. Obwohl generell distanzierte und weniger distanzierte Menschen existieren, reguliert sich das Abstandsempfinden unabhängig vom Typ, der einer ist oder zu sein glaubt, nach seinem Abstands- oder Nähebedürfnis, und das wechselt nicht von Menschentyp zu Menschentyp, sondern von Fall zu Fall. So mag der eine es nicht, wenn man ihn anfaßt, doch ist er verliebt, wartet er darauf. Das Sexualbedürfnis fördert die Sehnsucht nach Nähe schließlich so stark, daß, wie schon die Bibel weiß, Mann und Frau »ein Fleisch« werden.

Das Ritual der intimen körperlichen Annäherung mit seinen unverrückbaren Stationen habe ich schon angesprochen. Ich will hier noch einmal daran erinnern, daß die Spielregeln der Annäherung auf alle Lebensbereiche übertragbar sind. Immer kommt es darauf an, die im wahrsten Sinn des Wortes uns eingefleischten Regeln einzuhalten, keine Stationen des Rituals zu überspringen. Ob sie zu schnell oder zu langsam »genommen« werden, erweist sofort die Reaktion. Wir brauchen nur hinzuschauen.

Das Abstandsbedürfnis in den verschiedenen Kulturkreisen ist sehr unterschiedlich. Manche Menschen, insbesondere die des mediterranen Kulturkreises, zeigen weniger Abstand untereinander als Mittel- oder Nordeuropäer. Das sollte uns nicht zu dem Mißverständnis verleiten, anzunehmen, die Spielregeln der Annäherung seien hier außer Kraft gesetzt. Die Regeln, die Stufen bleiben. Sie folgen vielleicht einer anderen Reihenfolge, entfallen aber keineswegs. Vielleicht läßt sich das Vorhandensein des Rituals beim mittelmeerischen Menschen sogar unmittelbarer aufzeigen als beim Mittel- oder Nordeuropäer, weil es sich in scheinbar rein äußerlichen Gewohnheiten manifestiert. Da kommt niemand sofort und unmittelbar zur Sache, nicht beim Flirt, der alle Ingredienzien des Vorspiels enthält, nicht im Geschäft: Begrüßung, kommunikatives Vorspiel (Wie geht's dem Mann, der lieben Frau, den guten Kindern, dem Hund, der Katze?), gemeinsames Kaffee- oder Teetrinken, die Gewohnheit zu handeln – alles dies sind Schritte der Annäherung auf ein Ziel hin, das ohne Verletzung der Regeln erreicht werden soll. Wer nicht bereit ist zu handeln, ist nicht nur Spaßverderber, er ist Spielverderber, der die Regeln verletzt und damit den Stolz des Partners.

Beim mediterranen Menschen liegen die Regeln offen zutage. Sie gelten in variierter Form auch anderswo. Fragen Sie sich einmal, warum die Engländer so gern vom Wetter reden.

Linke Seite
Kommunikation kann durch ein elastisches Bindeglied aufrechterhalten werden. Die junge Frau auf unserem Bild ist durch direkte Bindung, die sie auch nicht aufgeben kann, stets in Kontakt mit der zentralen Figur und zugleich in der Lage, sich den übrigen zu nähern. Die Informationsspannung zwischen ihr und der zentralen Figur muß dabei gewahrt bleiben.

Groß und klein

Probleme lassen sich lösen, wenn man auf gleicher Ebene miteinander spricht. Das gilt nicht nur zwischen Kindern und Erwachsenen, sondern in Wirtschaft und Wissenschaft auch für unterschiedliche Fachebenen.
»Werde ich auch so groß und stark wie du, Papa?« Schon ist er's.
Die Kommunikationsebene zwischen Mutter und Kind: Sie macht sich klein für ihn und nimmt ihn auf ihre Höhe. Sehen Sie, wie es ihn freut?

Gemeinsamkeiten erleichtern den Kontakt

Zwar heißt es, daß Gegensätze sich anziehen, doch sind es offensichtlich Gemeinsamkeiten, die das Eintreten in eine Partnerschaft erleichtern. Das geht über die ganz allgemeinen Interessen hinaus, die wir auch aus Partnerschaftsanzeigen kennen (naturliebend, sportlich, reiselustig, kultiviert, häuslich usw.). Der Teufel sitzt immer im Detail, aber auch der Engel einer Partnerschaft liegt darin. Angehende Partner finden sich oft über Ebenen verbunden, denen unsere Aufmerksamkeit im allgemeinen nicht gilt. Plötzlich werden sie bedeutungsvoll. Da registriert einer, daß sein Gegenüber Turnschuhe trägt, befragt, ob ihm das eine Information gegeben habe, teilt er zunächst mit, die Frage fast abwehrend, Kleidung sage ihm nicht viel, er gebe fast überhaupt nichts auf Kleidung, eigentlich gar nichts. Aber gleich darauf gibt er zu Protokoll, was ihm beim Anblick der Turnschuhe des Partners durch den Kopf gegangen ist. Er hatte gedacht, so sagte er, daß er auch in Turnschuhen gekommen wäre, wenn man ihn gelassen hätte. Es ist durchaus unwahrscheinlich, daß diese gemeinsame Ebene ohne die direkte Frage zutage getreten und daß sie, hätte einer der beiden sie sich bewußt gemacht, auch verbal angesprochen worden wäre. Die Verbalisierung des Gedankens: So wäre ich auch gern erschienen! hatte eine Gemeinsamkeit aufgezeigt. Unterlassen wir die Bemerkung, begeben wir uns einer Möglichkeit zur Solidarisierung. Anders ausgedrückt: Wir verzichten auf die Nutzung eines Kommunikationskanals. Der andere erfährt nichts. Hätte er es erfahren, wären wir ihm wahrscheinlich um einiges sympathischer als zuvor. Alles, was zwei Menschen auf dieselbe Ebene befördert, erleichtert die Kommunikation. Ich erinnere an das Beispiel, wie Größenunterschiede (Kind/Erwachsener, Großer/Kleiner) überwunden werden, um gleiche Kommunikationsebenen zu schaffen (das Kind hochheben, sich zu ihm niederhocken, um den Augenkontakt herzustellen). Das Auge gebannt auf unser Ziel gerichtet, fehlt uns der Blick für die Informationskanäle, die sich uns öffnen und uns dem Ziel näherbringen. Wir könnten sie nutzen, wenn wir uns bewußt machten, daß es das Vorspiel ist, das zur Partnerschaft führt.

Jede Aufgabe, die zu lösen wir uns vorgenommen haben oder die zu lösen uns aufgetragen ist, läßt sich, wenn sie unser Engagement lohnt, meist nicht auf Anhieb bewältigen. Den Knoten zerhauen, bleibt immer Extremlösung, trotz der Geschichte vom gordischen Knoten. Sie hat mit Partnerschaft und ihrer Anbahnung nichts zu tun, es sei denn, man nimmt sie als Symbol für Unzweideutigkeit und das Auflösen der Vernebelung zwischen Partnern. Wir haben uns in allen Formen der Partnerschaft sogar darauf einzustellen, daß gewisse Aufgaben überhaupt nicht lösbar sind.

Ich bekomme etwas nicht, das ich haben will, bekomme es nicht zu dem Zeitpunkt, zu dem ich es haben will. Wie oft entsteht Streit zwischen Partnern, wenn der eine etwas verlangt, was der andere nur spontan und nicht auf Verlangen geben zu können glaubt! Gleichzeitigkeit von Angebot und Nachfrage ist auch in guten Partnerschaften nicht die Regel. Kann der Partner, sozusagen aus Toleranzgründen, nicht erwarten, daß der andere sein momentanes Bedürfnis erfüllt?

Die Waage bewegt sich so: Heute tue ich etwas für dich, morgen vielleicht du etwas für mich, und am dritten Tag haben wir womöglich denselben Wunsch.

Eine Frau, die zu ihrem Mann sagt, daß er ihr Blumen bitte nur aus einem spontanen Gefühl heraus mitbringen soll, errichtet mit diesem Satz eine Barriere. Wieviel Zeit muß nun vergehen, bis sein Blumengeschenk als spontan empfunden wird? Ich glaube, es ist unwichtig, ob die Blumen spontan oder auf Verlangen geschenkt werden. Wichtig ist nur, daß sie nicht ausbleiben; denn auch der Wunsch nach Blumen muß erst aufgrund einer eigenen Entscheidung erfüllt werden. Partnerschaft verlangt Entgegenkommen.

Partnerschaft ist auf Gegenseitigkeit angewiesen, auf den Umweg, einen zweiten Weg, auf Alternativen. Wer mit dem Kopf durch die Wand will, ist ein schlechter Partner.

Konflikte müssen nicht immer gelöst, sondern beigelegt werden. Und Partnerschaft ist der mühselige Schritt-für-Schritt-Prozeß, den ich als Voraussetzung für Partnerschaft angesprochen habe. Es kommt aber auch hier wieder etwas hinzu. Der Konflikt setzt Kreativität frei, die ohne ihn unbemerkt in uns schlummern würde. Das ungelöste Problem zwingt uns, Ausschau zu halten nach gangbaren Wegen, treibt uns dazu, neue Wege der Partnerschaft zu entdecken.

Wo Schwächen Stärken sind

Tradierte oder modische Idealvorstellungen hemmen die Partnersuche, beeinflussen zugleich die Partnerwahl und belasten unser Selbstverständnis als Partner. Ich gehe wieder vom Erscheinungsbild aus und komme unweigerlich zu der archaischen Vorstellung von groß und stark, auch im übertragenen Sinn, als einem Idealbild. Sind wir es nicht, unterstellen wir, der Partner empfände dies an uns als Manko. Wieso eigentlich? Groß ist er selbst. Vielleicht braucht der Große als Partner gerade den Kleineren. In der Industrie werden solche Verbindungen ständig eingegangen. Das große Automobilwerk braucht den kleineren Zulieferer. Die Größe, die Sicherheit gibt, weiß der kleine Partner zu schätzen oder der größere Partner die Wendigkeit des kleinen. Das reale Leben ist voller Facetten. Für alle idolhaften Vorstellungen gilt der Satz, daß nicht Idole, sondern Menschen die größte Chance haben, geliebt zu werden. Das Idol läßt sich als Partner nicht einmal vorstellen. Wer will tatsächlich mit einem Idol durchs Leben gehen, Geschäfte machen oder Forellen angeln? Zuerst müßte das Idol von seinem Thron herunter – und wäre dann kein Idol mehr. Wenn wir genau hinhören auf das, was wir menschlich nennen, was erfahren wir dann? Sind es unsere Stärken? Und warum haben wir soviel Angst vor unseren Schwächen, wenn sie so menschlich sind?

Indem wir unsere Schwächen verneinen, verneinen wir unser Selbst. Außerdem sind unsere Schwächen nicht immer Schwächen. Sie beziehen sich

Der Walzer galt zu Zeiten als unmoralisch und wurde verboten.

häufig nur auf bestimmte Regeln, die aus klischeehaften Vorstellungen abgeleitet sind. Die sogenannten Schwächen in unserem Verhalten stehen meist mit menschlichen Bedürfnissen in Zusammenhang, die wir zu beherrschen haben, um den Regeln oder Gesetzen der Gruppe, sprich Gesellschaft, zu entsprechen. Die Angst zu stolpern, ist weitverbreitet und hindert den Menschen nicht nur an manchem ausholenden Schritt, weil er das Risiko des Stolperns in sich trägt, sie blockiert auch die Kommunikation. Voreingenommenheit sich selbst gegenüber hält mich zurück.

Ändern läßt sich falsche Selbsteinschätzung einzig durch eine Umkehrung der Blickrichtung – weg von unseren eigenen Schwächen, hin zu unseren Partnern. Viel zu oft übersehen wir die Zeichen, die uns signalisieren, daß wir angenommen sind von unserem Gegenüber, von der Gruppe, mit der wir zu leben haben, und zwar mit, trotz oder wegen unserer Schwächen. Die Aufgeschlossenheit für Feedbacks, für Rückmeldungen auf die Wirkung unserer Person, auf unser Verhalten, erweist sich als wichtiger und nützlicher als alles Festhalten an allgemeinen Regeln und Idealisierungen. Ich ignoriere sie nicht, denn sie existieren, aber das, was meinen Alltag ausmacht, mein Verhalten bestimmt, sind die unmittelbaren Reaktionen, die ich auslöse.

Eine Schwäche, die wir uns anlasten, kann etwas sein, das als Schwäche »gilt«, sich in bezug auf eine Person oder auf eine Situation aber keineswegs als Schwäche erweist. Wir können die These mit einem scheinbar extremen Beispiel belegen: Ein Trinker wird jemanden, der mit ihm trinkt, sympathischer finden als einen Abstinenzler. Immer sind Situation und momentaner Bezug ausschlaggebend für die Bewertung, die uns zuteil wird. Gehemmte Menschen bevorzugen restriktive Gesellschaftsformen, weil sie sich in ihnen wohl fühlen, während sie sich von jeder Form von Extrovertiertheit provoziert zeigen.

Wenn einem Redner die Stimme versagt im Parlament, auf einem Kongreß oder vor einem großen Publikum und er abtreten muß, weil er nicht weitersprechen kann, würden wir diesen Vorgang unter »allgemeinen« Bedingungen als »Schwäche« einstufen; spielt derselbe Vorgang sich jedoch unter »besonderen«, nämlich menschlich-moralisch anrührenden Umständen ab, wie dem Mord an Kindern, wird jeder ihm Respekt zollen. Von Schwäche ist keine Rede mehr. So »allgemein«, wie meist vorausgesetzt wird, ist keine Situation. Erkenne ich den Augenblick, kann ich adäquat reagieren. Und unsere Partner? Jeder Partner sollte, da er ein Individuum ist, ein Unikat, als ein »besonderer« Partner angesehen werden.

Erkannte Schwächen tragen im übrigen die Chance in sich, daß sie uns veranlassen, an uns zu arbeiten. Nach dem Stolpern verstärkt sich die Bereitschaft zur Selbstkontrolle. Die Schwäche hat einen positiven Impuls ausgelöst.

Es gibt die Gelegenheit, zu entdecken, daß Schwächen positiv wirken können, weil ein anderer sie als positiv empfindet. Der »Panzerfaust«-Manager, positiv im Erobern neuer Märkte, wird zur Lösung subtiler Probleme weniger geeignet sein.

Herr Schulz hat Probleme mit seiner Beleibtheit; Frau Stein fand ihn eigentlich gemütlich und angenehm in der Wirkung. Sie dagegen kämpft erfolglos gegen die Rundung ihrer Hüften, die nun wieder Herrn Schulz als weiblich gefielen.

Die eigenen Schwächen im Partner sehen

An unseren eigenen Reaktionen anderen gegenüber können wir am besten beobachten, wie unterschiedlich wir die Schwächen anderer empfinden und bewerten. Diejenigen Schwächen, die uns am anderen zuallererst und am stärksten auffallen und auf die wir am empfindlichsten reagieren, sind unsere eigenen, allerdings nur dann, wenn einer die eigenen Schwächen nicht wahrhaben will. Diese vor uns selbst verschleierte Schwäche am anderen zu entdecken, irritiert uns zutiefst. Da wir sie uns selbst gegenüber nicht eingestehen, schrecken wir vor dem allzu deutlichen Spiegelbild, das uns entgegentritt, zurück. Wir können nicht wegsehen und reagieren unverhältnismäßig heftig. Wir haben es mit so etwas wie einer tiefenpsychologischen Situation zu tun. Die sichtbare Schwäche des anderen berührt etwas in uns, das wir verdrängt haben. In die tägliche Praxis des Umgangs mit sich selbst umgesetzt, empfiehlt es sich also, sich erst einmal zu fragen, ob es sich bei den uns besonders störenden Schwächen anderer vielleicht um eine jener Schwächen handelt, die uns selbst anhaften, die wir aber weder akzeptiert noch bekämpft haben und einfach nicht mehr sehen.

Ist uns die eigene Schwäche hingegen bewußt, und finden wir sie beim anderen wieder, kann durchaus jener Solidarisierungseffekt eintreten, von dem schon die Rede war. Da ist er wieder, unser Mann mit dem Übergewicht. Er trifft einen zweiten, dem es ebenso geht, und obwohl er den Bauch des anderen durchaus als Schwäche registriert, empfindet er eine gewisse Erleichterung: Ein Leidensgefährte! Die Zeiten, in denen der Bauch Symbol von Wohlstand und Seriosität war, sind lange vorbei, und wir leben weit entfernt von der Kultur des Orients, wo man die Frauen zeitweise mit Walfett mästete, weil fett sein als schön und gesund angesehen wurde. Erinnern wir uns an die »Langhaarigen«. Langes Haar bei Männern galt eine Zeitlang – und das ist noch gar nicht so lange her – als Provokation, dann wurde es Mode, und heute ist die Frage nach der Haarlänge irrelevant. Während »Langhaarige« als Symbol für Anti-Establishment galten, fingen bald auch die »braven« Studenten an, sich die Haare wachsen zu lassen, und zwar zunächst in einer Art passiver Solidarisierung, um sich nicht von den anderen zu unterscheiden. Es war eine Art Selbstbefreiung und Demonstration des eigenen Durchsetzungsvermögens. Eine Anstellung in einer Bank war für Langhaarige nur so lange ausgeschlossen, bis die Bankdirektoren am eigenen Familientisch feststellen konnten, daß lange Haare nicht gefährlich oder anarchisch machten.

Wieviel Information, fragte ich weiter, halten wir aus falscher Vorsicht oder »weil man so etwas nicht tut« zurück, obwohl es nützlich wäre, sie zu geben und damit einen Informationsaustausch zu provozieren? Und warum schließlich gelingt es uns eher, die Frage nach dem, was ein anderer negativ an uns findet, zu beantworten, als die Frage nach dem Positiven.

Es mag, wie vorher erwähnt, an der Erziehung liegen, die einem zuteil geworden ist. Dennoch: Ist es so schwer, auszusprechen, was die Erfahrung uns doch lehrt, daß andere uns sympathisch, unsere Augen, unsere Hände, unser Haar schön und unsere Ohren lustig finden? Die eingeübte Vorsicht bewirkt, daß wir uns kaum weiter vorwagen als bis zu dem Satz: »Warum sollte der andere mich nicht sympathisch finden?«

Partnerwahl und Vorerfahrung

Partnersuche und Partnerwahl haben häufig biographische Hintergründe. In einem Kreis von mehreren Frauen und Männern erklärt ein männlicher Teilnehmer, er habe sich bewußt an einen Mann gewandt, um eine Partnerschaft mit ihm einzugehen, da er ein Leben lang bisher vergeblich auf der Suche nach einem adäquaten Geschäftspartner gewesen sei. Dabei war er davon ausgegangen, daß er bei der Partnerwahl besonders überlegt vorgegangen sei. Er hatte sich Zeit gelassen, sich Abstand von der Gruppe geschaffen, um Übersicht zu gewinnen, und dann gruppenweise selektiert. Was ihm erst im nachhinein klar wurde, war, daß er nicht intellektuell, sondern gewohnheitsmäßig gehandelt hatte und wieder, wie im Leben, auf einen männlichen Geschäftspartner fixiert war.

Hätte der gesuchte Geschäftspartner nicht vielleicht eine Frau sein können? Welch ein Einfall! Wir wählen nach Gewohnheit und nicht nach Möglichkeit.

Aber vom immer noch vorherrschenden »allgemeinen« Bewußtsein geleitet, waren für ihn Geschäft und männlicher Partner Synonyme. Es war keine Aversion oder negative Erfahrung mit dem weiblichen Geschlecht im Spiel, aber es gab für die berufliche Beziehung zu Frauen ein genau abgestecktes Feld. So bleiben Informationskanäle blockiert, ohne daß es uns bewußt ist. Das Klischee wirkt eben nicht über den Verstand, sondern über das Gefühl. Es sind unbestimmte Emotionen, die uns im Weg stehen. Zugleich müssen wir wissen, daß Entscheidungen in der Partnerwahl – und keineswegs nur bei der Wahl des Sexualpartners – stets in hohem Maß gefühlsbedingt sind.

Jedem Partner gegenüber versuchen wir, uns eines Gefühls der Sympathie seinerseits zu versichern, zum Beispiel durch angenehme Assoziationen. Erinnert uns der andere an negative Erfahrungen, werden unsere kommunikativen Kanäle blockiert, erinnert er uns an gar nichts, fehlen die Transportmittel für den Informationsaustausch. Fehlt jede Assoziation mit unserem Gegenüber, ist die Partnerschaft beendet, bevor sie begonnen hat. Es sei hinzugefügt, daß Assoziationsleere selten vorkommt. Irgend etwas an einem Gegenüber erinnert uns fast immer an irgendwen oder irgend etwas. Es kostet Mühe, bei negativer Assoziation die Blockade abzubauen; dagegen öffnet Sympathie sofort die Türen.

Sich selbst im Partner suchen

In dem Fallbeispiel vom Geschäftsmann, der sich einen männlichen Partner »verschrieben« hatte, gibt es noch eine zusätzliche Komponente. Er suchte nämlich nach seinem Double, mehr noch: nach einem zweiten Ich. Wieder siegte das ungeklärte Gefühl über die Ratio. Der andere, der genau so sein soll wie ich, der mich absolut ersetzen kann, ist partnerschaftlich gesehen eine Chimäre. Der Konflikt, und kein konstruktiver, ist programmiert. Denn dieser absolute Partner wäre eine permanente Konkurrenz. Ich müßte ihn bekämpfen, und zwar gerade deshalb, weil er mich andernfalls tatsächlich und endgültig ersetzen könnte. Das Spiegelbild könnte bestenfalls Ansporn sein, mich selbst und meine Leistung zu verbessern.

Partnerschaft lebt nicht von der Gleichheit der Partner, nicht von ihrer Austauschbarkeit, sondern von der Fähigkeit, einander zu ergänzen. Statt im anderen uns selbst wiederfinden zu wollen, müssen wir die Eigenart des Partners herausfinden, bewerten und in unserer Beziehung zu ihm achten.

Durch das Spiel der Hände kann die Mutter in einen lockeren Dialog mit ihrem Kind treten. *(S. 88)*

Emotionale Zuneigung ist der primäre Ausgang jeden Dialogs. *(S. 89)*

87

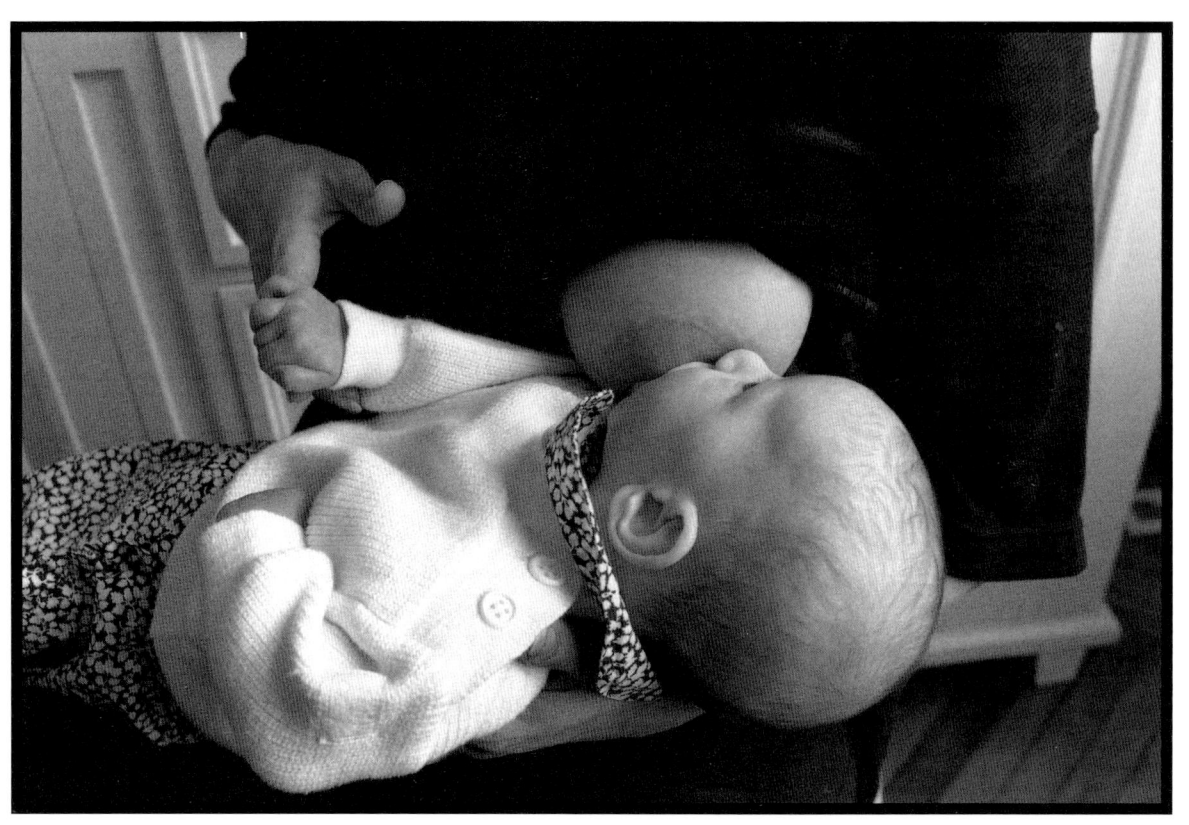

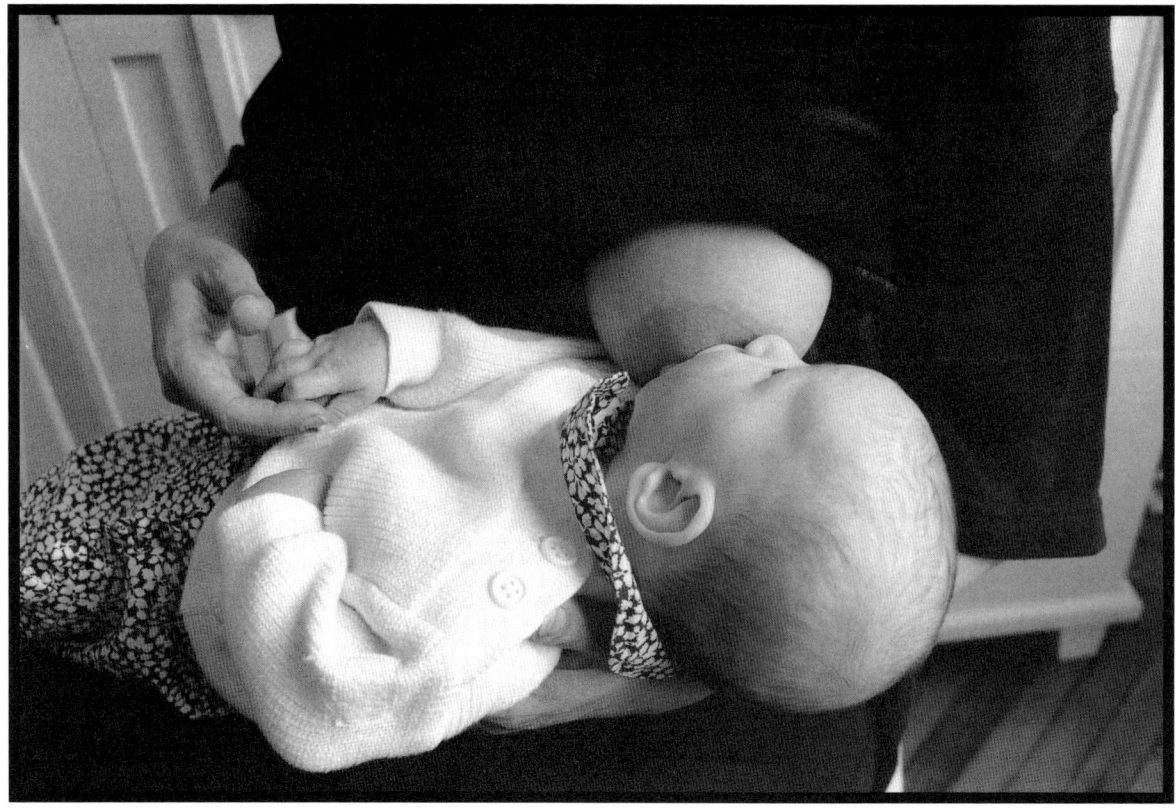

Es ist ja wahr, daß es uns gut ansteht, vom anderen nichts zu erwarten als das, was uns selbst in der gleichen Situation einfiele. Es ist aber ein Fehler anzunehmen, der andere müsse dasselbe empfinden wie wir. Und es ist phantasielos zu denken, es gäbe nur eine Lösung für ein Problem, nämlich unsere. Es ist wieder von der Projektion die Rede, mit der wir unsere höchst subjektive Sicht fabrizieren, der wir uns so schwer entledigen können.

Wie wichtig, fragen wir uns, ist uns die Sympathie des anderen? Korrigieren wir etwas an uns seines subjektiven Urteils wegen? In der Seminararbeit werden durch offenes Gespräch kleinste Beobachtungen, winzige Reaktionen ans Licht gebracht, die im Alltag verdrängt, jedenfalls nicht angesprochen werden, jedoch keineswegs ihre Wirkung verlieren.

Da stellt ein Teilnehmer fest, daß die Uhr eines anderen ihm ganz und gar nicht gefällt; sie ist für ihn ein Stein des Anstoßes, der die Harmonie der Begegnung stört. Befragt, wird er immer behaupten, wichtig sei ihm das mit der Uhr nun wirklich nicht. Dennoch wird er es sympathisch finden, wenn der Partner die Uhr daraufhin unter die Manschette seines Hemdes schiebt oder sie abnimmt. Wir stellen fest, daß die Uhr als Störfaktor ernst genommen zu werden verdient. Es fällt beiden Partnern jedoch schwer, das zuzugeben.

Es ist oft sehr leicht, den Partner zufriedenzustellen, indem wir einen Störfaktor beseitigen oder verdecken; das ist eine Kurskorrektur, die nichts als ein bißchen Entgegenkommen verlangt. Was uns als geringfügig erscheint, kann für den anderen schwerwiegend sein. Also ist unsere Toleranz gefordert.

Nehmen wir an, die Uhr ist dem einen wichtig, vielleicht nur als Statussymbol. In den USA ist die goldene Rolexuhr beinahe ein »must« für das Topmanagement. Mit seiner negativen Aussage zur Uhr greift der Partner also den Status und mit dem Status das Selbstwertgefühl des anderen an.

In einem meiner Seminare bemängelte eine Dame bei ihrem Partner, daß seine Socken heruntergerutscht waren. Sie könne es nicht ausstehen, wenn zwischen Hosenbeinkante und Socke ein Stück nackten Beins zu sehen sei. Mehrere männliche Teilnehmer zogen auf der Stelle an ihren Socken. Wer will schon auf die Sympathie einer schönen Frau verzichten?

Für den Partner kann diese Kleinigkeit ein Reizfaktor sein. Information bekommt so ihr besonderes Gewicht, damit die Korrektur erfolgen kann. Sie kann bedeutsam sein für die Anbahnung einer Partnerschaft, auch für einen Geschäftsabschluß, denn habe ich zwei gleiche Angebote, werde ich den Auftrag demjenigen geben, der mir sympathischer ist.

Kleinigkeiten als Reizfaktor in der Partnerschaft: Die heruntergerutschte Socke schafft Disharmonie.

Signalverständnis

Mancher Partner reagiert bereits auf schwache Signale, ein anderer nimmt nur stärkere wahr. Generell schließen wir zu schnell auf Ablehnung, während unser Signal noch gar nicht angekommen ist. Ich habe das in meinem Leben sehr eindringlich erlebt. Als ich glaubte, meiner Frau, die sie damals noch nicht war,

Der irritierte Blick der Partnerin . . .

. . . und die prompte Reaktion des
Partners. Die Harmonisierung
der Erscheinung bringt auch das
Gespräch zwischen beiden
wieder in Fluß.

deutliche Signale gegeben zu haben, daß ich mit ihr die Ehe eingehen wollte, hatte sie diese Signale, wie ich später im Gespräch mit ihr erfuhr, überhaupt nicht bemerkt. Es stellte sich zweierlei heraus: Meine Signale waren nicht deutlich genug gewesen, und sie war damals nicht bereit, sie wahrzunehmen. Selektive Informationsaufnahme und schwaches Signal trafen aufeinander. Diese Erfahrung läßt sich insofern verallgemeinern, als auch das Moment der Zeit für partnerschaftliche Annäherung eine Rolle spielt. Nicht jeder Zeitpunkt ist für den Abschluß einer Partnerschaft günstig, und wir müssen deshalb lernen, den richtigen Zeitpunkt abzuwarten. Es ist der Augenblick, in dem der Partner reif ist, unsere Signale zu verstehen und zu akzeptieren. Wann ist dieser Zeitpunkt gekommen? Wenn unsere Signale das entsprechende Feedback erhalten. Manchmal ist Geduld die Tugend des Bewerbers.

Ein Partner, der noch nicht reif ist, unsere Signale zu verstehen, hat uns deshalb nicht abgelehnt. Das Pendant zum Signalverständnis ist die Fähigkeit, Signale zu setzen. Aber fragen Sie einmal einen Menschen, wie er das erste Signal bei der partnerschaftlichen Kontaktaufnahme gesetzt hat. Die Antworten sind sehr vorsichtig und voller Rückversicherungen – und das nicht ohne Grund. Denn diese Zeichen fallen tatsächlich oft äußerst schwach aus: »irgendwie«, »mit einer Kopfbewegung«, »mit einer Handbewegung«, meist vage, jedenfalls nicht sehr eindeutig. Warum? Man hält sich den Rückzug offen und kann (vor allen Dingen vor sich selber) behaupten, daß es gar kein Signal war. Vorteile der Verneblung: »Ich habe es gar nicht so gemeint.« – »Nein, da haben Sie mich ganz mißverstanden.« Das Risiko deutlicher Information, über die sich harmonische, dynamische, lebensfähige Partnerschaften erreichen lassen, liegt darin, daß man zu ihr stehen muß.

Erreichen wir trotz klarer Signale nicht die gewünschte Reaktion, stellt sich die Frage nach Alternativen. Versteifen wir uns darauf, daß eine bestimmte Signalform Erfolg haben müßte, riskieren wir nicht viel. Wir stellen uns damit allerdings auf den wenig engagierten Standpunkt: Entweder funktioniert es, oder es funktioniert eben nicht. Damit reduzieren wir unser Informationsfeld auf ein sehr schmales Band, bringen es auf eine wenig kreative Ebene. Dabei sollten wir wissen, daß nur derjenige eine Chance besitzt, der Alternativen hat und kennt.

Unsicherheit gegenüber einem Partner hat jeder zu überwinden, das ist normal. Die Partnerschaftsfrage beginnt mit dem ersten Blickkontakt, wie wir gesehen haben. Schauen wir den anderen lange an, wird er irgendwann den Blick abwenden, und man sollte sich hüten, mit der Formel zu operieren: »Der kann mir nicht in die Augen sehen.« Der lang anhaltende Blick in die Augen wird von manchen als bedrohlich empfunden, es kann der Eindruck entstanden sein, als wollte man ihn mit dem Blick festnageln. Kommunikation von Mensch zu Mensch bedarf des Blickkontakts. Das Abschweifen des Auges ist jedoch so natürlich wie der Wimpernschlag. Wichtig ist nur, daß der Blick zurückkehrt.

Ich habe in meinen Seminaren zwei hochbezahlte Manager erlebt, die während der Zeit, die dazu benutzt werden sollte, sich den anderen gut anzuschauen, einander in der Konfrontationshaltung zweier feindlicher Mächte gegenübersaßen; man könnte – nach dem Kinderspielmotto – auch sagen: Wer zuerst den Blick senkt, hat verloren. Eine solche Konfrontation ist selbstverständlich auch eine Art Kommunikation, sie läßt jedoch keine Alternativen zu und stoppt den Informationsfluß. Was wir aus dieser Situation lernen können, ist die Einsicht, daß jede Drohgebärde den, der sie ausführt, selbst fixiert und weniger Informationsempfänglichkeit zuläßt. Fixiert einer den anderen, sieht er weniger, als wenn er den Blick leicht schweifen läßt, ihn auch einmal abwendet und zu neuer Kontaktaufnahme zurückkehrt.

Die Gefahr, Kontaktsperren aufzubauen, entspringt nicht nur dem besonderen Fall einer Konfrontationshaltung, sondern in der Mehrzahl der Fälle durch den allgemeinen Vorbehalt, Gefühle zu zeigen.

Die Hemmung, in Gesellschaft etwas von seinen Empfindungen preiszugeben, grenzt ans Groteske. Die moderne Gesellschaft hat private Gefühle tabuisiert. Fast jeder lernt es schon während seiner Kindheit: Trauer und Freude dürfen sich nur in engen Grenzen äußern. Natürlich fürchtet sich jeder davor, vom anderen verletzt zu werden, da wir uns mit dem Ausdruck einer Empfindung eine Blöße zu geben scheinen. Dabei ist niemand der Ansicht, sein Inneres, das dabei zum Vorschein käme, sei so wenig repräsentabel, daß er sich dessen schämen müßte. Wofür einer sich da schämen zu müssen glaubt, ist, daß er überhaupt Gefühl zeigt. Eine Perversion! Wir fragen uns viel zu oft, was die Gesellschaft von uns erwartet, welche Gefühlsäußerungen sie für akzeptabel hält und welche nicht. Um so mehr können wir einen einfachen, unverstellt offenen Menschen schätzen, übernehmen sein Beispiel aber aus Verkrampfung oder falscher Rücksicht auf sogenannte Gesellschaftsregeln allzu selten.

Passives Verhalten

Bei fast jedem meiner Partnerschaftsseminare kommt es vor, daß ein Teilnehmer auf seinem Stuhl sitzenbleibt, wenn Partnerwahl angesagt ist, oder einer sich aus dem Kreis zurückzieht und beobachtet, wie die anderen Partner wählen. Er selbst beteiligt sich nicht. Manchmal bleibt er allein und hatte doch gehofft, daß einer ihn wählen würde. Nun ist er Außenseiter. Die Furcht vor dem Risiko, abgelehnt zu werden, schafft den Außenseiter. Er entzieht sich der Gruppe, stellt sich abseits und nimmt damit ein anderes Risiko in Kauf, das Risiko, allein gelassen zu werden. Hat er Glück, wird ein anderer von sich aus auf ihn zugehen und ihm die Möglichkeit geben, ja oder nein zur Partnerschaft zu sagen. Kommt aber niemand und bleibt er allein, stellt sich sofort die Frage, wem er die Schuld an seiner Außenseiterrolle geben wird. Im Regelfall wird er sie bei der Gesellschaft und nicht bei sich selbst suchen.

Wer sich das Abwarten zur Gewohnheit macht, verzichtet auf die Möglichkeit, sich den Wunschpartner für die jeweilige Beziehung zu wählen. Wieder wird sichtbar, daß Inaktivität nicht folgenlos bleibt. Der Inaktive wird auch häufig einen anderen enttäuschen, der erwartet hat, daß gerade er auf ihn zukäme. Wir gehen oft nur deshalb in eine Partnerschaft, weil der andere uns gewählt hat. Wir denken uns: Ich gefalle ihm. Es tut meiner Eitelkeit gut, also akzeptiere ich die Partnerschaft, ohne den Partner aktiv bewertet zu haben.

Herr A will Herrn B zum Partner. Er schaut ihn an und gibt so ein Signal seines Interesses. B nimmt das Signal wahr, aber es erscheint undeutlich. Dennoch läßt er erkennen, daß ihn das Signal erreicht hat. Während A noch überlegt, wie er reagieren soll, ist C auf B zugegangen und hat ihn mit seinem Partnerschaftsangebot konfrontiert. A hat eine Sekunde zu lange gezögert, und B geht die Partnerschaft mit C ein. A bleibt auf der Strecke und sucht wahrscheinlich die Schuld bei B.

Eine andere Variante: X geht schnell und energisch auf Y zu. Der ist überrascht und irritiert von dessen schneller Aktion. Er empfindet sie als aggressiv, weil vorher kein Signalaustausch stattgefunden hat. Er hat sich noch gar kein Bild machen können. Und was ist mit seinen Chancen bei anderen gebotenen Alternativen? Er zieht sich zurück, ziellos schweift sein Blick, noch ist er unfähig, Informationen über seine Umgebung aufzunehmen. Er steht unter Druck. Schließlich akzeptiert er leicht aggressiv und resignierend zugleich die Partnerschaft mit X, aber nur, weil keine andere mehr zustande kam.

Bei der Partnersuche spielt der Zeitfaktor eine wesentliche Rolle. Da wirkt einer inaktiv und ist nur zu langsam, während ein anderer durch Überaktion schneller vorgeht, als es der Kontaktaufnahme bekommt.

Wie lange hält ein potentieller Partner es aus, daß man ihm nicht entgegenkommt, daß man sich ihm (direkt oder indirekt gesprochen) nicht wieder zuwendet? Sein Wille zur Partnerschaft und sein Selbstbewußtsein müssen erheblich sein, wenn er sehr ausdauernd ist. Manch einer ziert sich, ja zu sagen, weil er sich aus Prinzip nicht zu schnell überreden lassen will oder glaubt, später einen weniger hohen Preis zahlen zu müssen. So etwas kann funktionieren – vor allem im Orient –, aber wer sich so verhält, riskiert, daß er den Partner verliert, den er doch nur hinhalten wollte.

Partnerschaften lösen sich wie von selbst auf, wenn der Informationsfluß stockt. Wieviel Sand kann ins Getriebe einer Partnerschaft geraten, nur weil einer es für unnötig hält, eine Empfangsbestätigung von drei Zeilen zu schreiben! Passivität ist in der Partnerschaft nicht nur mit den beschriebenen Risiken verbunden, sie wirkt zerstörerisch. Partnerschaft lebt davon, daß permanent neue Informationen ausgetauscht werden. Meist ist es das Zeichen einer langen Partnerschaft, wenn jeder vom anderen schon zu wissen glaubt, was er denkt, was er sagen will und wie er reagieren wird. So ist es aber keineswegs. Trotz aller Gewohnheit befindet sich jeder Partner im ständigen Austausch mit seiner Umwelt, die auf ihn durch Ereignisse und Veränderungen wirkt – und damit auch seine Stellungnahme ändert.

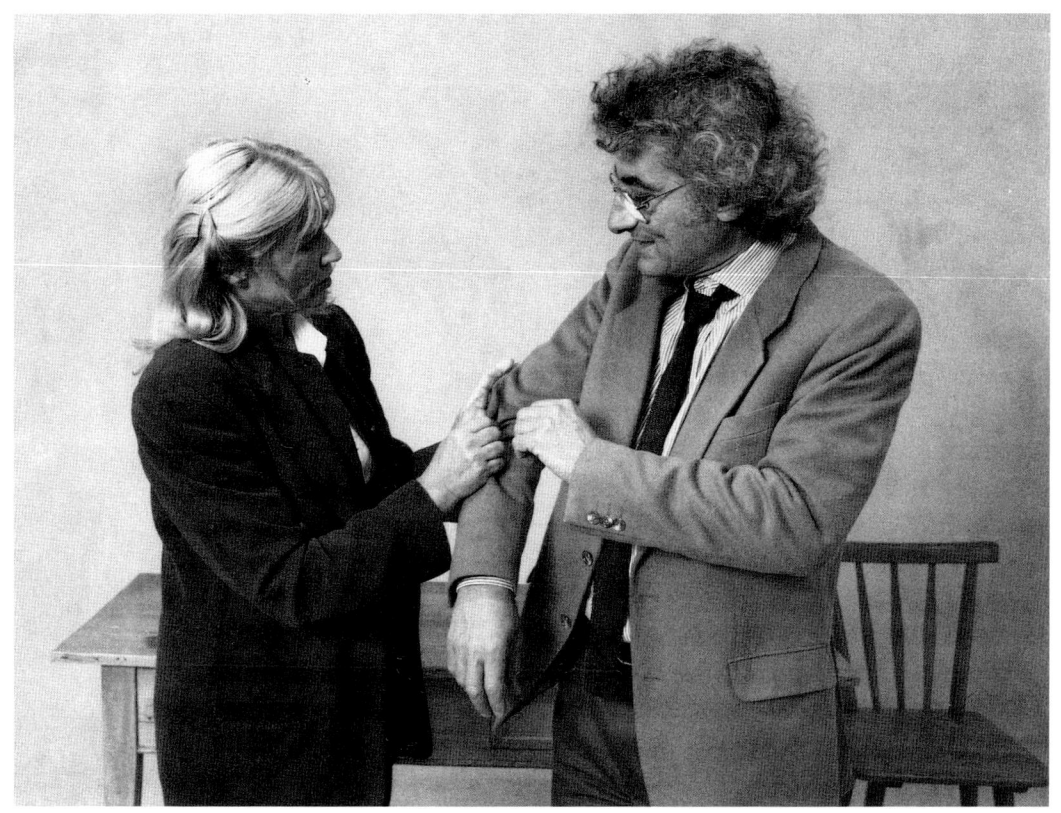

Die »kritische« Partnerschaft ist darauf aus, Schwächen des anderen zu entdecken (und zu bessern). Dieser nützliche Vorsatz kann dazu führen, daß beide, im realen wie im übertragenen Sinn, nur noch aneinander herumzupfen. Die einzig verbliebene Kommunikationsebene?

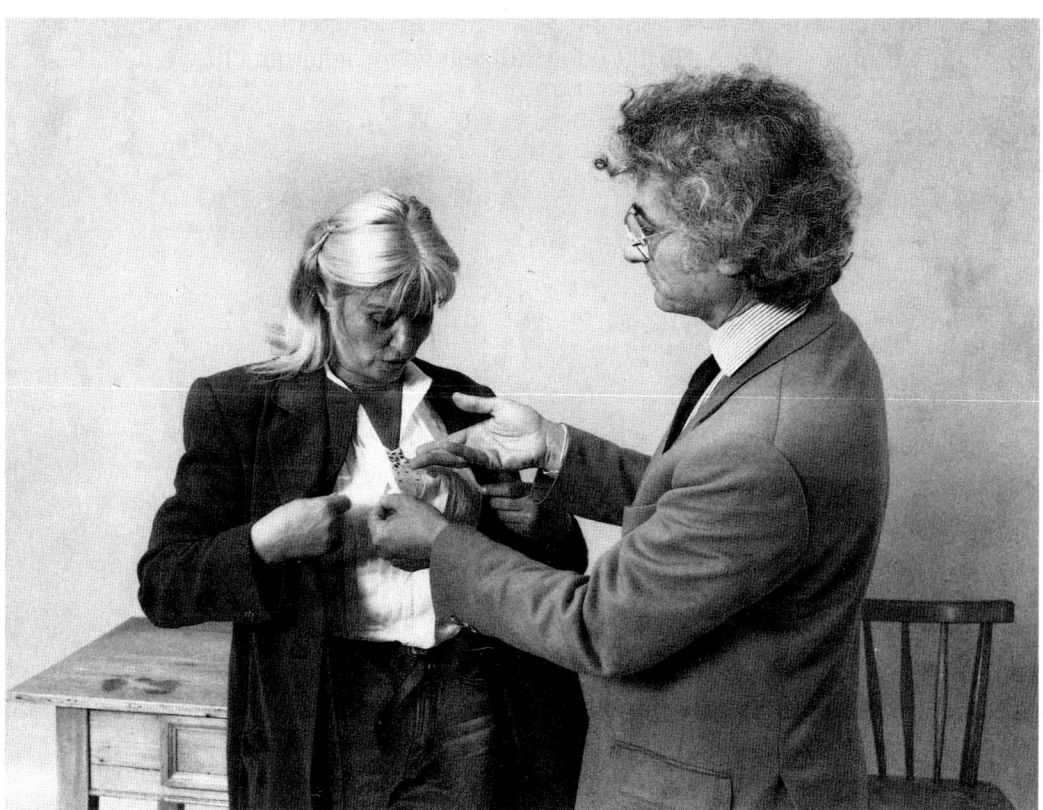

Da findet sie einen Fleck an seinem Ärmel, und er, nicht faul, beweist sofort, daß er auch an ihr einen Fehler findet. Fortsetzung folgt...

Falsche Rücksichtnahme

Wer mit Informationen geizt, ist häufig einfach desinteressiert an der Meinung des Partners. Es kommt aber vor, daß Informationen zurückgehalten werden, um dem anderen nicht zu nahe zu treten. Man muß nicht mit einer möglicherweise unangenehmen Nachricht wie mit der Tür ins Haus fallen, aber in neunzig von hundert Fällen bringt die zurückgehaltene Nachricht kein Glück, sie schafft nur Aufschub, Verzögerung. In der Zwischenzeit fällt es meist schwerer und schwerer, die Information nachzuholen. Es entsteht ein Stau, der Konflikt ist programmiert und ruft beim anderen Fehlreaktionen hervor oder führt zu Passivität, weil Informationen fehlen. Kein Wunder, wenn er aggressiv wird.

Die Berührungshemmung

Jemanden zu berühren, ist ein Zeichen von Sympathie und Vertraulichkeit. Bei beginnender Partnerschaft kann dieses Zeichen zu früh kommen, aber auch die Sperre dagegen zu früh eingelegt werden. Wir wehren schnell eine harmlose Berührung ab, ohne daran zu denken, daß wir es sind, die ihr durch unsere Reaktion erst Gewicht verleihen. Die Kettenreaktion, die daraus folgt, kennen wir zur Genüge: Der andere fühlt sich zurückgestoßen, mit Liebesentzug bestraft, bevor es überhaupt zu Liebe, sprich Partnerschaft gekommen ist. Andererseits tun wir gut daran, nicht ohne weiteres unseren Wunsch nach Partnerschaft durch Berührung des anderen zu unterstreichen. Gerade als Zeichen der Vertraulichkeit hat Berührung im Bewußtsein des einzelnen einen hohen, vielleicht übertrieben hohen Stellenwert. Es gehört in den Bereich des Selbstwertgefühls und steht im Zusammenhang mit frühen Erfahrungen, die jeder von uns macht. Wen fassen wir ohne viel nachzudenken am ehesten an? Ein Kind. Kinder werden gestreichelt, sie wissen oft nicht, wie ihnen geschieht. Kleine Kinder erwecken Gefühle der Zuneigung. Es ist natürlich derselbe Effekt, den kleine Tiere (weiches Fell, große Augen im kleinen Gesicht) auf uns ausüben. Beide, Kinder und kleine Tiere, werden ohne weiteres gestreichelt. Wir erlauben uns mit Kindern das, was diese vielleicht gar nicht wollen und was wir gegenüber Erwachsenen nicht so ohne weiteres wagen würden. Davon bleibt etwas in unserem Unterbewußtsein: Wer uns anfaßt, glaubt, sich etwas erlauben zu können. Und ganz gleichgültig ist, was der sich dabei gedacht hat. Berührung setzt gegenseitiges Einverständnis voraus.

Als mein ältester Sohn noch ein kleines Kind war, kam uns auf einem Spaziergang eine alte Wienerin entgegen, die den Kleinen gutgelaunt in die Wange kniff und auch nicht aufhörte, als er sich wehrte. Ich habe sie daraufhin selbst in die Wange gekniffen und auf ihre entsetzte Reaktion gefragt, warum sie dasselbe mit meinem Sohn gemacht habe. »Ich finde ihn süß«, antwortete sie, und ich sagte, daß ich sie auch süß fände.

Die Angst vor Berührung sollte nicht so weit gehen, daß wir uns dem anderen kaum zuwenden und jedem körperlichen Kontakt aus dem Weg gehen. Wer nicht bereit ist, dem Partner näherzukommen, dem geht ein großer Teil möglicher Informationen verloren. In der Mann-Frau-Beziehung gehört die Berührung zum Ritual. In der geschäftlichen Partnerschaft gibt es Analogien: Man schüttelt sich die Hand, man will ein Produkt berühren, in der Hand halten, man arbeitet mit Kollegen Schulter an Schulter.

Wer sich selbst unter Druck setzt

Mißerfolg bei der Partnersuche kann zu Resignation führen, aber auch Druck erzeugen: Das passiert mir nicht ein zweites Mal! Der Rückschlag, den einer durch den ihm zuteil gewordenen »Korb« erhalten hat, bewirkt psychisch in der Regel zunächst eine Hemmung. Das innige Verhältnis zwischen Körper und

Begrüßungen: 1. Spontane Herzlichkeit ruft oft Abwehr hervor. Der Partner fühlt sich überfallen. 2. Übereifer schadet nur. Der Partner hält sichtlich nichts von meinem »Vorstoß«.

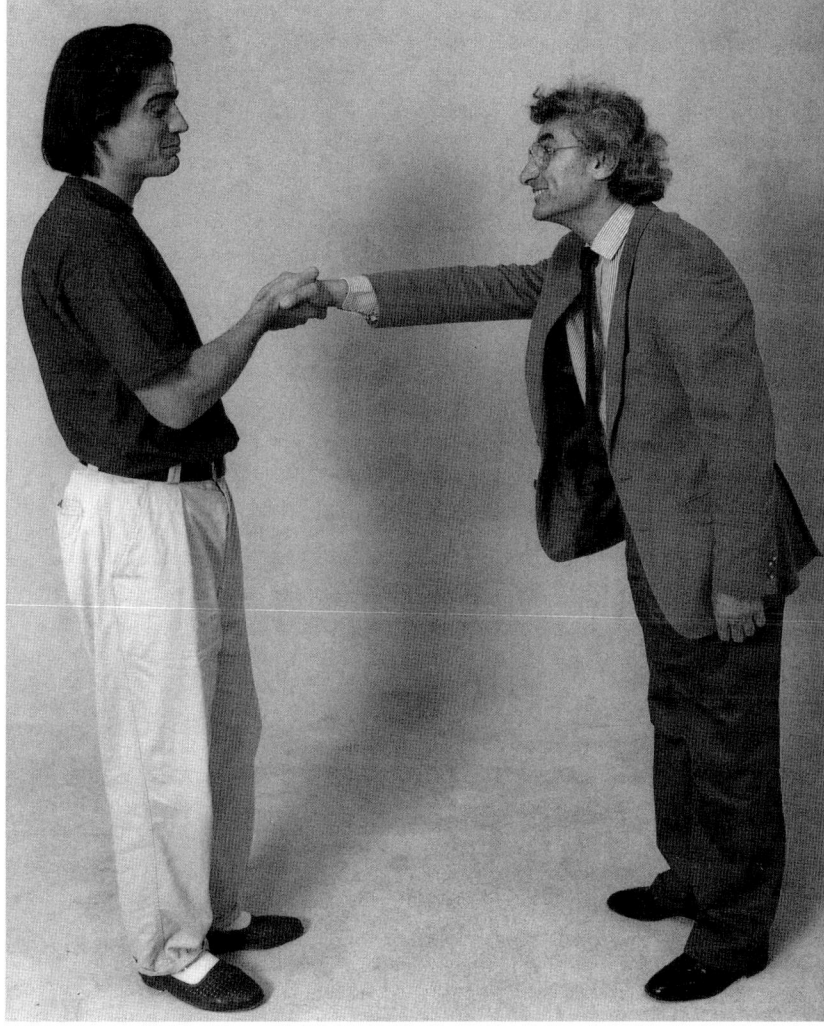

Geist hat zur Folge, daß der Körper übermäßig viel psychische Energie mobilisiert, um die psychische Hemmung zu überwinden. Der Partner, der von der zu überwindenden Hemmung nichts weiß, macht eher einen Schritt zurück, als daß er einen entgegenkäme. Er hat Angst davor, überrannt zu werden. Achten Sie einmal darauf, ob der Partner, auf den Sie lebhaft zugehen, den Kopf einzieht; ein untrügliches Zeichen dafür, daß Sie zuviel Energie einsetzen.

Ein Verkäufer oder Manager mit hoher Dynamikvorgabe übertreibt die schöne Geste, seinen Kunden oder Geschäftspartnern mit offenen Armen entgegenzugehen. Seine ausgestreckte Hand wirkt wie ein Bajonett. Also wird sein Partner versuchen, in Deckung zu gehen. Da er das im normalen Leben nicht kann, blockt er den Ansturm ab, indem er abwehrend die Hand hebt. Und in diesem bloßen Blockieren mit der Hand steckt schon das erste Nein, bevor zur Sache selbst auch nur ein einziges Wort gesprochen wurde.

Der Verkäufer oder Manager spürt dieses unausgesprochene Nein natürlich genau, verbindet es aber nicht mit dem eigenen Verhalten, und um ein Ja daraus zu machen, setzt er in der Regel noch mehr Energie ein. Kommt es am Ende nicht zu dem erwünschten Ergebnis, zieht er meist auch noch den Schluß daraus, daß er es an der genügenden Energie habe fehlen lassen – worin ihn seine Umgebung auch noch bestätigt! Erreicht er das Ja, wird er sich bestätigt fühlen: Nur so geht es! Dabei hätte er sich viel Energie sparen können. Das erinnert mich an einen witzigen Satz: Der Mann hilft der Frau, Probleme zu lösen, die sie ohne ihn nicht hätte.

Der »weiche« Empfang erzeugt keinen Gegendruck. Indem der Verkäufer Distanz wahrt, gibt er dem Kunden die Möglichkeit des Entgegenkommens. Kein Kommunikationsweg ist blockiert. Es ist stets der Ansatz, der ein System in Bewegung setzt, das, einmal ins Laufen gebracht, schwer zu korrigieren ist.

Intensität und Tempo einer Bewegung zeigen die dahinterstehende Intention auf. Wo liegt der Unterschied zwischen Streicheln und Ohrfeigen? Beidem liegt die gleiche Bewegung zugrunde, lediglich die Intensität macht den Unterschied. Das heißt, die positive Absicht, mit zuviel Intensität umgesetzt, kehrt ihre Wirkung um, sie wirkt auf den anderen bedrohlich, ja sogar gefährlich. Ein Stein, der langsam auf mich zurollt, bedeutet keine Gefahr für mich. Rollt er mir mit großer Geschwindigkeit entgegen, kann er todbringend sein. Die Geschwindigkeit gibt selbst dem kleinsten Stein eine Kraft, die ihm allein nicht innewohnt. Dieses physikalische Gesetz ist unmittelbar übertragbar auf unsere psychische Reaktion gegenüber schnellen, übermäßig energischen Signalen unseres Partners: Wir empfinden sie als Bedrohung. In meinem Buch *Körpersprache als Dialog*, das diesem vorausgegangen ist, habe ich davon gesprochen, wieviel davon abhängt, den Rhythmus des Partners zu erkennen, sich ihm anzupassen oder zu versuchen, den anderen in den eigenen Rhythmus zu integrieren. Wer von vornherein attackiert, hat beide Möglichkeiten verspielt. Wer den Ausgleich schafft, ist mit dem anderen auf gleicher Wellenlänge.

Voraussetzungen

Warum schließe ich Partnerschaften? Weil ich bestimmte Wünsche habe, die ich mir allein nicht erfüllen kann. Davon gehen wir aus. Ein Trugschluß wäre es jedoch, anzunehmen, daß Partner durch identische Wünsche zusammengeführt werden. Die Verkäufer/Käufer-Situation beweist es. Der Käufer will etwas erwerben, das der andere hat, der Verkäufer etwas veräußern und dafür etwas anderes, heutzutage auf dem Umweg über das Geld, erwerben. Unmittelbarer erscheint die Situation beim Naturalientausch: Ich möchte Kaffee, er hat Kaffee. Er möchte Eiscreme, ich habe Eiscreme. Wir treten mit durchaus unterschiedlichen Wünschen in eine Partnerschaft ein. Weder wollen beide Kaffee trinken noch beide Eiscreme essen. Von identischen Absichten keine Rede! Erwarte ich, nur das zu bekommen, was ich geben könnte, brauche ich nicht unbedingt einen Partner. Viel logischer entsteht Partnerschaft dadurch, daß der eine haben möchte, was der andere hat, und umgekehrt. In der Urpartnerschaft zwischen männlichen und weiblichen Lebewesen der höheren Art, also in der Zeugungspartnerschaft, ist das System am deutlichsten sichtbar.

Wissen Sie, wie Ihr Partner aussieht?

Bereits bei der ersten Begegnung unterlassen wir es allzuoft, den Partner wirklich anzusehen, im Verlauf einer Partnerschaft nehmen wir uns dann kaum noch Zeit dafür.

Sich eine Weile lang anzuschauen, kann aufschlußreich sein.

99

In einer Gruppe von acht bis achtzehn Personen läßt sich Partnersuche sehr gut simulieren. Man fordert die Teilnehmer auf, sich nach einem Partner umzusehen und ihm wortlos – damit soll das sonst alles überdeckende Medium der verbalen Kommunikation ausgespart sein – den Wunsch nach Beziehung zu signalisieren. Ich bitte die Teilnehmer in dieser Situation, darauf zu achten, von wem das erste Signal ausgegangen ist und wie es vom Empfänger aufgenommen wurde. Die Ergebnisse sind aufschlußreich, wie ich noch erläutern werde.

Der Fragenkatalog, der sich anschließt, ist nicht an eine Gruppe gebunden, jeder kann sich theoretisch damit testen. Es genügen zwei Menschen, die in irgendeiner Weise Partner sind und sich bereitfinden, einander eine Weile lang anzuschauen. Es ist wohltuend, sich einmal zu besinnen. Also fragen wir:

1. Warum habe ich mir diesen Partner ausgesucht?
2. Habe ich ihn mir ausgesucht, oder hat er mich ausgesucht?
3. Erinnert er mich an jemanden? Und wenn ja, was verbindet sich für mich damit?
4. Was sehe ich? Wie sieht mein Partner eigentlich aus? Was sagen mir die Einzelheiten, die ich an ihm wahrgenommen habe? (Bleiben wir hier nur bei der ersten Frage: »Was sehe ich?«, so ist es erstaunlich, wie undetailliert das Bild meist bleibt, obwohl Zeit genug wäre, Einzelheiten zu sehen.)
5. Was gefällt mir an ihm?
6. Was gefällt mir nicht an ihm?
7. Was gefällt ihm wohl an mir?
8. Was gefällt ihm wohl nicht an mir?
9. Kann ich an dem negativen Eindruck etwas ändern? Jetzt?
10. Will ich die eingenommene Position beibehalten? Wenn nein, wie ändere ich sie?
11. Will ich überhaupt in dieser Partnerschaft bleiben? Warum hebe ich die Partnerschaft nicht auf?

Eines kommt, wie schon angedeutet, bei diesem Vorgang, der eine Viertel- bis halbe Stunde dauern sollte, unvermeidlich ans Licht: Wie wenig Zeit wir im Alltag haben oder uns nehmen, einen anderen Menschen in seiner Charakteristik und als Ganzes wirklich wahrzunehmen. Wir sehen Menschen an, ohne sie wirklich zu sehen. Haben wir überhaupt gelernt, Menschen anzuschauen? Unbewußt geschieht sehr viel, wenn wir einem anderen gegenüberstehen oder -sitzen. All die Fragen, die ich formuliert habe, um sie bewußt zu machen, laufen bei nahezu jeder Begegnung blitzschnell und automatisch, wenn auch unbewußt oder kaum bewußt, in unseren Köpfen ab. »Gefällt sie/er mir?« – »Gefalle ich ihr/ihm?« – »Warum könnte ich ihr/ihm nicht gefallen?« – »Wie kann ich einen negativen Eindruck korrigieren?« Wann nehmen wir uns die Zeit, uns diese Fragen bewußt zu machen und ihnen nachzugehen?

Wenn wir uns einmal spielerisch mit dem Fragenkatalog beschäftigen, uns unter Freunden oder mit dem Partner die Zeit gönnen, unser Bild vom anderen zu überprüfen, hat das unweigerlich Auswirkungen auf unseren Alltag. Das

Spiel weckt unsere Beobachtungsgabe und die Neugier auf den anderen: Wie sieht er eigentlich aus? Lange nicht hingesehen! Gefällt mir an ihm, was mir schon immer an ihm gefiel? Entdecke ich neue Aspekte an ihm? Die Rückfrage, was dem anderen an mir gefallen oder mißfallen könnte, stellt sich dann von selbst.

Fragen, das Gesicht und auch den übrigen Körper eines anderen betreffend, zu stellen, ist gleichzeitig nützlich und menschlich in einem moralischen Sinn. Je mehr Details ich wahrnehme, um so näher rückt mir der andere. Jeder Mensch will wahrgenommen werden. Wer immer uns begegnet, verlangt Aufmerksamkeit. Übersehen wir ihn, absichtlich oder unabsichtlich, fühlt er sich abgelehnt und zurückgestoßen und empfindet unser Verhalten als Liebesentzug. Die Voraussetzungen für eine Partnerschaft haben sich damit bereits verschlechtert.

Jeder will wahrgenommen werden.

Wer hat den ersten Schritt getan?

Vorgänge, die in unserer Erinnerung »ganz normal« abgelaufen sind, können wir schwer rekonstruieren. Dabei wäre es durchaus interessant zu wissen, was in uns vorgegangen ist, als wir einen Partner wählten – und sei es nur fürs nächstemal. Es zeigt sich bereits während einer Übung, die, wie ich sagte, fünfzehn bis dreißig Minuten lang dauert, daß unmittelbar nach dieser Zeit schwer herauszufinden ist, wer das erste Signal gegeben, den ersten Schritt zur Partnerschaft getan hat. Wir können unterstellen, daß der Alltag sich von solchen Spielen nicht unterscheidet, wahrscheinlich ist dort die Rekonstruktion noch schwieriger, weil uns gewöhnlich niemand dazu auffordert, solchen Beziehungsabläufen Beachtung zu schenken.

Schuldgefühle und Selbstrechtfertigung

Was geschieht eigentlich, wenn Partnerschaft ihren Sinn von Geben und Nehmen verliert oder gar nicht erst aufnimmt? Was ist, wenn zwei Partner sagen: Wir waren zusammen, es hat sich aber zwischen uns nichts abgespielt.

Ganz generell hat in einem solchen Fall kein Informationsfluß stattgefunden. Warum sind sie zusammengeblieben, wenn sich nichts abspielte? Im allgemeinen ist die Konvention einer der Gründe, jener gesellschaftliche Kodex, der den Spielraum des einzelnen einschränkt. Wieder will ich nicht werten: zum Guten oder zum Schlechten. Zum Guten oder zum Schlechten für wen, für ihn oder für die Gruppe? Ich konstatiere nur die Einschränkung. Die Konvention bleibt selbstverständlich auch in der Spielsituation erhalten und zeigt sich hier unmittelbarer als im Alltag.

Zwei Frauen, die in der Seminarübung als Partner zusammenfanden, haben den gegenseitigen Informationsaustausch eingestellt. Sie schauen beide aus dem Fenster. Sie haben es nach anfänglichen Versuchen aufgegeben, einander

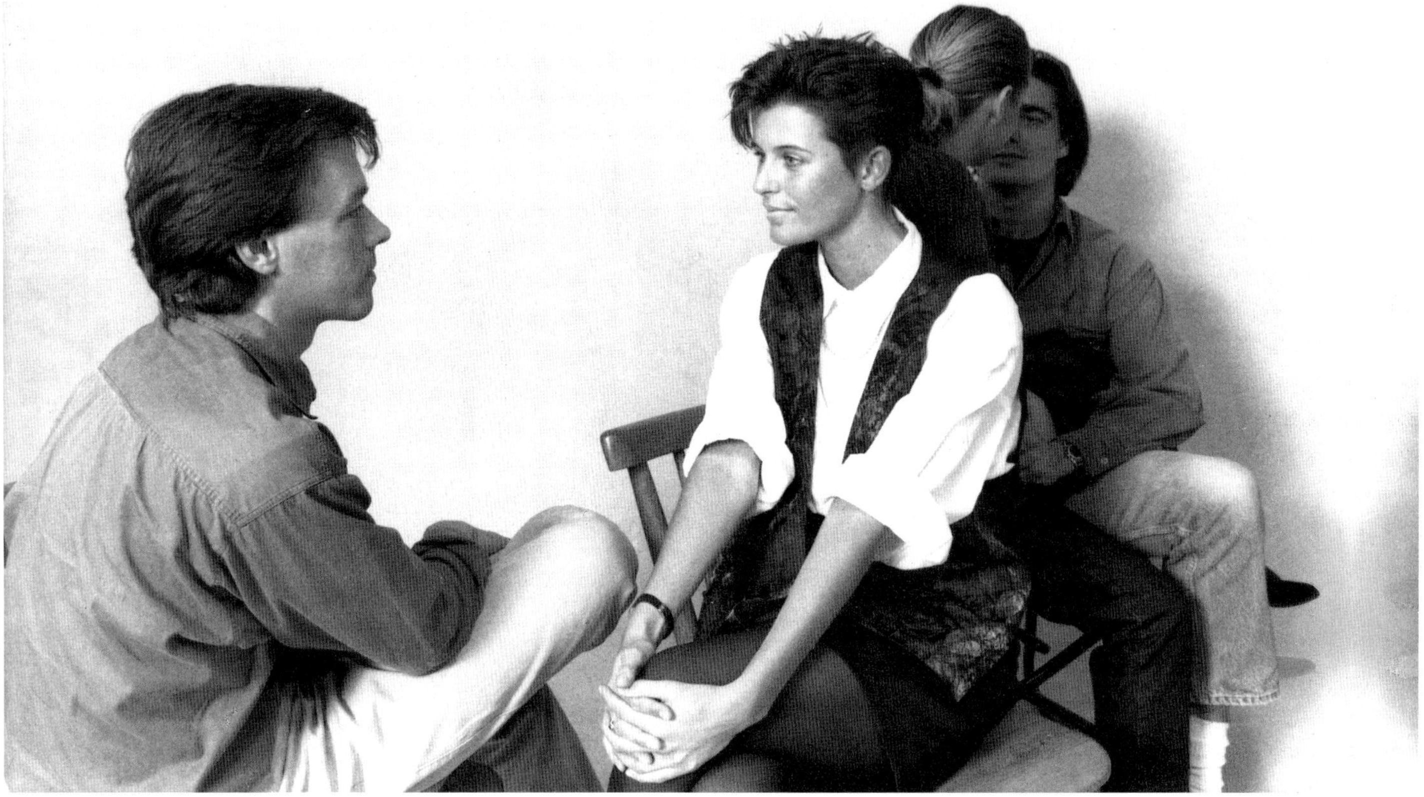
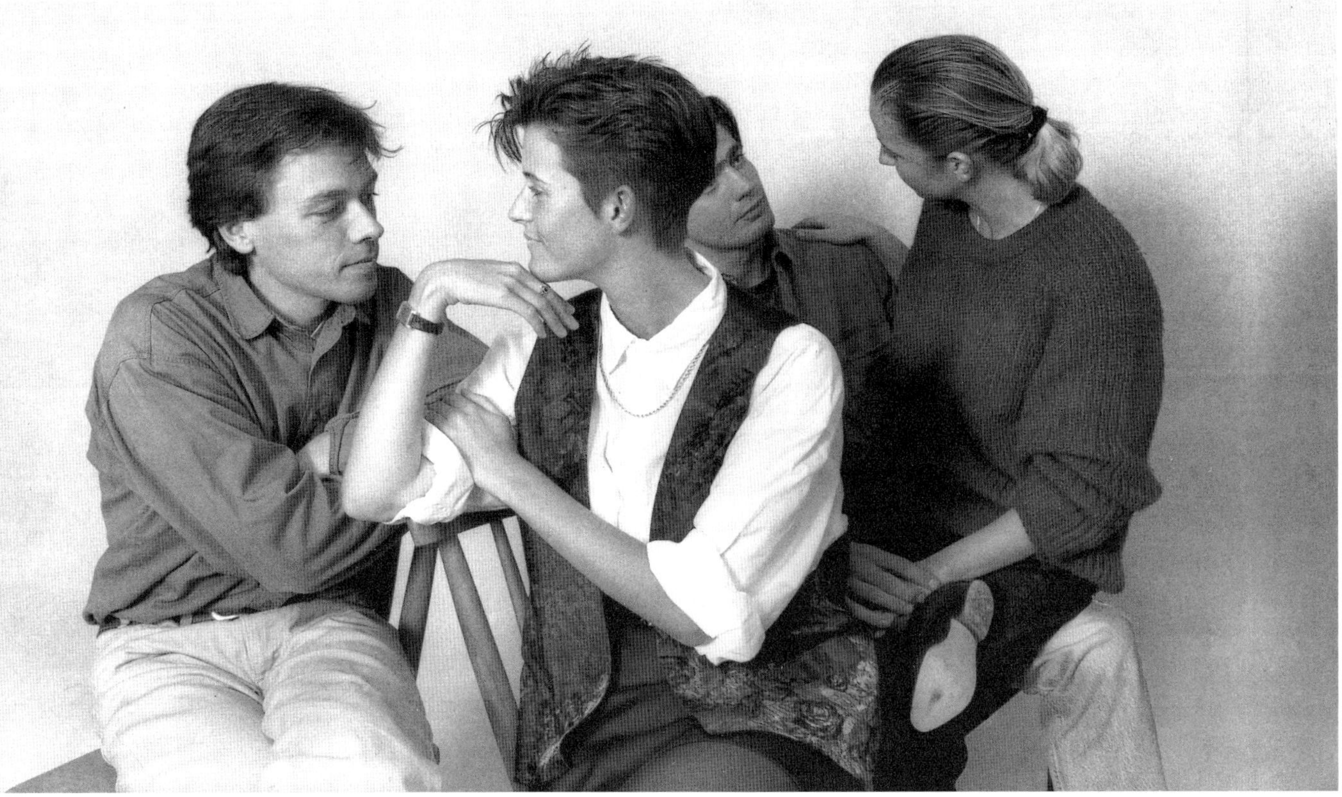

Wissen Sie, wie Ihr Partner
aussieht?
Hier schauen Paare einander an.
Und dieselben Fragen stellen
sich stets von neuem: Nehmen
wir uns gelegentlich Zeit,
unseren Partner anzusehen?
Sehen wir, was wir schon immer
gesehen haben? Sehen wir bei
einem vertrauten Menschen
überhaupt noch Einzelheiten?
Schauen Sie hin! Fragen Sie sich,
was Ihnen sein/ihr Gesicht sagt,
seine/ihre Stirn, Augen, Lippen,
seine/ihre Hände, Schultern, der
Hals, das Haar. Alles ist aussage-
kräftig. Und auch, wenn sich
Partner ihr Leben lang kennen
oder erst seit zwei Monaten, sind
die Antworten stets neu.
Die Stufen der Annäherung sind
deutlich.

anzusehen und Informationen über sich auszutauschen, und sie teilen einander auch nicht mit, was sie durch das Fenster sehen. Durch den gleichzeitigen (nicht gemeinsamen) Entschluß, behalten sie dennoch Kontakt. Dahinter aber steht die Konvention, nicht aufgeben zu dürfen. Eine begonnene Sache, also auch eine freiwillige »Übung« durchzuziehen, ist gesellschaftlicher Konsens. Dabei wäre es oft viel vernünftiger, einen in Gang kommenden, vielleicht aber auch einen ins Stocken geratenen Prozeß abzubrechen. In meinem Beispiel hatte die Informationshemmung eine Vorgeschichte – ganz wie im normalen Leben.

Nach der Aufforderung, sich in der Gruppe einen Partner zu wählen, hatte die eine der beiden Frauen sich darauf eingestellt, bei ihrem Mann, der neben ihr saß, zu bleiben. Die Aufforderung der anderen Frau überraschte sie. Diese Ausgangslage bestimmte alles Folgende. Ich hatte wie gewöhnlich bei diesem Übungsabschnitt um schweigende Partnerschaft gebeten. So blieb unausgesprochen präsent, was zuerst die eine, dann beide irritierte. Obwohl sie ihren Eindruck voneinander später äußerst positiv schilderten, wurde der Austausch zwischen ihnen durch ungeklärte Empfindungen belastet. Die Frau, die das Ehepaar durch ihre Partnerwahl getrennt hatte, begann Schuldgefühle zu entwickeln, weil sie offensichtlich in eine Beziehung eingedrungen war. Die andere wunderte sich selbst darüber, daß sie sich von ihrem Mann hatte trennen lassen. Beide waren mit ihren Gedanken bei ihrem eigenen Verhalten, das sie irritierte. Also schauten beide zwar nebeneinander, aber kommunikationslos aus dem Fenster. Das in Gang gekommene System brachte die »Störerin« auf den Gedanken, die gewonnene Partnerin könne an ihr wahrscheinlich wenig Positives finden und das, obwohl sie ihrerseits Sympathie empfand. Die andere befürchtete, durch lebhafteren Kontakt mit der neuen Partnerin ihren Dauerpartner womöglich noch mehr zu verletzen. Wir sehen: ein Dschungel ungeklärter Voreingenommenheiten.

Hätte die eine etwas tun können, um den von ihr vermuteten ungünstigen Eindruck zu korrigieren? Sie versuchte es sogar. Durch sanfte Bewegungen wollte sie neue Zuwendung erreichen. Ihre Signale aber waren zu schwach, die andere hätte eine stärkere Motivation gebraucht. Beherrschend jedoch war ihr Wunsch, den unbefriedigenden Zustand zu beenden, um im verbalen Austausch eine Klärung der Situation herbeizuführen. Zum Abbruch der Beziehung konnte sie sich dennoch nicht entschließen.

Vom Einzelfall auf das Allgemeine übertragen, ließe sich dazu sagen, daß der Abbruch einer ungünstig verlaufenden Verhandlung tatsächlich ein Ausweg aus einer verfahrenen Situation sein kann. Es kommt lediglich darauf an, daß man sich den Weg zu einem neuen Ansatz unter günstigeren Bedingungen nicht verbaut. Das Fallbeispiel demonstriert zugleich noch einmal unsere Fixiertheit auf die Erfüllung einer bestimmten Aufgabe, die uns gegeben ist oder die wir lösen wollen, und, was schlimmer ist, auf einen Weg, der uns vorgezeichnet erscheint. Wir neigen dazu, die Antwort auf Probleme nur in der bestehenden Situation zu suchen. Dabei ist die Welt groß und bietet uns fast immer mehrere Alternativen, sie scheinen uns abwegig, weil wir noch keine Verbindung zu ihnen aufgenommen haben. Wer hätte die Frau, durch deren Vorstoß die eine Verbindung zustande kam und die andere gelöst wurde, daran gehindert, mit ihrer Wunschpartnerin auf deren ursprünglichen Partner und dessen neuen Partner zuzugehen und vorübergehend oder dauerhaft eine Vierergenossenschaft zu bilden? Sie hätte damit ihrer Partnerin das schlechte Gewissen erspart, ihren Dauerpartner im Stich gelassen zu haben. Als sie die alte Verbindung löste, wagte sie nicht, sich Zustimmung dafür zu holen. Wollte sie Selbständigkeit demonstrieren? Dann hätte sie zu ihrer Entscheidung stehen sollen. Wenn der bisherige Partner gegen ihre neue Verbindung gewesen wäre, hätte er seinerseits nur ein klares Signal geben müssen. Ein ebenso deutliches Signal des Einverständnisses hätte ihr wiederum Schuldgefühle erspart. Aber wahrscheinlich hat ihn die Angst, sie könnte ihn falsch verstehen, »Aha, er will mich loswerden!«, davon abgehalten. Soviel Nebel, soviel Unklarheit führen in eine Sackgasse. Was wir brauchen, ist Mut zu klarem Informationsaustausch; was wir entbehren können, ist spekulative Interpretation.

Schuldgefühle entstehen oft aufgrund mangelnder Information. Aber warum war unsere Freundin der Aufforderung der neuen Partnerin eigentlich gefolgt, statt die Bewerbung auszuschlagen und bei ihrem Mann zu bleiben? In unserem speziellen Fall stellte sich heraus, daß die andere sie an eine Lehrerin erinnert hatte und sie glaubte, ihr gehorchen zu müssen. Es fällt nicht schwer festzustellen, daß sie mit solchem Gehorsam ihr Verantwortungsgefühl ihrem eigentlichen Partner gegenüber beschwichtigen wollte. Autoritätshörigkeit ist immer mit Selbstrechtfertigung verbunden. Gleichzeitig stieg ihrer eigenen Aussage zufolge Ärger in ihr hoch darüber, daß sie sich selbst zur Schülerin gemacht hatte. Der Zustand innerer Desorientierung legte sich erst, als sie bei der anderen eine gewisse Verlegenheit wahrnahm, und dieses Zeichen der Schwäche bewog sie, die Partnerschaft anzunehmen.

Jedes Kind freut sich, wenn der Lehrer stolpert. Dahinter steckt mehr als Schadenfreude. Die kleinen Mängel, die wir an Idealbildern feststellen, lassen uns selbst weniger fehlerhaft erscheinen. Der Abstand ist nicht mehr unüberwindlich groß. Deshalb kann eine Idealmutter dem Selbstbewußtsein ihrer Kinder Schaden zufügen. Eine Mutter, die nie weint, nie ein Tischtuch bekleckst, nie etwas kaputtmacht, ruft bei ihren Kindern Minderwertigkeitsgefühle hervor. Das Gefühl, irgend etwas stimmt nicht mit mir – warum muß ich weinen, sie nie, warum mache ich Flecken, sie nicht –, stellt sich ganz schnell ein. Schwächen der Großen, und das gilt nicht nur für Eltern und Kinder, sondern auch für das Verhältnis zwischen Vorgesetzten und Mitarbeitern, regulieren den Abstand zwischen Großen und Kleinen. Die »Großen« müssen allerdings bereit sein, ihre Fehler einzugestehen.

Die griechische Mythologie erzählt uns von den Schwächen, die den Göttern anhaften. Das Alte Testament zeigt uns die Großen des Volkes Israel auch mit ihren Fehlern. Moses schlug den Fels gegen Gottes Willen, um dem Volk Wasser zu geben und wurde damit bestraft, daß er das Gelobte Land zwar sehen, aber nicht betreten durfte.

Platz für Dritte?

Wer sich für eine Partnerschaft entschieden hat, jedoch ein gewisses Interesse für eine andere Partnerschaft bewahrt, mit der dasselbe Ziel zu erreichen wäre, verlangsamt den Entscheidungsprozeß innerhalb der gewählten Gemeinschaft. Ich stelle mir vor, eine Vertriebsgesellschaft steht in Partnerschaftsverhandlungen mit einem Produzenten. Man ist sich einig, der Vertrag ist unterschriftsreif, aber der Abschluß verzögert sich, weil die Leitung der Vertriebsgesellschaft immer noch ein in der Entwicklung befindliches Konkurrenzprodukt im Auge hat. Die Verzögerung droht die Partnerschaft scheitern zu lassen. Auf dem privaten Sektor ist es nicht anders. Die Frau, die mit dem Ja zögert und zögert, weil sie noch einen anderen Partner im Sinn hat, riskiert ebenfalls, ihren Bewerber zu verlieren. Handelt es sich dabei nicht um eine intime Partnerschaft, bei der wir in unseren Breiten vom Prinzip der Einehe ausgehen, sondern um Verbindungen, die anderen Zielen dienen, liegt die Form einer erweiterten Partnerschaft nahe. Nehmen wir an, X will sich um eine Partnerschaft mit der Firma Y bemühen. Nach seinen Informationen wird dort ein Partner gesucht. Als X, der vielleicht noch nach Adresse und Telefonnummer der Firma Y hat suchen müssen, seine Bewerbung an den Mann bringen will, muß er erfahren, daß die Firma Y schon in Kontakt mit einem Partner Z steht. Traut sich X noch, sein Angebot abzugeben? Tut er es, so geschieht es in der Regel in der Absicht, den schnelleren Konkurrenten doch noch auszubooten. Tut er es nicht, setzt er, wie schon in anderem Zusammenhang demonstriert, das Nein voraus. Eine Haltung, die sich für jeden, der einen Partner sucht oder Partnerschaft anbietet, was im Grunde dasselbe ist, fatal auswirkt.

Der selten geübte, obwohl fruchtbarste Ansatz liegt im Angebot der erweiterten Partnerschaft. Sie ist nicht immer möglich, und wo sie möglich sein könnte, ist zu bedenken, daß sie ein größeres Vertrauen als die einfache Partnerschaft voraussetzt. Bei einem einzigen Partner läßt sich schnell das Vertrauen in Kontrolle verwandeln, was, wie eingangs ausgeführt, allerdings immer zu Lasten der Partnerschaft geht. Einen einzigen Partner können wir so gut kennen, daß Vertrauen kaum ein Risiko ist. Wie aber steht es mit zwei, drei, fünf, sieben gleichwertigen Partnern? Vertrauen ist hier in hohem Maß gefordert. Doch, wie gesagt, wird schon die Vorstellung der erweiterten Partnerschaft viel zu wenig in Betracht gezogen. Nach der kindlichen Devise »Hänschen wird bestimmt nicht mit mir spielen wollen, er hat schon einen Freund« stellen wir uns die Ablehnung unserer Bewerbung als naheliegend oder gar zwingend vor. Statt mit dem potentiellen Partner den Dialog auch nur versuchsweise zu beginnen, führen wir unsere monologischen Selbstgespräche: Er wird mich nicht wollen, der bisherige Partner nicht den zusätzlichen und so fort.

Wir müssen uns häufiger dem Nein aussetzen, um das Ja zu gewinnen. Ich gehe davon aus, daß ähnlich wie in der Quantentheorie alle Möglichkeiten als real gelten, bis eine zutrifft. Dann erst werden alle anderen verworfen. Erst unsere Entscheidung für eine bestimmte Hypothese macht diese zur Wahrheit und annulliert alle anderen. Immer sind Möglichkeiten vorhanden, und in jeder von ihnen steckt, wenn sie realisiert wird, Wahrheit. Suchen wir also zunächst nach den Möglichkeiten und nicht gleich nach der Wahrheit, nach einer Realität, die noch keine ist. Das Geheimnis liegt darin, daß wir befähigt sind, Realität zu schaffen. Wieviel einer riskiert bei der Suche nach Möglichkeiten, muß er für sich selbst entscheiden, das ist eine individuell zu beantwortende Frage. Halten wir dennoch fest: Jede Möglichkeit umfaßt eine Realität. Richtige Selbsteinschätzung gehört dazu: Wie schnell reagiere ich? Wie leicht oder schwer fällt es mir, von einer Situation, von einer Taktik auf die andere überzugehen?

Kritik ist nicht das Maß aller Dinge

Im Alltag bleiben wir oft am ersten Eindruck hängen, den wir von einem Menschen gewinnen. Der Eindruck muß nicht falsch sein. Aufgrund unserer momentanen Bedürfnisse ist aber zu bedenken, daß wir uns, während wir ihn empfangen, in der Phase der Projektion und subjektiven Informationsaufnahme befinden. (An wen erinnert er/sie mich?) Für weitere Informationen haben wir oft oder nehmen wir uns oft nicht die Zeit. Jedenfalls sollten wir im Kopf behalten, daß unser Bild gar nicht anders als unzureichend sein kann. Die Bemühung, mehr über den anderen zu erfahren, läßt sich am vorteilhaftesten im Dialog verwirklichen, und zwar im wiederholten, fortgesetzten Dialog. Damit erhalten wir nach und nach nicht nur ein gültiges Bild vom Partner, sondern wir erfahren eine Menge über uns selbst. Denn das Feedback durch den Partner weist auf das eigene Verhalten. Die Gefahr einer Verzerrung liegt darin, daß wir den negativen Rückmeldungen oft mehr Glauben schenken als den positiven, die wir dafür lieber hören. Dies hängt mit einem weitverbreiteten falschen Kritikverständnis zusammen. Der Kritiker nämlich, der seine Aufgabe darin sieht, das Negative herauszustellen und zu verurteilen, gibt a priori ein falsches Urteil ab, weil er einseitig Position bezieht und nicht dazu anregt, das Positive aufzuspüren.

Das Wort »kritisch« steht hoch im Kurs, wird aber im Gegensatz zu seinem Ursprung, der inhaltlich mit »unterscheiden« gleichzusetzen ist, zum Aufspüren des Negativen degradiert.

Wer von sich sagt, er sei sehr kritisch sich selbst gegenüber, der meint gewöhnlich nichts anderes als: Ich achte auf meine Schwächen. Der Blick auf die Stärken ist gewöhnlich verbaut. Manchem genügt wahrscheinlich die Stärke, im negativen Sinn »kritisch« zu sein. Wer sich als Kritiker seiner selbst und anderer sieht, läuft Gefahr, die Welt und die Menschen in einer Schwarz-weißprojektion zu sehen. Die Skala der Mittelwerte existiert für ihn nicht.

In unserer Reaktion auf positives Feedback schlägt bei fast allen von uns ein anerzogenes Mißtrauen durch. Wie oft vergällen wir uns und unseren Partnern das Leben, indem wir Lob als Schmeichelei zurückweisen. Das fällt in dieselbe

Die lange Leine: Jeder der gebundenen Partner kann individuell Kontakte knüpfen. Die ursprünglichen Partner verzichten darauf, einander über ihre Aktionen zu unterrichten.

Will ein Partner den anderen informieren oder ihn in seine Aktion einbeziehen, kann er jederzeit am Seil ziehen. Allerdings vergeht Zeit, bis der Kontakt bei so langem Seil hergestellt ist.

Die Zeit läßt sich nutzen, um die fremden Partner vorzubereiten; vielleicht mit dem Ergebnis, die beiden Gruppen zusammenzuführen.

Die lange Leine macht es leichter, Verhandlungen aus einem gegebenen Spielraum heraus zu führen.

Wer lange auf Information warten muß, wird unruhig. Er verkürzt die Leine, zieht und fordert Auskunft.

Und wenn er glaubt, die Kompetenz sei überschritten, wird er versuchen, die Verhandlungen zu stoppen. Man ruft den Bevollmächtigten zurück.

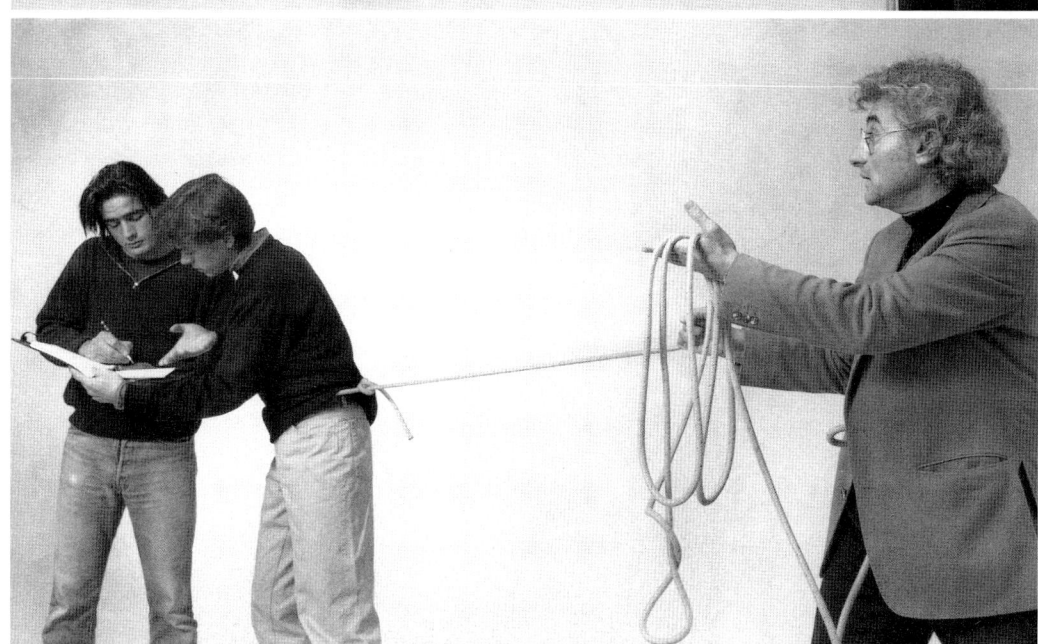

Kategorie, in der Freundlichkeit als Falschheit ausgelegt wird. Kunstvoll blockieren wir Kommunikation, aus Angst, hintergangen zu werden, aus falschem Stolz. Was halten wir eigentlich vom Menschen im allgemeinen und von uns selbst im besonderen, wenn wir davon ausgehen, daß einer, der sich grob gibt, ehrlich, und einer, der Rücksicht nimmt, ein unsicherer Kantonist sein müsse?

Manipulation in der Partnerschaft

Ein Dialog: Ich frage die Teilnehmerin eines Partnerschaftsseminars, die als Partner in einer Spielsituation den eigenen Mann gewählt hat, was sie, außer einem von ihr geschilderten Gesamteindruck (vertraut, vertrauenswürdig und zuverlässig) an ihm gesehen habe.

Sie: *Nichts. Ich habe den ganzen Menschen gesehen.*

Ich: *Das heißt, du hast nicht gesehen, daß er einen Bart trägt?*

Sie: *Das habe ich wohl gesehen, aber das kenne ich seit eh und je.*

Ich: *Ich weiß, daß du das kennst; ich habe gefragt, ob du es gesehen hast.*

Sie: *Ja. Das habe ich gesehen.*

Ich: *Und: Hast du dir darüber Gedanken gemacht?*

Sie: *Nein.*

Ich: *Gefällt dir der Bart?*

Sie: *Der Bart ist etwas, was ich akzeptiere und was mich eigentlich nicht weiter interessiert.*

Ich: *Du »akzeptierst« den Bart. Das heißt, er gefällt dir nicht.*

Sie: *Wenn ich sagte, daß der Bart mir nicht gefällt, würde er ihn vielleicht abnehmen. Aber der Bart gehört zu ihm.*

Ich: *Deshalb würdest du ihm deine Meinung nicht aufzwingen wollen?*

Sie: *Das würde ich nicht, nein.*

Ich: *Anders gefragt: Du gibst ihm nicht die Information...*

Sie: *Wenn mich der Bart sehr störte oder wenn er mir gar nicht gefiele, würde ich sagen: Kannst du dir nicht einmal überlegen, ob du den Bart nicht abnehmen willst?*

Ich weise auf die hier ablaufende Vernebelungstechnik hin. Meine Gesprächspartnerin hatte sich auf Extremsituationen zurückgezogen. Was heißt »sehr stören«? Müßten seine Bartenden erst so lang werden, daß sie in den Suppenteller fielen? Ihre Antwort: Nein, wenn ich ihn häßlich fände.

Ich: *Also muß die Störung, die du empfindest, erst extrem werden, bevor du dich einmischst?*

Sie: *Ja.*

Ich: *Sonst würdest du nicht sagen, er wäre mir lieber ohne Bart?*

Sie: *Nein.*

Ich: *Aber es wäre dir lieber, er trüge keinen Bart?*

Sie: *Nein.*

Ich: *Das heißt, der Bart gefällt dir – oder?*

Gelächter. – Ich habe daraufhin die Hypothese aufgestellt, daß meine Gesprächspartnerin ihrem Partner Informationen vorenthält, weil sie fürchtete, ihn andernfalls zu manipulieren. So geschieht es überall und jeden Tag. Meiner Meinung nach leben wir jedoch miteinander, um einander gegenseitig zu manipulieren. Ich stütze diese These gern mit den einfachsten Beispielen aus dem täglichen Leben.

Ohne meine Frau hätte ich mir die bunte Strickjacke, die ich häufig trage und die von allen bewundert wird, nie gekauft. Sie gefällt mir auch sehr gut, aber da ich, was Mode angeht, eher bürgerlich-altmodisch empfinde, wäre ich gar nicht auf den Gedanken gekommen, ein derart aus der Reihe fallendes Kleidungsstück auch nur anzuprobieren. Erst auf den ausdrücklichen Wunsch meiner Frau hin habe ich es anprobiert und dann gekauft. Ich wurde also manipuliert, nicht ausdrücklich gegen meinen Willen, aber unzweifelhaft manipuliert. Vielleicht fehlte mir nur der Mut zum Außergewöhnlichen, und meine Frau lieh mir von dem ihren.

In beiden Fällen, in der Geschichte vom Bart und in der von meiner bunten Jacke, tritt eine wesentliche Voraussetzung für Partnerschaft zutage, sozusagen ein Gelenk, das nicht einrosten darf. Das Recht des einen, seine Meinung klar zu äußern, muß gekoppelt sein mit dem Recht des anderen, nein zu sagen, ohne daß dieses Nein als Ablehnung des Partners selbst aufgefaßt wird. Die Entscheidung bleibt bei dem Manipulierten, soweit er merkt, was vor sich geht.

Die Pflicht, nein zu sagen

Wenn im ersten Beispiel der männliche Partner seinen Bart behalten will, muß er dies sagen können, ohne fürchten zu müssen, den anderen Partner, hier seine Frau, zu verletzen. Er lehnt nur diesen Vorschlag ab, nicht sie. Im zweiten Beispiel hätte ich die Möglichkeit haben müssen, zu sagen, nein, diese Jacke möchte ich nicht haben, sie ist mir zu modisch, wiederum ohne die Befürchtung, meine Frau könnte die Ablehnung auf sich beziehen statt auf die bunte Jacke.

Ich brauche kaum hinzuzufügen, wie schlecht es im allgemeinen mit der Einhaltung dieser wichtigen Spielregel unter Partnern steht. Machen wir uns solche Regeln erst einmal bewußt, dann sind wir auf dem Weg zu der Einsicht, daß sich Partnerschaft lernen läßt. In den Schoß fällt ihre glückliche Handhabung niemandem.

Halte ich die Information über Eigenschaften, Attribute, Verhaltensweisen, die mir am Partner nicht gefallen, zurück, sammeln sich über kurz oder lang negative Gefühle an. Die Eigenschaft bzw. das Verhalten, das mich zunächst nur wenig gestört hat, wird mir unerträglich. Es kommt zum Eklat, wenn endlich der Damm bricht. Was vor Monaten, manchmal allerdings auch vor Jahren ein Korrekturwunsch gewesen wäre, hat sich zum Ultimatum ausgewachsen. Dabei denke ich selbstverständlich nicht nur an Probleme des privaten Miteinanders, an Bart und Strickjacke, sondern an alle Lebensbereiche. Einem Vorgesetzten, einem Mitarbeiter werden hundertmal am Tag negative Informationen vorenthalten, weil der eine den anderen nicht verstimmen möchte, ihn schonen will, beim hundert und ersten Mal aber führt das Ärgernis unmittelbar zur Kündigung: Jetzt lasse ich mir das nicht mehr gefallen, sagt der Kunde zum Lieferanten oder der Lieferant zum Kunden. Der Ausbruch der Feindseligkeiten hätte durch rechtzeitige gegenseitige Information, eben durch »Informationsfluß«, leicht vermieden werden können. Jenes Recht, nein sagen zu können, von dem ich eben sprach, sehe ich zugleich als Pflicht. Es schadet der Partnerschaft, wenn einer der Partner unfähig ist zum Nein. Der andere Partner muß sich ständig fragen, und für mehrere Partner gilt dasselbe potenziert, was er seinem zum Nein unfähigen Partner zumuten kann und was nicht. Der andere übernimmt eine hierarchische Überfunktion, muß die Verantwortung für fällige

Entscheidungen allein treffen. Der zum Nein unfähige Mensch ist als Partner eine Falle. Dennoch gibt es viele Beziehungen, die auf diese Weise funktionieren. Einer ist der Übervater oder die Übermutter, die anderen akzeptieren für sich den Status unmündiger Kinder. Man kommt nach dieser Spielregel miteinander aus. Ob man von Partnern reden kann, ist zu bezweifeln. Wichtiger ist, daß von den »Kindern« nicht auf einmal Entscheidungen verlangt werden. Das wäre nicht nur unfair, sondern offenbarte die eingeübte Unfähigkeit. Gibt ein Partner ständig nach, kann es geschehen, daß der andere ihn ständig provoziert. Entweder genießt er seine Macht, oder er erwartet, endlich einmal ein Nein zu hören. Warum sagt er das nicht einfach, statt den Partner zu provozieren?

Wer seiner Sekretärin stets haarklein vorgibt, was sie zu tun hat, entwickelt ein entsprechendes System. Eines Tages geht er auf eine Geschäftsreise, kommt zurück, und im Büro hat es eine Panne gegeben. Nun nimmt er der Sekretärin übel, daß sie keine Entscheidungen getroffen hat, mit denen die Panne hätte vermieden werden können. Sie kannte doch den Sachverhalt! Warum hat sie nicht eingegriffen? Vorher hatte er sie zwar nicht einmal einen Brief selbständig schreiben lassen, sondern ihr jedes Komma diktiert. Kann er nun erwarten, daß sie Entscheidungen von einiger Reichweite trifft, weil sie sich doch auskennt? Jeder von uns neigt dazu, Erwartungen in bezug auf das Verhalten von Partnern zu hegen, die außerhalb des bis dahin akzeptierten, unbestrittenen und eingeübten Spielregelkanons liegen. Dazu kommt, daß wir Spielregeln aus dem engsten Kreis, gerade der Familie, auf die Gesetze der großen Gruppe, also der Gesellschaft projizieren. Unsere Erwartungen und Vorstellungen von der Welt werden enttäuscht, wir fühlen uns unfair behandelt.

Die Angst vor dem Nein ist groß und weitverbreitet. Wir nehmen ein Nein nicht als Information, sondern als Ablehnung unserer Person. Nähmen wir es als Information, würden wir spezifische und differenzierte Ablehnungsgründe entdecken: Nein, weil meine Bedürfnisse heute andere sind; nein, weil ich andere Vorstellungen von einer bestimmten Sache habe; nein, weil ich gerade andere Verpflichtungen eingegangen bin. Wenn wir wissen, worin die Gründe für das Nein liegen, wächst unsere Chance, ein korrigiertes Angebot abzugeben und das Nein in ein Ja zu verwandeln. Das Nein ist häufig eine Reaktion auf eine Konstellation und nicht auf die Sache selbst. Versetzen wir uns einmal in eine Situation, in der wir etwas haben wollen, das nicht so leicht zu bekommen ist. Wenn einer in solchen Fällen sein schwaches und offensichtlich unverstanden gebliebenes Signal nicht variiert oder verstärkt, so unterläßt er dies meist aus Angst vor einem endgültigen Nein, das er sich selbstverständlich nicht einhandeln möchte. Betrachen wir den Tatbestand genau, so treffen wir auf ein Paradoxon: Wir wollen einen negativen Ausgang vermeiden, verstärken aber nicht unsere Bemühungen, um eine Entscheidung zu erreichen. Aber wir bleiben durch unseren selbstfabrizierten (Kurz-)Schluß: Wenn ich weiter auf ihn/sie einwirke, kommt es zu einem Nein, im Negativen. Das heißt, weil wir das Nein fürchten, bleibt es beim (unausgesprochenen) Nein. Wäre es nicht vernünftiger gewesen, sich der realen Antwort des anderen zu vergewissern? Sie hätte ja auch positiv ausfallen können. Den zaudernden Hamlet abwandelnd, könnte man sagen, so macht Vorsicht Feige aus uns allen. Die Angst vor dem Nein ist eine der häufigsten Ursachen für Erfolglosigkeit.

Gewohnheit ist eine Sucht

Gewohnheit beginnt mit Aktionen, die uns gefallen und uns bequem erscheinen. Wir fühlen uns darin sicher, denn die häufige Wiederholung schließt unbekannte Gefahren aus. Gewohnheit läßt sich ritualisieren. Rituale bergen Ordnung in sich und Ordnung wieder Sicherheit. Das Altbekannte bietet Geborgenheit. Deshalb lieben wir unsere Gewohnheiten. Sie sind jedoch häufig nicht von Vorteil für uns, weil sie den dynamischen Prozeß der Erneuerung blokkieren, sie halten die Tür vor dem Neuen verschlossen. Wir klammern uns an unseren gewohnten Sitzplatz, an unsere alten Hausschuhe und an unsere Partner.

Kommunikation findet nicht mehr statt, weil der Stillstand so angenehm ist. Warum finden wir so schwer einen Weg aus der Gewohnheit heraus?

Gewohnheit ist, das sollten wir uns gelegentlich in Erinnerung rufen, tatsächlich eine Sucht. Es geht bei ihr nicht anders zu als bei einer anderen Abhängigkeit. Jede Gewohnheit basiert auf chemischen Prozessen in unserem Körper. Der Körper verlangt danach, und es ist kein prinzipieller Unterschied, ob es sich um die Gewohnheit handelt, zu rauchen, zu rennen, sich ausgiebig zu bewegen, sich aufzuregen. Es liegen chemische Ausschüttungsprozesse im Körper zugrunde. Ist ein Körper gewohnt, eine gewisse Dosis Adrenalin durch Aufregung zu bekommen, wird er versuchen, sich Aufregung zu verschaffen, zum Beispiel durch Streit mit dem Partner, mit dem Kellner, mit Passanten oder durch Schnellfahren, riskante Beziehungen oder Spielleidenschaft. Erkennt man Gewohnheiten in dieser Weise als Sucht und wünscht sich vom Partner, daß er eine Gewohnheit, sprich Sucht, aufgibt, weiß man jedenfalls, was damit von ihm verlangt wird. Kann er es leisten? Schafft er es? Häufig weigern wir uns, die eigenen Gewohnheiten für gravierend oder störend zu halten, und es fällt uns schwer, ihnen als Sucht den Stellenwert zu geben, der es plausibel machte, gegen sie anzukämpfen, um sie schließlich ganz aufgeben zu können. Kommt es dann zur Scheidung, zum Abbruch der Beziehung, erkennen wir zu spät, wie groß die Abneigung des anderen gegenüber einer Gewohnheit geworden ist. Kleine Ursachen haben fast immer große Auswirkungen. Es handelt sich dabei um dasjenige Ärgernis, das an sich keinen hohen Stellenwert besitzt, aber durch wiederholtes In-Erscheinung-Treten zu unverdienter, deshalb aber nicht weniger realer Größe anwächst. Die schließlich eintretende Krisensituation zwingt den Partner, der in seiner Vorstellung harmlosen Gewohnheit erste Priorität einzuräumen, während er zuvor immer gesagt hat: »Was ist denn schon dabei, wenn ich...« Statt die Prioritäten, die ein anderer setzt, auch als dessen Prioritäten und damit als real anzunehmen, glauben wir meist, über den Wert und die Richtigkeit dieser Prioritäten urteilen zu können. Wenn einer sagt: Das halte ich für sehr wichtig!, lautet die Antwort des Partners häufig: So wichtig ist das nun auch wieder nicht.

Wer wagt zu entscheiden, was für mich wichtig ist? Die Unterschätzung dieser Fragestellung hat Menschen schon bis in den Selbstmord getrieben. Wie viele Menschen verzweifeln schließlich, weil ihre Vorstellungen vom Leben nicht ernst genommen wurden, als nicht so wichtig galten! Der Schüler Gerber in Friedrich Thorbergs Roman bringt sich nach der nichtbestandenen Matura um. Es kann doch nicht so schlimm sein, durchs Abitur zu fallen! Für ihn war es sehr schlimm.

Der Respekt vor unserem Partner verlangt von uns, daß wir seine Prioritäten akzeptieren und tolerieren, wenn wir sie nicht im Dialog verändern können. Sie gering zu achten, ist eine Sünde wider die Partnerschaft, auch wenn uns die Prioritäten, die der Partner setzt, nicht einleuchten. Es geht sogar noch weiter: Was beim Partner erste Priorität besitzt, kann bei mir nicht die, sagen wir, neunte Position in der Prioritätenskala behalten. Irritation in der Partnerschaft wäre andernfalls die Folge. Es ist nötig und möglich zu respektieren, daß die Reihenfolge der Wertsetzung nie Vernunftgründen folgt, sondern stets emotional bedingt ist. Also darf unser Gesprächsansatz das Gefühl des Partners nicht verletzen. Als wesentliche Erkenntnis sehe ich es dabei an, daß wir nicht Richter über die Prioritätenordnung unserer Partner sind. Ich kann nicht einmal über die Reihenfolge der Prioritäten befinden, die meine kleinen Söhne setzen. Sie besteht. Wenn einer von ihnen einen Löffel, ein Stück Schokolade oder das Spielzeugpferd eines der anderen Kinder haben will, setzt er darauf erste Priorität. Es gäbe dabei Kämpfe wie um Leben und Tod, wenn wir nicht eingriffen und die Parteien trennten. Kinder sind nicht »nur« Kinder; auch von ihnen gesetzte Prioritäten sind zu respektieren. Was keineswegs heißt, daß wir sie tun lassen können, was sie wollen. Als falsch erweist sich regelmäßig die Verniedlichung, der Versuch, ihre Wertvorstellungen gering zu achten. Gefühle des Partners haben einen Anspruch darauf, ernst genommen zu werden. Dem steht entgegen, daß wir im westlichen Denken erzogenen Menschen es für eine Schwäche halten, nicht stets mit Argumenten bei der Hand zu sein, auch wenn unser Gefühl eine deutliche Sprache spricht. Ein Partner, der mir sagt, dieses oder jenes gefällt mir nicht an dir, braucht mir aber nicht zu erklären, warum es ihm nicht gefällt, er ist nicht dazu verpflichtet, selbst wenn er es könnte, mir zu beweisen, daß sein Mißfallen zu Recht besteht. Etwas gefällt ihm nicht – das ist alles. Ich muß sein Urteil als Ausdruck seines Gefühls annehmen. Die Entscheidung darüber, ob ich daraufhin etwas ändere oder nicht, liegt wieder bei mir. Wohl habe ich zu berücksichtigen, daß der folgenlose Hinweis auf das, was den Partner stört, nicht einfach als zurückgenommen angesehen werden kann. Das verletzte Gefühl wird neue Angriffspunkte finden, die mit dem Ausgangspunkt scheinbar nichts zu tun haben. Das erste unberücksichtigte Mißfallen kann zugleich das erste Glied einer Kette sein, die sich unsichtbar fortsetzt.

Berühmtes Beispiel für den Beginn der Zerrüttung einer Zweierbeziehung ist die von der Mitte her eingedrückte Zahnpastatube. Der eine tut es, der andere ärgert sich Tag für Tag darüber. Da es nicht recht als Scheidungsgrund taugen will, beginnt man, triftigere Gründe zu suchen, meist mit Erfolg. Der Partner hätte das Gefühl des Mißfallens auch in einer so scheinbar unwichtigen Sache, wie es die eingedrückte Tube ist, ernst nehmen müssen bzw. sich sagen sollen, wenn ihr/ihm das so wichtig ist, werde ich es doch wohl fertigbringen, ihret/ seinetwegen die Tube ordentlich zu benutzen oder auf die heute erhältlichen Plastiktuben auszuweichen, die nicht mehr zerdrückt werden können. Auf Argumente können wir in allen diesen Fällen leicht verzichten. Gefordert ist Respekt vor der Empfindung des anderen. Es muß genügen zu wissen, was dem Partner wichtig ist. Vergessen wir bei alledem nicht, daß Gewohnheit auch zu angenehmen Empfindungen wie Geborgenheit führt, daß gemeinsame Gewohn- heiten Einklang und Harmonie herstellen und Gewohnheitsrituale zu Identifi- kationsmerkmalen der Familie, der Freundschaft oder der Firma werden kön- nen. Läßt ihre Wirkung nach, sollten wir uns nicht scheuen, sie durch neue Rituale und Gewohnheiten zu ersetzen.

Positionswechsel

Mann und Frau als Partner. – Er nimmt wie selbstverständlich auf einem freien Stuhl Platz. Seine Frau steht. Die Konvention hat ihn gelehrt, daß diese Situation unmöglich ist. Er lädt die Frau ein, sich auf seinen Schoß zu setzen, was sie ablehnt. Sie will nicht das Kind sein. Meine Aufforderung an alle, sich vielleicht Notizen zu machen, gibt ihm Gelegenheit zum Positionswechsel, den er aus eigenem Antrieb nicht vorgenommen hätte, vielleicht um keinen Fehler zuzu- geben. So flieht er aus der Situation, holt Schreibzeug, kehrt zurück und findet zu seiner Überraschung die Situation völlig verändert. Denn inzwischen hat sich die Frau auf den Stuhl gesetzt, sozusagen die Herrschaft übernommen. Er wiederum setzt sich nun auf den Fußboden zu ihren Füßen. Ist das Trotz, Provokation, oder versucht er, einen neuen Standpunkt zu finden?

Im Gespräch danach stellt sich heraus, daß jeder der beiden von sich aus a priori das Gefühl gehabt hatte, der Stuhl, der »Thron«, komme ganz selbstver- ständlich ihm zu. Die Übernahme der Macht durch den Partner schuf sofort ein enormes Gefälle. Ohne Zweifel hätte es die Möglichkeit gegeben, einen zweiten Stuhl heranzurücken. Warum geschah das nicht? Nur, weil es den Spielregeln dieser Partnerschaft nicht entsprach. Wieder haben wir es mit einem System zu tun. Wenn der männliche Partner später zum Ausdruck brachte, er habe seine Frau vorher kaum aus dieser Perspektive gesehen, ist das eine Bestätigung für meine These. Der von ihm aus welchen Gründen auch immer gewählte Posi- tionswechsel ließ ihn die Partnerin in einer Stellung sehen, in der er normaler- weise sich selbst sah. In der Detailbeschreibung stellte sich noch mehr heraus. So kam ihm von unten her gesehen ihr Kinn größer vor, als er es bisher ange-

Positions(»Thron«)wechsel
ergibt neue Perspektiven. So
hatte er sie und sie ihn noch nie
gesehen!

nommen hatte. Und sogleich schloß sich eine gefühlsbedingte Einschätzung an: »Sie hat das Kinn verdient, weil es ihrer Stärke entspricht.«

So kann eine neue Perspektive Tatsachen bewußt machen, die einem an seinem Partner, wie uns dann klar wird, längst geläufig waren. Positionen zu tauschen, Blickrichtungen zu ändern, schafft die Möglichkeit, Partner richtig kennenzulernen, wieder kennenzulernen, neu kennenzulernen und die Positionen in der Partnerrolle als austauschbar zu erkennen.

Es fällt nicht schwer, den Vorgang, das Prinzip des Positionswechsels in die Berufswelt zu übertragen. Wer nicht die Chance erhält, sich in verschiedenen Positionen zu zeigen, wird nicht beweisen können, daß er mehr als eine Sache kann, sich in mehr als einer Weise zu bewähren versteht. Wir besitzen alle eine ganze Reihe von Eigenschaften, die sich im Alltag als nützlich erweisen können. Wer jedoch in ein und derselben Position verharrt oder in ihr gehalten wird, kann nur wenige davon abrufen. Fähigkeiten bleiben ungenutzt oder jedenfalls unausgeschöpft, wenn einer nie Gelegenheit erhält oder sie sich verschafft, in einem anderen, neuen Licht dazustehen.

Zu den Führungsqualitäten, auf die nicht verzichtet werden kann, soll die Partnerschaft zwischen dem, der führt, und dem, der geführt wird, funktionieren, gehört es, sich in die Situation des anderen versetzen zu können. Ich muß wissen, wie die Welt von einem Platz am Fließband aussieht, um in der Chefetage die richtigen Entscheidungen zu treffen. Auch wenn man nicht unmittelbar dabeisein kann, muß die Information ohne Verzerrung und Verzögerung funktionieren.

(Welt-)Bild ohne Details?

Ich schicke voraus, daß die Fähigkeit, Details zu sehen, nicht unbedingt dazu führen muß, diese Details auch zu einem Bild zusammensetzen und Schlüsse daraus ziehen zu können. Dennoch scheint mir die Flüchtigkeit unseres Beobachtens das größere Problem zu sein. Außerdem schieben wir viele Details beiseite, verdrängen sie als unwichtig. Es ist keine Neuigkeit, daß einer durch seine Kleidung etwas von seiner Persönlichkeit preisgibt. Natürlich ist auch Absicht dabei. Da hat sich einer die Mühe gemacht, seine an sich saloppe Kleidung, Jeans, Turnschuhe und dergleichen, genau auf einen Farbton abzustimmen. Werde ich hier noch annehmen, die lockere Kleidung lasse auf einen lockeren Typ schließen? Die legere Kleidung ist pedantisch ausgesucht und angelegt. Wer es sieht, weiß mehr über diesen Partner. Mit Sicherheit wird dieser Mensch als Kunde nicht allein die Funktionstüchtigkeit eines Produkts bewerten, sondern auch die Ästhetik, Linie und Harmonie des Design.

Wir hätten alle, mich eingeschlossen, oft die Zeit und Möglichkeit, solche Informationen aufzunehmen – und nutzen die Chance nicht. Manchmal fehlt uns die notwendige Neugier auf den Menschen, den wir vor uns haben. Wir sind abgelenkt, glauben mit einem schnellen Blick alles Nötige wahrgenommen zu

haben. Wir sehen nur unsere Ziele und übersehen den Menschen als Wegweiser dorthin. Bei vielen unter uns haben wir es überdies mit einer Bild-Zeitung-Generation zu tun, die Schlagzeilen liest und das Auge von einer fetten Überschrift schon zur nächsten schweifen läßt.

Die Details eines Gesichts liefern keine Schlagzeilen, aber Informationen. Was sagt die Form der Lippen, die Linie der Mundwinkel, der Augenausdruck (traurig, lustig, leer), der Schwung der Augenbrauen, die Form der Schläfen? Äußerlichkeiten, könnte man sagen. Dabei handelt es sich um die äußere Erscheinung inneren Geschehens. Nehme ich die Gesichtszüge und ihren Ausdruck wirklich wahr, habe ich die Chance, auf die wirklichen Bedürfnisse eines Menschen zu antworten.

Störende Äußerlichkeiten – als Markenzeichen

In Partnerschaften geschieht es nicht selten, daß störende Äußerlichkeiten beim einen vom anderen irgendwann gar nicht mehr wahrgenommen werden, durch eine positive Verdrängung sozusagen. Ein Partner erleichtert es dem anderen, wenn er den störenden Charakter einer solchen Äußerlichkeit, sei es eine Warze, ein Leberfleck oder anderes, wie etwas ganz Selbstverständliches nimmt. Das gehört zu mir, ist ein Teil meiner selbst.

Bei den Großen dieser Welt, ich denke an Michail Gorbatschow, kann eine Äußerlichkeit wie ein Muttermal zu einer Art Markenzeichen werden, wie auch bestimmte Merkmale bei Nelson, Barbarossa oder Moshe Dayan. Unter normal Sterblichen erhält eine bestimmte Äußerlichkeit ihren Stellenwert dadurch, wie der Partner sich zu ihr verhält. An sich ist sie bedeutungslos. Der Partnerschaft ist es zuträglicher, darüber zu sprechen, als sich bewußt darüber hinwegzusetzen. Die Rede ist hier von physischen, oft nicht zu verändernden Erscheinungen. Für den Partner ist es unter Umständen wichtig zu wissen, daß eine Äußerlichkeit den anderen überhaupt stören kann. Wie soll er es erfahren, wenn es ihm keiner sagt. Ich gebe zu, daß die meisten Menschen das entgegengesetzte Problem haben; sie glauben, etwas an ihnen müsse den Partner und alle anderen stören. Dabei ist niemandem etwas Störendes aufgefallen. Nachfrage kann Hemmungen überwinden.

In einem meiner Seminare habe ich ein bemerkenswertes Beispiel von

Jemand in die Enge treiben ist eine ebenso beliebte wie unergiebige Verhandlungsmethode. Denn wer in die Enge getrieben wird, gibt nur das, was er geben muß. Er wird und kann uns gar nicht mehr entgegenkommen. Auch der Positionswechsel (»Treibst du mich in die Enge, treibe ich dich in die Enge!«) führt nicht weiter. Die erhobene Hand sperrt noch deutlicher als beim ersten Durchgang.

störender Äußerlichkeit erlebt, bei der es sich nicht um ein »unveränderliches Kennzeichen« handelte. Gesprächspartner waren eine Dame und ein Herr, beide besonders korrekt gekleidet. Was die Dame an dem sorgfältig angezogenen Herrn störte, und zwar bis zur Aggressivität, waren dessen ungeputzte Schuhe. Er reagierte auf die Entdeckung dieses Schönheitsfehlers zunächst seinerseits sehr aggressiv. Die Dame führe sich ja auf, als sei sie seine Mutter! Es stellte sich heraus, daß seine leibliche Mutter, deren Ordnungssinn penibel war, auch soviel Autorität besaß, daß er sich diesem Stil angepaßt hatte. Die ungeputzten Schuhe kennzeichneten aber nach wie vor sein inneres Aufbegehren. Sie waren seine Revolte. Aber damit nicht genug. Er sprach von der Undankbarkeit seiner Kunden, denen er als Architekt die schönsten Häuser hinstelle, in denen alles funktioniere, und statt sich dankbar zu erweisen, meckerten sie über ein paar Bretter, die im Hof liegengeblieben waren. Ich habe ihn daraufhin gefragt, ob es sich dabei vielleicht um seine ungeputzten Schuhe gehandelt habe, die er aus Protest und als Provokation in Form einer kleinen Nachlässigkeit, »ein paar Bretter«, zurückgelassen habe.

Fast jede Eigenschaft an uns weist auf die Beziehung »Ich – Umwelt«.

Entspannter wirkt der Partner hier, denn meine Haltung (beide Hände in den Hosentaschen) bedeutet: Ich übe zwar noch Druck aus, bedrohe dich jedoch nicht mehr. Die Möglichkeit, aus der Beengung herauszukommen, scheint gegeben.

Momentaufnahmen: Sieben Situationen

Zwei sitzen einander gegenüber, und obwohl sie einander nicht anschauen, beide auch damit beschäftigt sind, Aufzeichnungen zu machen, drückt ihre körperliche Haltung Zusammengehörigkeit aus. Die beiden glaubten sich so gut zu kennen, daß sie es nicht mehr für nötig hielten, einander anzuschauen. Das heißt aber, daß aktuelle Bedürfnisse des Partners nicht mehr wahrgenommen werden, es geht nur nach den gewohnten Klischees. Eine andere Deutung der Situation ließe darauf schließen, daß beide die aktuellen Bedürfnisse des anderen gar nicht sehen wollen. Auf etwas, das man nicht sieht, braucht man auch nicht zu reagieren.

Zwei andere sitzen nebeneinander. Der eine ist dem anderen leicht zugewandt, der wendet sich deutlich ab. Niemand würde auf den Gedanken kommen, daß sie Partner sind. Der zweite läßt keine Beziehung entstehen und also auch kein Urteil über potentielle Partnerschaft, und dabei haben sie einander gewählt. Eine stille Abmachung oder zwei bequeme Monologe?

Zwei stehen am Fenster, der eine mit dem Rücken zur Scheibe, der andere vor ihm. Man hat den Eindruck, daß der zweite dem ersten den Weg verstellt: Einengung aber ist kein Weg zur Partnerschaft, sondern der Anfang von Konfrontation.

Einer lehnt sich mit dem Rücken gegen eine Säule; er braucht eine Stütze und macht sich selbst für den Moment unbeweglich. Der andere bemerkt es. Er möchte zwar initiativ, aber nicht aggressiv wirken. Er steckt die Hände in die Hosentaschen: Ich tue dir nichts.

Ein Mann zu Füßen seiner Frau. Jeder für sich. Sehen sie sich überhaupt an? Suchen sie ihre Information in der gegenwärtigen Situation oder eher in der erfahrenen Vergangenheit?

Zwei Frauen am Fenster. Sie schauen einander nicht an. Nur ihre körperliche Nähe könnte auf Partnerschaft deuten. Das Spiel von Nähe und Entfernung als Indiz. Einsamkeit in der Partnerschaft ist leider keine Seltenheit.

Einer lehnt sich zurück, und schon bewegt sich der Oberkörper des anderen nach vorn. Die entstandene Distanz wird ausgeglichen. Ein Angebot.

Diese Beispiele sind eine kleine Auswahl aus typischen Situationen während meiner Seminare. Viele Teilnehmer nutzen die Gelegenheit, ihre Partner nicht nur einmal richtig anzuschauen, sondern auch um Informationen zu geben und zu erhalten.

Hand in Hand oder
Die Partnerschaftsprobe

Jeder Partner, daran ist zu erinnern, ist Teil eines Ganzen, das die Partnerschaft ausmacht. Wer eine Partnerschaft eingeht, ist nicht mehr frei, gleichgültig, wie locker oder eng die Beziehung ist. Allerdings soll Bindung keine Fessel sein, man muß sie lösen können. Was Bindung in einer Partnerschaft bedeuten kann, jene abstrakte Bindung durch Abmachung oder Vertrag, habe ich eingangs nachvollziehbar zu machen versucht, als ich die Verbindung zwischen zwei Partnern und schließlich mehreren durch ein Seil zwischen ihnen demonstrierte. Zwei Menschen, die sich an den Händen halten, sind zwar immer noch locker miteinander verbunden, aber der Spielraum des einzelnen ist sehr viel stärker eingeschränkt als bei der Verbindung durch ein Seil, besonders durch ein elastisches, zumal dabei die Hände freibleiben. Nun, Hand in Hand, wird die Partnerschaft permanent fühlbar.

Es ist eine interessante Erfahrung, auf diese Weise gebunden, Dinge des täglichen Lebens zu verrichten: Gehen, Sitzen, Stehen, Kaffee trinken. Wenn ich diese Übung in meinen Partnerschaftsseminaren durchführe, verlange ich wieder, daß sich alles wortlos vollzieht, schalte also die verbale Kommunikationsebene aus, um jene Konzentration auf die Vorgänge selbst zu erreichen, die partnerschaftliches Verhalten erfahrbar machen – durch Reduktion der Informationskanäle auf eine Hand.

Wie funktionieren die einfachsten Aktionen, wenn wir auf Bewegungs- und Drucksignale, auf den Blickaustausch, das stumme gegenseitige Einverständnis angewiesen sind? Partnerschaft ist nun keine Frage mehr, sondern Voraussetzung.

Der gemeinsame Rhythmus

Die Partnerschaftsprobe beginnt mit der Suche nach dem gemeinsamen Rhythmus. Gehen Sie einmal mit einem Partner eine Strecke Hand in Hand, aber nicht nur geradeaus, sondern treppauf, treppab, und Sie werden staunen, was dabei alles zutage tritt! Da zerrt einer den Partner hinter sich her, weil er den Vorsatz gefaßt hat, irgend etwas unbedingt zu bewältigen oder zu erreichen. Für ihn ist es ganz selbstverständlich, daß sein Ziel vom anderen akzeptiert wird, und er schleift ihn mit, ohne ihn gefragt zu haben. Er wollte vielleicht nur an die frische Luft. Und wenn er frische Luft haben will, muß der Partner mit (die Bindung!).

Übertragen auf eine Szene im Alltagsleben sieht das zum Beispiel so aus:

»Morgen fahren wir nach Mallorca.« – »Wieso?« – »Das Hotel ist gebucht und der Flug auch.« Das heißt, den Partner mitschleppen. Er wird nicht gefragt, ob er Lust hat oder ganz andere Vorstellungen entwickelt, oder vielleicht gerade sehr beschäftigt ist. Man möchte glauben, unser Beispiel sei übertrieben, eine Verhaltensweise wie diese entspräche nicht mehr dem Zeitgeist. Das tut sie auch nicht, und dennoch ist sie weitverbreitet. Der einsam entscheidende Typ des Managers ist bei uns und anderswo noch nicht ausgestorben, gegen allen Teamgeist und gegen den Geist von Partnerschaft.

In dem Versuch, Hand in Hand zu gehen und zu agieren, läßt sich auf jeden Fall erfahren, daß Partnerschaft und ein partnerschaftlicher Rhythmus gar nicht so einfach herzustellen sind, daß Bindung mehr ist als ein vager oder rein abstrakter Begriff. Denn die Durchführung des geringsten Vorsatzes bedarf der Zustimmung des anderen, und um diese zu erlangen, muß es ein System geben. Es besteht daraus, den Vorsatz zu signalisieren, das Rücksignal abzuwarten, es aufzunehmen und dann erst zu agieren. Machen Sie doch einmal den Versuch, Hand in Hand mit einem Partner Ihren Durst zu stillen, wenn vor Ihnen eine fest verschlossene Mineralwasserflasche steht und Sie sich den verbalen Austausch versagen! Schon dafür brauchen Sie einen gemeinsamen Rhythmus, und Sie werden etwas mehr Zeit benötigen als ohne Partner. Die Koordination und die gemeinsame Lösung einer Aufgabe vermitteln jedoch das Gefühl von Zusammengehörigkeit.

Zeitverlust durch Partnerschaft

In der Systemtheorie geht man davon aus, daß eine Zelle, die allein funktioniert, 5000 bit in dem gleichen Zeitraum verarbeiten kann, in dem es ein Organismus auf ganze 5 bit bringt. Der Organismus hat Informationen zu empfangen, umzucodieren und an verschiedene Empfänger weiterzuleiten, bei denen der gleiche Vorgang von neuem beginnt. Von einer Situation zur anderen wird aber nicht nur umcodiert und weitergegeben, sondern auch bewertet. Es werden Entscheidungen getroffen, und zu ihrer Ausführung wird die Information weitertransportiert, nicht ohne eine letzte Umcodierung, damit die Ausführung mechanisch erfolgen kann. So funktionieren Organismen; unser Körper ebenso wie eine gesellschaftliche Institution oder ein Wirtschaftsbetrieb.

Ein einzelner, der nicht an diese Prozesse gebunden ist, wird deshalb in der gleichen Zeit mehr schaffen als viele in ein System Eingebundene. Mit dieser These ist keine Wertung verbunden, schon gar nicht über die Qualität der Arbeit. Die Rollen- und Funktionsteilung besitzt nämlich ihre eigenen Vorteile und läßt vor allem Ziele zu, die ein einzelner nie erreichen würde. Der Entscheidungsprozeß vollzieht sich jedoch grundsätzlich langsamer als beim einzelnen. Der Ein-Mann-Betrieb trifft Entscheidungen wesentlich schneller als der Konzern.

Reduziert auf die Zweiergemeinschaft der körpergewordenen Partnerschaft

Wer seinen Partner, ohne auf dessen
Ja oder Nein zu warten, weiterzerrt,
erhält automatisch als Reaktion ein Zögern
oder auch ein Nein.

Wird die Intention dagegen dem Partner
signalisiert, und er hat zuge-
stimmt . . .

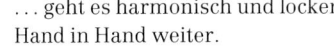

. . . geht es harmonisch und locker
Hand in Hand weiter.

Die Partnerschaftsprobe »Hand in Hand«
bringt sofort den Unterschied an den
Tag, ob einer, der führen will, zunächst
den Impuls gibt und danach das Feedback
des Partners abwartet, oder ob er den
anderen einfach voranzerrt.

in unserem Hand-in-Hand-Spiel wird die Abhängigkeit vom Feedback bei jeder Entscheidung offensichtlich. Was der eine vorhat, muß er zunächst dem anderen signalisieren und auf dessen Rückmeldung – »genehmigt« oder »nicht genehmigt« – warten. Das braucht Zeit. Die Alternative zum Einverständnis des anderen, auf das man warten muß, heißt, den Partner mitschleppen. Wählen wir diese Alternative, muß man natürlich fragen, ob der Partner Widerstand leistet oder nicht. Wehrt er sich, wird unsere Aufmerksamkeit von der eigentlichen Aufgabe abgelenkt, und die Hälfte unserer Energie muß auf die Überwindung dieses Widerstands verwendet werden. Unsere Kraft teilt sich auf zwischen der ursprünglichen Aufgabe und der neuen Bemühung, den Partner mitzureißen.

Ziehen wir zu stark, um vorwärts zu kommen, besteht die Gefahr, daß unser Partner stolpert. Unser Problem vergrößert sich. Es entsteht nicht nur Zeitverlust, sondern unsere Aufmerksamkeit ist nun ganz von der »Aufgabe« abgelenkt, da wir uns zunächst um den Partner und sein Stolpern kümmern müssen. Das sind in der Regel die Folgen, wenn wir nicht auf das Feedback des Partners gewartet haben. Der harmonische Ablauf der gemeinsamen, also partnerschaftlichen Bewegung hängt vom Informationsaustausch ab: von Frage und Bestätigung. Wer die Rückmeldung des anderen nicht abwartet, erfährt ständig Widerstand, Stolpern, vermeidbare Belastung.

Partnerschaftliches Handeln, seine Vorteile, seine Nachteile und Schwierigkeiten werden bei den einfachen Abläufen, die das Hand-in-Hand-Gehen offenbart, »übersetzt«.

Da der eine seine linke, der andere seine rechte Hand nicht benutzen kann, wird die rechte Hand des einen zur rechten Hand des anderen und die linke Hand des zweiten zur linken Hand des ersten. Aber der neu geformte Organismus, dem auch nur zwei Arme und Hände zur Verfügung stehen, besitzt eine größere Reichweite als zuvor der einzelne. Funktioniert das neue System, funktioniert die Abstimmung von Signal und Gegensignal, kann der größere Spielraum genutzt werden, obwohl die Freiheit des einzelnen eingeschränkt ist. Um die eine freie Hand des anderen nutzen zu können, ist ein Code nötig, der beiden Partnern klar und plausibel sein muß. Das gemeinsame Erlebnis des Erfolgs, der zunächst nur in der Tatsache begründet ist, daß der gemeinsame Code funktioniert, stärkt das Selbstwertgefühl beider.

Sich allein mit beiden Händen aus einer verschraubten Wärmekanne eine Tasse Kaffee einzuschenken, hat geringen Erlebniswert, unter den partnerschaftlichen Umständen des Hand-in-Hand-Systems wird es zum (heiteren) Erfolgserlebnis. Abstimmung, Koordination, gegenseitige Hilfe, auch wenn sie vielleicht gar nicht unbedingt nötig wären, erhöhen das Vergnügen am Geschehen selbst und an der Gemeinsamkeit. Deshalb bleibt es für Partner wesentlich, etwas gemeinsam zu tun.

Ich kann meinem Partner aber selbstverständlich demonstrieren, daß ich ihn gar nicht brauche. Bestünde die Aufgabe zum Beispiel darin, Hand in Hand ein Süßstofftütchen zu öffnen, um den Kaffee zu süßen, eine jener verschweißten

Plastikverpackungen, die so schwer aufzureißen sind, könnte ich die gemeinsame Aktion verhindern. Ich führe das verschlossene Päckchen mit meiner
einen freien Hand an den Mund, reiße es mit den Zähnen auf und schütte den
Inhalt geschickt in die Tasse. Ich demonstriere: Zwar hätte der andere helfen
können, aber ich will seine Hilfe nicht, denn ich komme auch in schwierigen
Fällen ohne ihn aus!

Hier handelt es sich, am einfachen Beispiel aufgezeigt, um Signale, die den
Partner tief verletzen können. Während der eine sich nur selbst bestätigen will,
vielleicht auch dem anderen imponieren, empfindet der nur: Er/sie braucht
mich nicht. Aufgaben, die sich zu zweit oder zu mehreren lösen lassen, Unter-
nehmungen, die sich zu zweit ausführen ließen, allein zu meistern, kann als

Entwertung der Partnerschaft verstanden werden. Der Grat ist schmal, denn es gehört zu den natürlichen Bedürfnissen des Menschen, dem Partner von Zeit zu Zeit zu signalisieren: Ich kann auch ohne dich etwas tun und erreichen, aber ich bleibe bei dir, weil ich es will und weil es zu zweit doch schöner ist.

Wir sind von Natur aus so veranlagt, daß wir Erlebnisse mitteilen wollen. Und fast jedem von uns passiert es, daß ein Geschehen erst durch das Erzählen Erlebniswert gewinnt. Ein nicht mitteilbares Erlebnis verliert an Wert. Es gibt einen jüdischen Witz, demzufolge am Jom Kippur, dem strengsten Tag im jüdischen Kalender, der zur Besinnung auf bewußte und unbewußte Fehler als letzter der am Neujahrstag einsetzenden zehn Bußtage in vollkommener Askese begangen werden soll, ein Jude sich sagt: »Wie wunderbar, heute sind alle in der Synagoge, da kann ich unbemerkt auf den Golfplatz gehen und üben.« Niemand ist da, er hat den Platz für sich. Der liebe Gott schaut ihm gemeinsam mit den Engeln zu. Die warten gespannt darauf, wie Gott den sündigen Golfspieler, der das Gebot des Jom Kippur gebrochen hat, strafen wird. Der liebe Gott lächelt. Unten trifft der Golfer mit jedem Schlag unmittelbar ins Loch. Sechzehn Schläge, sechzehn Löcher. Die Engel wundern sich sehr. Das soll eine Strafe sein? Der liebe Gott lächelt wieder und sagt: »Und wem kann er's erzählen?«

Indem wir von einem Erlebnis erzählen, gewinnt es an Wert. Das gemeinsame Erlebnis steigert die Erlebnisqualität. Eine herrliche Landschaft machen wir uns viel stärker bewußt, wenn ein Partner an diesem Erlebnis teil hat.

Immer zu zweit?

Unsere Vorstellung von Partnerschaft ist stark von der Zweierbeziehung geprägt. Die Partnerschaftsprobe, die unsere Spielsituation des Hand-in-Hand-Gehens darstellen soll, beweist es jedesmal. Es spiegelt sich darin die gesellschaftliche Realität unserer Zeit. Die Zweierbeziehung hat vielfach Gruppenbeziehungen abgelöst. Viele Menschen sind zu zweit allein. Häufig stimmt hier etwas nicht im Partnerschaftsverhältnis. Zwar enden viele Geschichten damit, daß sich »die Paare gefunden« haben, aber das Leben in der Partnerschaft fängt damit erst an. Nun wird es wichtig, Kommunikationswege zu verschiedenen Partnerverbindungen zu suchen. Wie lange können zwei Partner einen geschlossenen Kreis bilden und alles, aber auch alles miteinander tun?

Neue Erfahrungen zumindest stellen sich ein, wenn Partner ihren engen Kreis öffnen, um mit anderen und deren unterschiedlichen Interessen und neuen Impulsen einen größeren zu bilden. Die ursprünglichen Partner können ohne weiteres neue Partnerschaften eingehen, ohne ihre bestehende Verbindung zu gefährden, wenn sie den Schritt gemeinsam oder mit Einverständnis des anderen tun. Meist geht die Lust zu erweiterten Beziehungen von einem der Primärpartner aus. Vielleicht kommt es nur zu einer Kommunikation zwischen jeweils einem Teil von zwei bestehenden Partnerschaften. Ganz entziehen können sich die beiden übrigen Partner der neuen Beziehung nicht. Entweder

es gelingt, den oder die anfänglich nicht interessierten Partner in den neu entstehenden Kommunikationszusammenhang auf die Dauer doch noch einzubeziehen, oder sie bleiben außerhalb, tolerieren aber die neue Kombination.

Wir sehen es vor uns: Ein Paar ist Hand in Hand unterwegs, es begegnet einem anderen. Jeweils ein Partner aus jedem Paar spricht mit einem Partner des anderen Paars. Wie verhalten sich die beiden anderen? Vielleicht versuchen sie, etwas zu finden, das sie interessiert und eine Veränderung der tolerierenden Haltung nicht nötig macht. Vielleicht beginnen sie sich zu fragen, wie lange die Ablenkung (Abwendung) des Partners noch dauern wird. Ein sehr subtiler Informationsaustausch kommt in Gang. Wann ist die Toleranzgrenze erreicht? Erfolgt ein Zeichen, das ein Weitergehen signalisiert? Wird Blickkontakt auf- und angenommen? Zieht der Ungeduldige den anderen einfach weiter? Wir erinnern uns: Das Ziehen ist ein Teil der Beziehung.

Je feiner die Signale und Rezeptoren bei den Partnern ausgebildet sind – meist eine Frage der Einübung –, um so harmonischer verteilen sich die Lasten der Bindung. Einmal toleriert der eine, einmal der andere. Manchmal treffen

beide auf gemeinsam Interessierendes, manchmal führen beide wie aus einem Mund die Rede, aber es tut der Partnerschaft auch keinen Abbruch, wenn jeder von ihnen eine eigene, von der des anderen abweichende Meinung vertritt, oder wenn beide sich jeweils einem anderen Gesprächspartner zuwenden. In diesem Fall spielt sich das Geschehen zwar außerhalb der Partnerschaft ab, doch bleibt sie an sich unbeschädigt, solange jeder der beiden das Recht behält und die Möglichkeit hat, sein Signal zu geben und bereit ist, auf ein Signal des anderen zu reagieren. Solche Außenkontakte spielen im Geschäftsleben zum Beispiel dann eine Rolle, wenn einer der festen Partner mit einer fremden PR-Agentur, einer fremden Vertriebsfirma verhandelt. Es kann sein, daß seine Verhandlungen mit der Fremdfirma den festen Partner zwingen, mit seinen Aktivitäten auf das Ergebnis des Kontakts nach draußen zu warten.

Ausgehend von der Hand-in-Hand-Haltung läßt sich das Grundprinzip von Partnerschaft, von partnerschaftlicher Bindung erläutern. Zu bemerken ist dabei, daß diese Form der Beziehung ein relativ lockeres und freies Partnerschaftssystem darstellt, in dem jeder nach Abstimmung mit dem anderen auch seinen eigenen Interessen, seinen Wünschen nach Kommunikation nachgehen kann. Die dabei notwendige Verständigung zwischen den Partnern leidet im täglichen Leben oft und immer wieder unter der von mir aus gutem Grund wiederholt angesprochenen Vernebelung der eigenen Absichten. Das körpersprachliche Signal, das wir geben, wenn wir jemanden an der Hand vom augenblicklichen Standpunkt wegziehen, ist unmißverständlich. Es heißt: Ich will weiter! Verbale Signale sind selten so eindeutig, weil wir sie nicht eindeutig verwenden. Wer sagt schon: Ich will weiter!? Wir tun es nicht, weil wir das Risiko scheuen, den anderen sagen zu hören: Ich aber nicht. Schon wird vernebelt. Wie spät ist es? Bist du noch nicht müde? Der Vorschlag, den einer der Partner macht, was etwa an einem Wochenende unternommen werden sollte, folgt selten der eigenen Neigung, sondern schließt die möglichen Vorstellungen des anderen bereits mit ein. Warum eigentlich? Klarheit fördert die Partnerschaft. Spielraum für den einzelnen stärkt das Band.

In der Regel existieren gemeinsame Interessen, denen man auch zusammen nachgeht. Müssen deshalb die speziellen Interessen des einzelnen verkümmern? Gelegentliche Trennung steigert die Anziehungskraft des gemeinsamen Erlebens, ganz abgesehen davon, daß im Vorgang des Erzählens ein ganz eigener Reiz liegt. Jedenfalls sollte sich jeder davor hüten, für den Partner denken zu wollen. Rücksichtnahme kann für den anderen höchst enervierend sein. Nicht Vorsicht ist gefragt, sondern Abstimmung. Kann unser Partner ohne Furcht ja oder nein zu unseren Vorschlägen sagen, werden Entscheidungen leichtgemacht. Das Nein ist wichtiger als das Ja. Der Jasager ist nur scheinbar ein angenehmer Partner, und wenn wir ehrlich sind, verachten wir ihn insgeheim. Damit fällt er als Partner aus. Denken wir also häufiger daran, dem Partner das Nein leicht zu machen. Das beginnt mit der Art der Fragestellung. Jede rhetorische Frage beleidigt den mündigen Partner: »Du willst doch auch...« – »Sollten wir heute nicht...« Warum nicht: »Ich will, willst du auch?« bzw. »Mir liegt heute daran... machst du mit?« Es kann ruhig eine Aufforderung in unserer Frage liegen, jedoch keine Vereinnahmung des anderen für ein Vorhaben, das uns wichtig ist, zu dem sich der Partner aber noch nicht geäußert hat.

Will der eine Partner etwas trinken, der andere aber nicht und geht doch mit, entsteht für ihn ein Stück Leerlauf. Er tut es nicht für sich, er tut es nur für den Partner. Achtung: Wann wird er sich als Opfer sehen? Bis zu einem gewissen Grad hilft der Kompromiß: Einmal mache ich, was du willst, das nächstemal läuft es umgekehrt. Der Grundsatz, alles halbe-halbe zu teilen, taugt jedoch nicht immer. Ich habe einen Apfel und teile ihn je zur Hälfte zwischen meinem Partner und mir auf. Ist das gerecht oder auch nur vernünftig, wenn ich großen Hunger habe und er hat keinen? Warum muß er den halben Apfel bekommen, wenn er gar nicht hungrig ist? Haben wir beim nächsten Mal beide Hunger, will ich gerne teilen.

In der individuellen Form von Partnerschaft kann es kein gleiches Maß für alle geben. Partnerschaft lebt nicht durch Gleichmacherei, sondern durch die Herausforderung, die es bedeutet, in der Bindung Freiheit zu bewahren. Gleiches Maß für alle wird zum Prokrustesbett.

Prokrustes, nach der griechischen Mythologie ein Riese, besaß zwei Betten, ein großes und ein kleines. Kam ein großgewachsener Wanderer in seine Behausung, legte er ihn in das kleine Bett und hieb mit seinem Beil alles ab, was von dem Fremden über das Bettgestell hinausragte. Kam ein kleingewachsener Fremder, legte er ihn in das große Bett und bearbeitete ihn mit einer Keule so lange, bis er das Bett ausfüllte. Nicht nur in der griechischen Mythologie, auch im biblischen Sodom und Gomorrah spielt das Bett nach Maß seine schauerliche Rolle. Ich frage: Steht das Bett des Prokrustes auch in unseren Partnerschaften? Neigen wir nicht alle dazu, das Maß für unseren Partner bestimmen zu wollen, ihn »passend« zu machen?

Partner-Deponie oder Der Dornröschenschlaf

Partnerschaften verkommen in Gewohnheit. Unser Standpunkt, einmal für richtig befunden, macht uns unbeweglich. Die Partnerschaft erstarrt, um uns wachsen die Müllberge der Alltäglichkeiten. Wie Winnie in Becketts *Glückliche Tage* schauen wir schließlich nur noch mit dem Kopf aus dem Müllhaufen. Wir sprechen mit dem Partner, ohne auf seine Antworten zu warten, und wenn wir sie hören, haben wir schon vorher gewußt, was er sagen würde. Bemerkt jedenfalls einer der Partner die beginnende Erstarrung, erkennt er, daß scheinbar selbstverständlich gewordene Positionen die Aufnahmefähigkeit für neue Informationen herabsetzen und schließlich zum Verschwinden bringen, ist er zur Provokation aufgerufen. Die Harmonie muß gestört, der Partner vom geliebten Standpunkt weggerissen werden. Gewohnheit, über deren Suchtcharakter ich schon gesprochen habe, ist wie ein Ton, den wir nicht mehr hören. Im privaten wie im geschäftlichen Leben folgen wir diesem physikalischen Gesetz, daß wir einen gleichbleibenden Ton (oder Zustand) nicht mehr wahrnehmen. Nur Veränderung (Modulation) schafft Wahrnehmung. Ehen wie Firmen gehen daran zugrunde, daß sie sich nicht durch dynamische Veränderungen wachgehalten haben und zu spät aus diesem Dornröschenschlaf erwachen oder gar nicht erwachen, sondern in der Umlaufbahn bleiben wie tote Satelliten.

Die Provokation des anderen, die mich von meinem Standpunkt wegreißt, versetzt mich in die Lage, neu zu entscheiden: Will ich meinen Standpunkt bewahren bzw. zu ihm zurückkehren? Oder wollte ich schon lange etwas ganz anderes? Es war mir vorher nicht einmal mehr bewußt, daß ich diesen Standpunkt gewollt hatte, sondern ich befand mich lediglich dort. In dem Augenblick, in dem mein Partner sagt: »Ich habe Lust, ins Kino zu gehen, willst du mit?« bemerke ich erst, wie wohl ich mich in dem Sessel, in dem ich gerade sitze, die ganze Zeit über fühle.

Von der Belastbarkeit des Partners

Wer einen Partner hat, der ihm grundsätzlich zustimmt, vergißt eines Tages, daß er in einer Partnerschaft lebt. Vielleicht muß er den Partner (siehe oben) einmal so stark provozieren, daß der endlich einmal nein sagt. Reagieren wir schnell genug auf die Weigerung, so daß sich kein Unmut einstellen kann, haben wir die Möglichkeit, neue Abkommen zu treffen und damit die Partnerschaft auf dem entsprechenden Gebiet neu zu gestalten. Neugestaltung innerhalb einer bestehenden Partnerschaft ist sowieso eine belebende Maßnahme! Nimmt unser folgsamer Partner jedoch die Provokation nicht zum Anlaß, sich zur Wehr zu setzen, sondern duckt er sich erneut, kommt wieder ein System in Gang, das schwer zu steuern ist. Unsere nächste Provokation wird schärfer ausfallen, Eskalation ist die Folge – und wie gewöhnlich mit ungewissem Ausgang. Wahrscheinlich reißt einmal das Seil. Dies sei vor allem jenen ins Stammbuch geschrieben, die Nachgeben um jeden Preis für die hohe Kunst der Partnerschaft halten.

Die andere Seite der Medaille ist die Vorsicht, den Partner zu schonen. Der Partner will aber belastet werden, weil er sich sonst gar nicht als Partner fühlen kann. Ein Freund, der mich nicht belastet, mich nicht um Hilfe bittet, wenn er sie braucht, ist im Grunde ein unfairer Freund, denn er beraubt mich der Möglichkeit, mich als Freund zu beweisen.

Wieweit ich einen anderen belasten kann, ist die zweite Frage. Wir müssen unterscheiden zwischen Lästigwerden und Belasten. Hier kommt es schon wieder auf die Beobachtung von Signalen an, auf Signalaustausch.

Den Partner nicht zu belasten, heißt, ihm die Fähigkeiten, die für die Bewältigung einer bestimmten Situation notwendig sind, abzusprechen. Die Mutter, die ihrem Kind unablässig hilft, eine Leiter hinauf- oder hinabzusteigen, einen Zweijährigen nach jedem Hinfallen aufhebt, erklärt das Kind für unfähig, sich selbst zu helfen, oder will sich selbst zur unersetzlichen Krücke machen. Ganz grundsätzlich sollten wir unserem Partner etwas zutrauen. Er muß selbst nein sagen dürfen und selbst um Hilfe rufen. Hilfe benötigen, ist keine Schande, sondern das, was uns miteinander verbindet.

Das Hand-in-Hand-System läßt Spielraum zum Experiment. Ein harmonisch aufeinander abgestimmtes Paar wird davon nicht viel merken. Ein Paar, das

Hilfestellung

Hilfestellung ist notwendig, bei
Kleinen und Großen. Sie darf nur
nicht gängeln. Schon das Kind
soll lernen, Risiken abzu-
schätzen, soll die Welt selbst
erobern. Ich gebe Halt, helfe
aber meinem Sohn nicht, hoch-
zukommen. Er strengt sich an.
Und auf der Rutschbahn gebe ich
nur leichten Beistand. Ganz
unten rechts das entscheidende
Bild: Hilfestellung unter
Brüdern. Schnell gelernt.

sich gerade gefunden hat, wird die Möglichkeiten testen: Wie weit kann ich meine Absichten durchsetzen, wann kommt ein Widerstand, wann das Gegensignal? Habe ich das Gefühl, der andere läßt sich nur mitziehen? Und so weiter. Wichtig ist: Die Verbindungsstelle, also die beiden ineinandergelegten Hände, darf kein totes Gelenk sein, da sie als Informationskanal dient. Genauso wie wir an der Handhaltung eines Partners sehen, ob er handeln will oder noch nicht handeln kann oder will, können wir es im Hand-in-Hand-System fühlen.

Die Bewegungen einer Hand in der des Partners geben deutliche Hinweise: Wie eindeutig, bestimmt oder vage und vorsichtig sind die Signale? Nicht nur der Ausdruck des Signals zählt, sondern mehr noch der kleine Hinweis, den es gibt: oben, unten, voraus, zurück und so fort. Aber es geht noch weiter: Wer auf die Signale des Partners stumm bleibt, nicht reagiert, verhält sich nicht nur passiv, er steht dem Partner auf einmal im Weg. Übersetzen Sie das einmal auf Alltagssituationen! Besser als nicht zu reagieren, ist es selbstverständlich, ein klares »Halt!« zu signalisieren. Darauf kann der andere sich einstellen und eventuell eine Variante versuchen.

Das Stoppsignal muß wiederum keine endgültige Weigerung bedeuten. Es kann heißen: Die Information ist bei mir angekommen, aber ich habe mich noch nicht entschlossen zu handeln oder mitzumachen. Vorschnell wird das Zögern des Partners als Abwehr gewertet. Dabei ist er in seinen Vorbereitungen nur noch nicht soweit gediehen, um auf unser Angebot eingehen zu können. Wenn zwei sich über ein Geschäft einig sind und einer fängt sofort an zu produzieren, kann es durchaus passieren, daß der andere die Bremse ziehen muß. Um seinen Part aufnehmen zu können, muß er vielleicht erst zehn Lastwagen bestellen, damit es losgehen kann. Hat der andere das Bremssignal nicht verstanden, kann er eine Menge verlieren. Vielleicht liegt sein Produkt nun Tage oder Wochen herum, ehe die Lastwagen eintreffen.

Abstimmung ist in jeder Art von Partnerschaft Voraussetzung für den gemeinsamen Erfolg. Abstimmung funktioniert durch Rückmeldung. Das fängt bei der Körperhaltung an, die anzeigt, ob einer schnell oder langsam reagieren wird. Sitze ich in einem tiefen Sessel, brauche ich Zeit, um meinen Körper in die gewünschte Lage zu bringen, aufzustehen und mitzugehen. Mein Partner muß das wissen und auf mich warten, oder wir verlieren den Kontakt. Er hat auf mein Feedback als das des Langsamen zu hören. Es ist nämlich nicht meine Langsamkeit, die der Partnerschaft schadet, sondern die mangelnde Synchronisation. Ein Geschäft geht selten deshalb in die Brüche, weil die einzelnen Mitarbeiter unfähig sind, sondern daran, daß die Arbeiten nicht koordiniert sind, Meldung und Rückmeldung ins Leere treffen.

Stellen sich die zu erwartenden Pannen ein, folgen die falschen Beurteilungen und Verurteilungen auf dem Fuß: Mit diesem Partner, diesem Mitarbeiter läßt sich eben nicht zusammenarbeiten! Falsch: Es fehlte nur an der genauen Beobachtung von Signal und Gegensignal, und das Feedback darf nicht nur bedeuten: Signal verstanden!, sondern: Verstanden und bereit zur Ausführung!

Führen und Geführtwerden

Ich halte gar nichts von dem berühmten Satz Lenins »Vertrauen ist gut, Kontrolle ist besser«, denn er enthält ein Paradox. Wenn ich kontrollieren kann, brauche ich kein Vertrauen. Wenn ich etwas erklären kann, brauche ich keinen Glauben. Das eine hebt das andere automatisch auf. Also glauben wir, wo wir nicht erklären können, und vertrauen, wo wir nicht kontrollieren können. Vertrauen ist das Fundament jeder Partnerschaft. Das sagt sich natürlich leicht. Aber was heißt Vertrauen wirklich, speziell und nicht allgemein?

Vertrauen in der Partnerschaft heißt, daß der Partner etwas tun darf, wovon ich nichts weiß oder wovon ich nichts verstehe. Deshalb muß ich darauf vertrauen, daß er es richtig bzw. gut macht. Ich schenke ihm daher mein Vertrauen. Nehmen wir als Beispiel die Partnerschaft Arzt – Patient. Es steht eine Operation bevor. Vielleicht traut der Patient dem Arzt gefühlsmäßig nicht. Er muß ihm jedoch in dieser besonderen Situation sein Vertrauen schenken; es sei denn, er verweigert die Operation und bricht die Beziehung ab. Andernfalls ist er in der alltäglichen Lage eines Patienten. Er versteht nichts vom Operieren und ist außerdem während des Vorgangs unter Narkose, könnte also in keinem Fall Kontrolle ausüben. Die Vertrauenssituation ist eingetreten. Zwar handelt es sich um ein unfreiwilliges Vertrauen, aber um Vertrauen, das von der freiwilligen Variante gar nicht so weit entfernt ist. Erst später kann der Patient feststellen, ob sein Vertrauen gerechtfertigt war oder nicht. Vertrauen und Vertrautheit sind zwei unterschiedliche Begriffe. Mit einem Partner, der mir angenehm ist, pflege ich vertrauten Umgang, aber muß ich ihm vertrauen?

Vertrauen wird mir, wie das Beispiel des Chirurgen zeigt, zuallererst da abverlangt, wo ich auf einen anderen angewiesen bin. Ich selbst zum Beispiel muß meinem Manager und meinem Buchhalter darin vertrauen, daß sie meine Finanzen in Ordnung halten, weil ich davon nichts verstehe. Ich will auch die Energie nicht aufwenden, die dazu nötig wäre, mich damit zu beschäftigen, also rechnen zu lernen. Also vertraue ich lieber, als daß ich kontrollieren lerne, zumal die Rechnung bisher stets mit einem Plus und nicht mit einem Minus aufgegangen ist.

Viele meiner Gesprächspartner stört diese freimütige Definition von Vertrauen, das kein freiwilliges Geschenk darstellt, sondern von meiner Unfähigkeit zu kontrollieren erzwungen wird. Aber wie geht es uns mit dem Fernsehtechniker, der unser Gerät repariert? Können wir kontrollieren, was er uns auf die Rechnung setzt? Und selbst wenn er uns die ausgewechselten Teile auf den Tisch legte, könnten wir feststellen, daß sie von unserem Apparat stammen? Ich muß darauf vertrauen, daß es die Teile sind, die er ausgewechselt hat, und glauben, daß er neue Teile eingebaut hat. Da ich es nicht kontrollieren kann, bleibt mir nur Vertrauen. Lehrt mich die Erfahrung, die oft nicht mehr als ein Gefühl ist, daß ich mit dem anderen gut gefahren bin, werde ich ihm mehr und neues Vertrauen schenken. Bedenken wir jedoch: Selbst wenn ich schlechte Erfahrungen mache, wenn also mein Fernsehgerät immer wieder gestört ist, kann ich nicht beurteilen, ob der Techniker die Schuld daran trägt oder nicht. Aber mein Vertrauen werde ich ihm entziehen.

Worauf gründet sich Vertrauen? Auf Notwendigkeit. Der Begriff gerät, vor allem wenn wir ihn auf private Partnerschaft anwenden, in den Mittelpunkt unserer Vernebelungstaktik. Von einem Partner erwarte ich, daß ich mich auf ihn verlassen kann, heißt es allgemein, und mir liegt jedesmal die Frage auf der Zunge: Worauf willst du dich bei ihm verlassen können? Wahrscheinlich auf seine Loyalität, und diese Antwort habe ich oft gehört, darauf, daß er zu mir als seinem Partner hält, selbst wenn ich Fehler mache. Genau wissen wir das nie, und eben dies zwingt uns zu vertrauen.

Vertrauen, sagen wir gern, stellt sich durch Erfahrung ein. Das ist zwar richtig, aber wir drehen uns im Kreis, denn es handelt sich um Vertrauen aus Vertrauen, das sich zehnmal bewährt hat und beim elftenmal enttäuscht werden kann. Hinter jedem neuen Vertrauensbeweis steht die eigene Unfähigkeit zur Kontrolle. Vertrauen, richtig vertrauen, freiwillig oder unfreiwillig gesehen, ist immer ein Blankoscheck.

Freiwillig vertrauen

Der emotional begründete Unterschied, der darin liegt, ob ich vertrauen will oder vertrauen muß, ändert nichts an meiner These, daß wir Vertrauen gewähren, wenn wir nicht kontrollieren können. Ich möchte dazu zwei Beispiele aufführen:

Der Inhaber einer Firma für technische Produkte ist zwar ein guter Kaufmann, besitzt aber keine technische Ausbildung. Er stellt einen Fachmann ein. Sagt der ihm, daß eine Maschine angeschafft werden muß, die bestimmte Voraussetzungen für die Produktion erfüllt, bleibt dem Firmeninhaber keine Wahl. Er kann die verlangten technischen Voraussetzungen nicht prüfen, kann also nicht kontrollieren, sondern muß vertrauen.

Das zweite Beispiel: Zwei junge Menschen verloben sich. Ihrer beruflichen Karriere wegen muß die junge Frau für ein Jahr in die USA gehen. Der junge Mann kann nicht kontrollieren, wie sie dort lebt, also muß er ihr vertrauen. Läßt er sie reisen, will ihr jedoch nicht »blind« vertrauen, wird er einen Detektiv engagieren. Kontrolle ist aber nicht besser als Vertrauen, sondern schließt Vertrauen aus. Dabei fällt es uns, wie sich sozusagen am lebenden Beispiel, an einer körpersprachlich ausdrucksvollen Übung zeigen wird, gar nicht leicht, uns auf die Alternative einzustellen, die da heißt: Entweder vertrauen oder kontrollieren.

Vertrauen oder Kontrolle

In keiner Art von Partnerschaft können wir uns dem System von Vertrauen und Kontrolle, besser gesagt, Vertrauen oder Kontrolle entziehen. Es gibt so etwas wie einen zusätzlichen Kredit, eine innere Bereitschaft, dem anderen zu vertrauen. Am System ändert es nichts.

Der Mitarbeiter einer Firma, der die Geschäfte des Hauses im entfernten Ausland vertritt, braucht das, was wir umgangssprachlich einen Vertrauensvorschuß nennen, in Wahrheit aber schon dem Vertrauen selbst entspricht. Geht alles gut, wird unser Vertrauen bleiben, stolpert er dreimal, werden wir jemanden hinschicken, der ihn kontrolliert: Vertrauensende. Das Vertrauen wird durch Kontrolle abgelöst. Stellt sich heraus, daß sein Stolpern Gründe hatte, die sich vertreten lassen, kann er unser Vertrauen zurückerlangen. Eine neue Vertrauensphase beginnt.

Wieviel, lautet die nächste Frage, hat der führende Partner gewagt, und wie weit deckt unser Vertrauen dieses Wagnis, das heißt, wie weit sind wir vertrauend mitgegangen? Je nach der Qualität unseres Vertrauens (Blankoscheck!) können wir den Partner unterstützen oder ihn hemmen. Je mehr Kontrollen wir einsetzen, um so stärker hemmen wir die Entwicklung. Jede Rückfrage, jedes signalisierte Zögern (und Zögern ist immer ein Signal) hat Bremswirkung.

Ein Beispiel: X hat einen Markt für Geräte aufgetan, die Y herstellt. X bestellt zehntausend Stück des Artikels und verspricht, sie in wenigen Monaten abzusetzen. Man wird sich einig, weil X seine Möglichkeiten plausibel darlegen kann und Y sich von der Solidarität seines neuen Geschäftspartners überzeugt hat. Soweit hatte sich ein Zustand emotionaler Zustimmung und Kontrolle entwickelt, der Vertrauen zuzulassen schien. Die Phase des Vertrauens beginnt mit dem Vertragsabschluß, wenn X auf seinem Markt arbeitet und von Y dort nicht mehr kontrolliert werden kann. Vertrauen verlangt häufig zusätzliches Vertrauen. Y fordert mehr Geräte an, verlangt die Entsendung von Fachleuten zur Einführung des Artikels. Die eingegangene Partnerschaft zwingt Y nachzuziehen, mitzugehen. Das Prinzip Be-Ziehung, von Ziehen und dem Zug nachgeben, tritt voll in Kraft. Zögert Y, gerät das ganze Netz von Beziehungen, das X aufgebaut hat, in Unordnung. Das Dilemma liegt darin, daß X zu weit vorgeprescht sein könnte, Kontrolle jedoch die Schwungkraft lähmen und alles verderben würde.

In der Partnerschaft trifft jeder Entscheidungen, deren Auswirkungen er nicht kontrollieren kann.

Absolutes Vertrauen spiegelt das Gesicht des »geführten« Partners. Seine Phantasie kann nicht entschlüsseln, worunter er seinen Fuß steckt, aber er zählt auf die Logik der Führung.

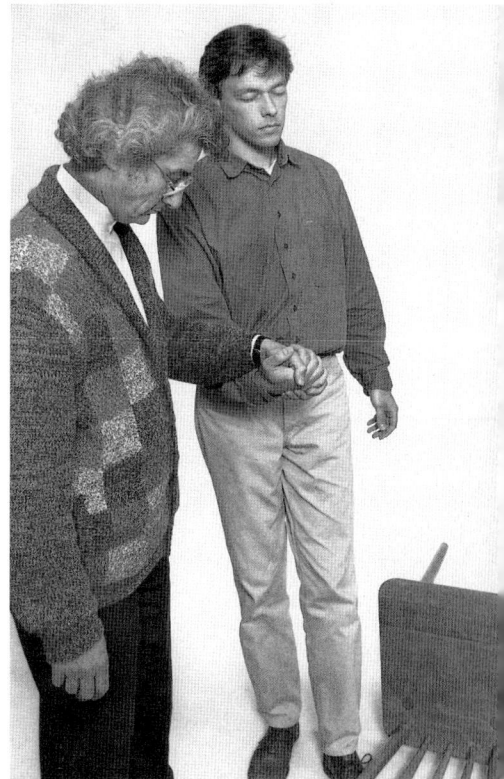

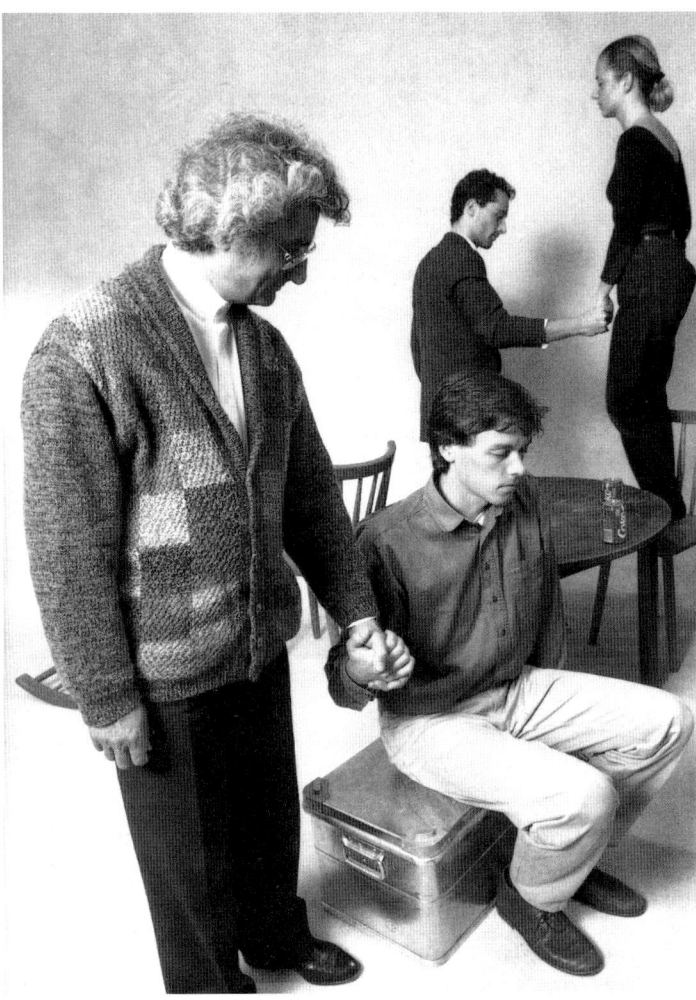

Ungerührt *(links)* steigt mein
Partner in den Behälter. Ich
werde schon wissen warum!

Wichtige Führungsqualität
(rechts): Nach schwierigen
Aktionen Pausen einlegen!

Blindes Vertrauen – körpersprachlich demonstriert

Die Spielsituation, die uns diese Phänomene veranschaulichen soll, gestaltet
sich aus der einfachen Voraussetzung, daß wir dort, wo wir vertrauen, nicht
sehen können. Also machen wir die Augen zu. Praktisch sieht das so aus: Jeweils einer von zwei Partnern schließt die Augen, ist von nun an »blind« und
läßt sich vom anderen führen. Im Idealfall verschmelzen beide zu einem Organismus und machen sich bewußt, daß sie ein Körper mit vier Beinen, vier
Armen und Händen, von denen zwei das Gelenk zwischen Führendem und Geführtem bilden,und zwei Augen sind. Die beiden Augen des »sehenden« Partners sind nun auch die des »blinden«. Genauso wie meine Augen mir normaler-
weise die Information geben, wie hoch ich den Fuß heben muß, haben nun,
wenn ich mich blind führen lasse, die Augen des sehenden Partners diesen
Dienst für beide zu leisten. Damit diese Stellvertretung funktioniert, muß eine
Umcodierung stattfinden. Das, was der Partner erfährt, der in der vorgeschla-
genen Spielsituation wie bei den vorangegangenen Übungen nicht sprechen

darf, hat er in Zeichengebung, in Führung umzusetzen. Wo der andere sich nicht auskennt, kann ihm der Weg nur begrenzt erklärt werden. Sprechen wäre hier wie das Erklären eines unverständlichen Vorgangs. Die Situation spiegelt unter anderem auch das Verhältnis zwischen Fachmann und Laien (siehe oben). Fachleute untereinander besitzen einen verbalen Code, haben ihre fachspezifische Terminologie, die dem Laien unverständlich ist. Jede Information setzt voraus, daß eine Vorinformation schon gespeichert ist. So setzt das Wort Restaurant, soll einer es verstehen, die Kenntnis voraus, daß dies ein Ort ist, an dem man etwas zu essen bekommt, daß sich dort Küche, Koch, Kellner, Tische, Geschirr befinden. Wenn einer sagt: »Ich gehe ins Restaurant«, nehmen wir an, daß er zum Essen geht. Handelt es sich um den Steuerberater oder den Klempner, der dort zu tun hat, bedarf es dieser zusätzlichen Information, um Mißverständnisse zu vermeiden.

Wir simulieren in unserer Spielsituation also das Verhältnis zwischen zwei Partnern, von denen der eine Informationen empfängt, die uncodiert für den anderen unverständlich und deshalb wertlos bleiben. Partner A muß nun das, was er erfährt, in einer übertragbaren Form an Partner B weitergeben. Das Instrument der Umcodierung ist wieder, wie schon in der vorangegangenen Übung, die Hand. Jeder, der versucht, einen anderen zu führen, und zwar einen, der nur durch den Führenden die Information erhalten kann, die er benötigt, wird feststellen, daß es um Deutlichkeit und Nuancierung der Signale geht. Wie der Code im einzelnen aussieht, wird stets individuell von beiden zu entscheiden sein. Code und Signal müssen genau verstanden werden. Versteht der blind Geführte nicht präzis, ist es an ihm, ein Stoppsignal zu setzen. Bestätigung und Lob sind genauso wichtig wie bei jeder anderen Führungsaufgabe. Der blind Geführte muß Feedback und Ermutigung erhalten.

Da die Signalvariation begrenzt ist, steht oft ein Signal für unterschiedliche Aktionen. Heben wir die Hand des Partners kurz an, so kann das unter anderem bedeuten: Fuß heben, Aufstehen aus der Hocke, auf Zehenspitzen gehen. Erhält der Geführte ein Nein-Signal auf seine Aktion hin, nicht nur einmal, sondern zweimal, dreimal, sollte er nicht resignieren, sondern neue Bewegungsangebote machen, bis er das Richtige trifft.

Was wir zuallererst erfahren, ist, wieweit das Vertrauen des von uns geführten Partners reicht. Wir spüren sein Zögern, und Zögern heißt Zweifel an unserer Führungsqualität, bedeutet schon Vertrauensentzug. Jedes Zögern des Geführten muß vom Führenden respektiert werden. Nur dadurch entwickelt der Geführte Vertrauen und Sicherheit, daß seine Signale ernst genommen werden. Er wird nicht einfach weitergezerrt, gleichgültig, ob seine Vorsicht begründet ist oder nicht. Sein Gefühl ist einfach vorhanden und muß wie jedes andere respektiert werden. Nur der Partner, dessen Signale ernst genommen werden, kann uns sein Vertrauen schenken.

Die Übung ist einfach: Nehmen Sie Ihren Partner bei der Hand, bitten Sie ihn, die Augen zu schließen, und führen Sie ihn durch den Raum, in dem Sie sich gerade befinden, aus diesem heraus (Treppen erhöhen die Spannung) und wieder zurück, über Hindernisse (Tisch, Bank, Stuhl, Kissen) hinweg und unter solchen hindurch. Diese Hindernisse sind analog zu vielen Alltagsproblemen gesetzt. Es geht um den Schwierigkeitsgrad, den einer sich und seinem Partner zutraut: große Märkte, Aufgabenbereiche, Know-how, Zeitrahmen etcetera.

Sind Ihre Signale so deutlich, daß der Partner keine Schwierigkeiten hat, Sie zu verstehen und umzusetzen? Zögert er? Tastet er mit dem Fuß nach dem Tischrand, wenn Sie ihn über den Tisch führen? Oder vertraut er gelassen den Augen des anderen, die jetzt auch für ihn sehen sollen? Glaubt er vorschnell zu wissen, was Sie signalisieren wollen? Macht er schon den nächsten Schritt, bevor Sie das Signal dazu gegeben haben? Vielleicht war es der richtige Schritt, aber er hätte unbedingt auf den Wink des Partners warten sollen, denn er allein sieht, er allein ist im Besitz der Information und damit der Führungsrolle. Auch das gehört zu einer funktionierenden Partnerschaft. Das vorauseilende Verständnis hat schon manchen Partnerschaftsunfall verursacht.

Die Übung basiert auf einem stark reduzierten Code. Zwischen dem führenden und dem geführten Partner sollte keine Signal-Einbahnstraße

Blindes Vertrauen: Ich habe die Augenfunktion für meine Partnerin übernommen. Das Risiko, das ich wähle, wäre unter normalen Umständen gering, besondere (der enge Rock) steigern es. Nur behutsame Führung, die das Problem des anderen sieht und dem anderen Spielraum läßt, das Problem selbst zu lösen, garantiert den Erfolg.

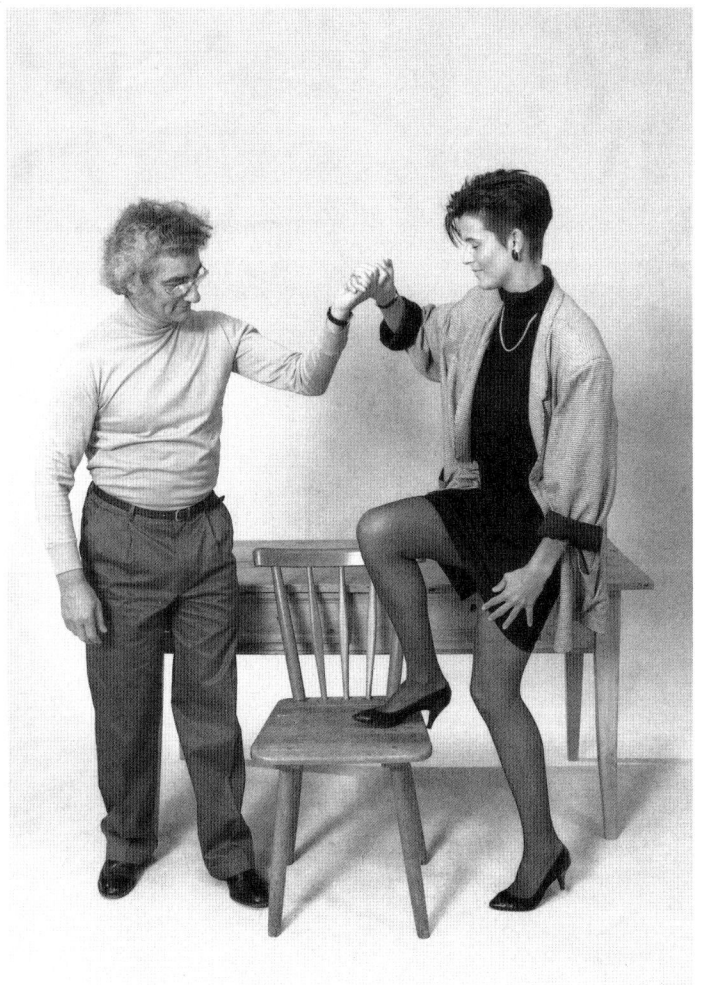
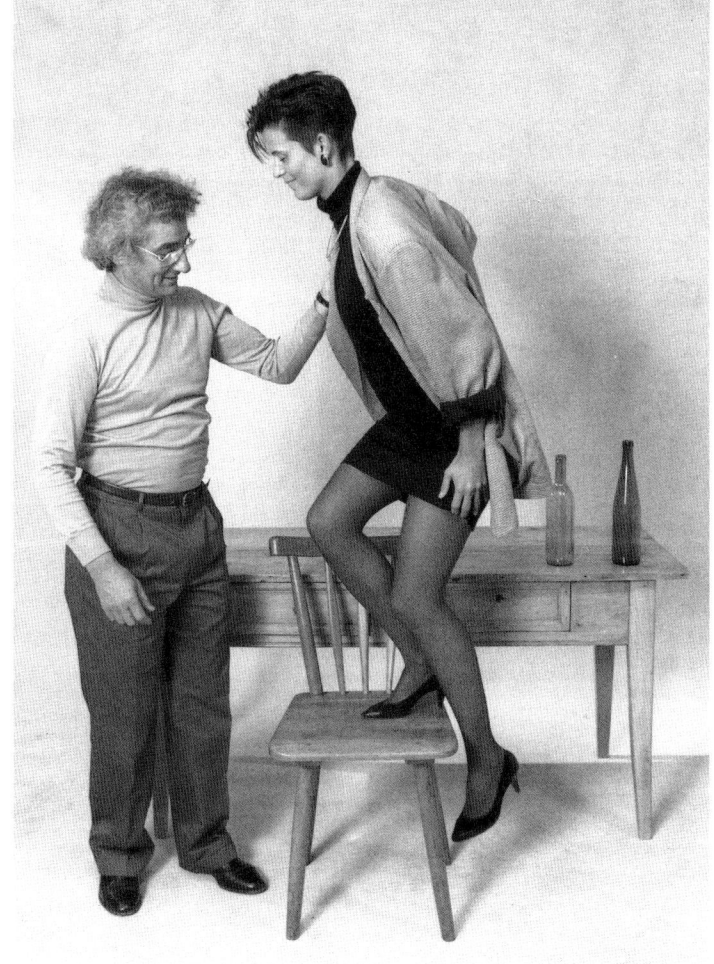

verlaufen. Selbstverständlich antwortet derjenige, der sich führen läßt, auf die Signale des Partners: Ja, ich will. Nein, ich will nicht. Nein, ich will noch nicht. Nicht so schnell und so weiter. Und beide brauchen Zeit, müssen sich Zeit nehmen, um die Zeichen des anderen richtig verstehen zu können.

Wie bin ich als Partner?

Wie bin ich als Partner? Auf diese Frage läuft die Übung hinaus. Sie stellt sich beiden. Für A: Kann ich Signale setzten und nuancieren? Bin ich bereit, auf das Feedback zu warten, das mir sagt, ob mein Partner verstanden hat und aktionsbereit ist? Auch wenn die Aufgabe für mich sehr einfach aussieht. Für B: Bin ich offen für die Signale meines Partners und in der Lage, ihm zurückzumelden, ob ich verstanden habe und aktionsbereit bin? Wird er meine Ängste, mein Zögern verstehen und akzeptieren? Vor allem aber: Bin ich fähig zu vertrauen?

Beide haben bei so reduziertem Code zu bedenken, daß jedes Signal aus-

Vertrauen erleichtert die Aufgabe. Die zweite Stufe wird viel lockerer angegangen. Meine Partnerin läßt sich bis an eine Grenze (Tischkante) führen, die sie selbst wohl fühlt, aber sie vertraut meiner Führung.

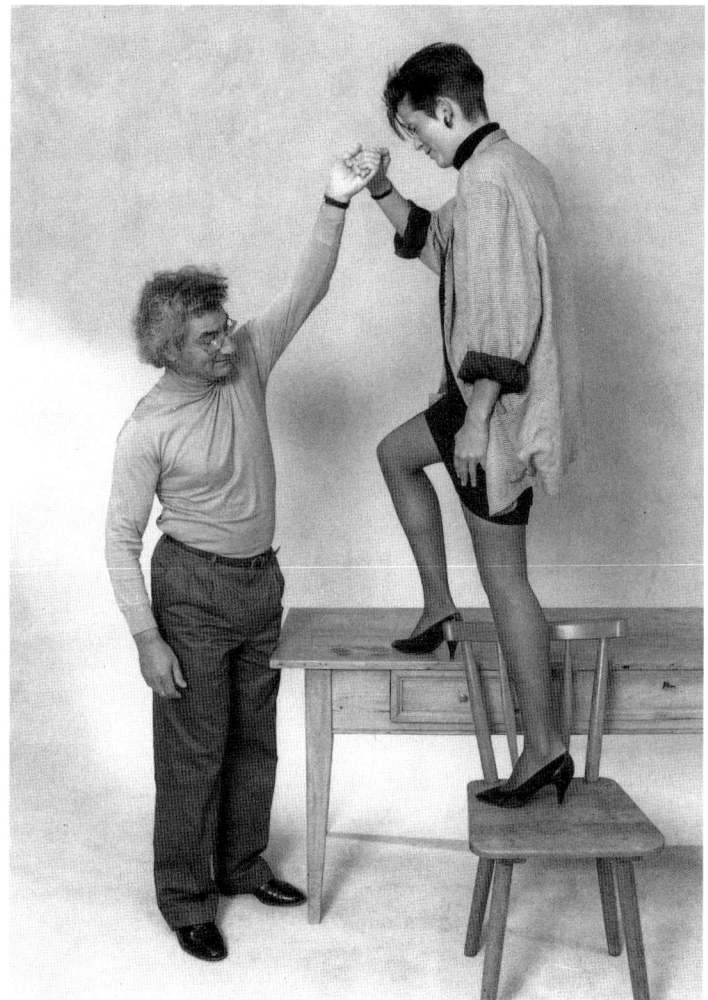

legungsfähig und auslegungsbedürftig ist. Eindeutigkeit ist nicht leicht herzustellen. Wählt der »blinde« Partner eine der gegebenen Möglichkeiten und deutet ihre Ausführung an, kann der »sehende« Partner durch Verstärkung des Signals die Richtigkeit der Wahl bestätigen, durch ein Nein-Signal die falsche Wahl anzeigen.

Konflikte entstehen im Spiel wie im Alltag aus der Diskrepanz zwischen gespeichertem Vorwissen beim »blinden« Partner (ach, das kenne ich schon!) und dem Vertrauen in die Führungsqualitäten des anderen. Um jedenfalls in der Spielsituation dieses Dilemma abzuschwächen, kündige ich in den Partnerschaftsseminaren rechtzeitig an, daß ich den Raum permanent verändere, so wie es auch im täglichen Leben ist, wo alles in Bewegung bleibt und es keinen Stillstand gibt. Und ich tue es auch, sobald die Hälfte der Teilnehmer die Augen geschlossen hat. Das Spiel kann beginnen. Jedem ist freigestellt, wieviel er »wagen« will, ob er einen risikoreichen oder leichten Parcours wählt. Natürlich gibt diese Wahl Hinweise auf das Verhalten in der Partnerschaft, auf Führungsqualität und Risikobereitschaft. Es hat sich als sinnvoll herausgestellt,

Führung kann in kleinen Hinweisen bestehen, die dem Partner Modus und Tempo der Ausführung überlassen.
Führung kann schließlich auch Hilfestellung geben, vor Absturz bewahren.
So lassen sich schwierige Aufgaben gemeinsam, also partnerschaftlich und elegant zugleich, lösen.

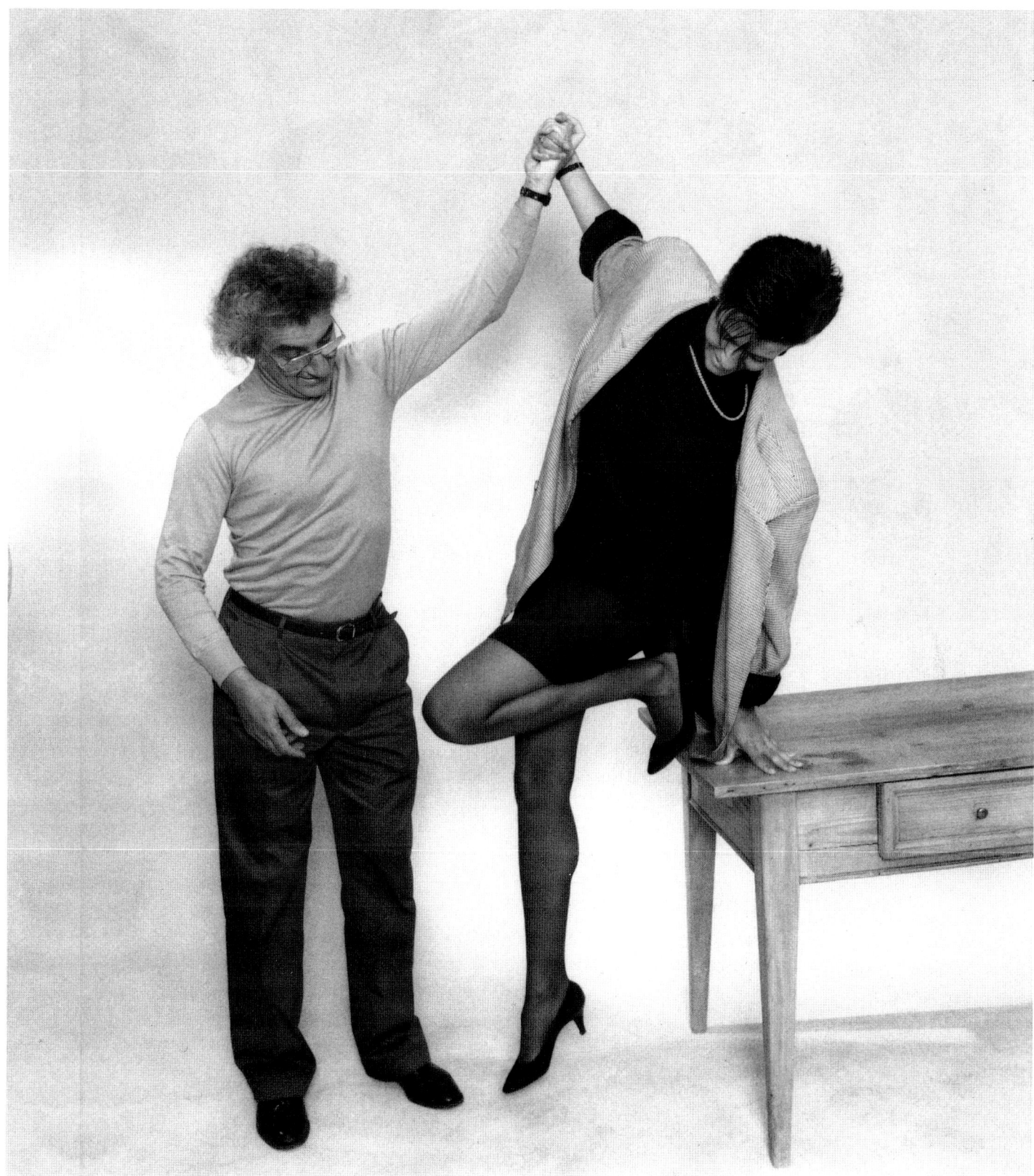

darauf hinzuweisen, daß es bei einer Übung wie dieser zu inneren Spannungen, ja sogar zu Panikgefühlen kommen kann, und zwar selbstverständlich bei den Teilnehmern, die sich blind führen lassen. Es muß jedem freigestellt sein, aus dem Spiel auszusteigen. Nur keine Tapferkeit! Es geht ja um nichts anderes, als ein System und uns selbst in diesem System körpersprachlich zu erfahren. Abgesehen davon, daß es eine merkwürdige Erfahrung für jeden ist, sich blind führen zu lassen, das blinde Vertrauen real zu erleben, ergeben sich Analogien in Fülle zu unserem Verhalten in ganz alltäglicher Partnerschaft.

Harmonische Partnerschaft: Die Handhaltung der beiden Partner ist locker und bietet Spielraum für Informationsaustausch. Der führende Partner läßt den »blinden« Rhythmus und Tempo des Aufstiegs (der Aktion) selbst bestimmen.

Führungsstil

Die Erfahrung von Führen und Geführtwerden wird von beiden Partnern in der Übung gleichermaßen stark erlebt. Auf den ersten Blick sieht es so aus, als müsse das Geführtwerden bei geschlossenen Augen von größerer Erlebnisqua-

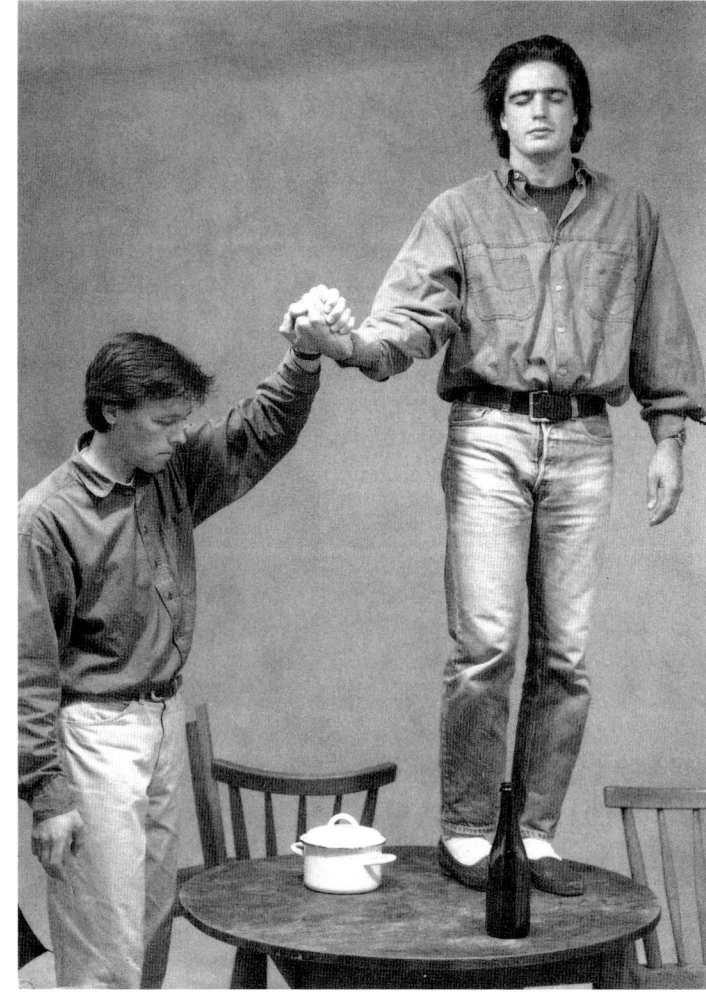

lität sein als das Führen, das aber von mindestens ebenso starker Spannung begleitet ist. Zuallererst kommt deutlicher als irgendwo sonst zum Ausdruck, daß es ein Irrtum ist zu glauben, Führen und Führung seien leichte Aufgaben. In Schweiß geraten bei dieser Übung eher die Führenden als die Geführten. Und wenn ich dann einem der Teilnehmer, der geführt hat, sagen höre: Meine Hand tut richtig weh vom Führen, kann ich das gut verstehen, versage es mir aber nicht, darauf hinzuweisen, daß ihm die Hand weht tut, weil er sich an den hilflosen Partner geklammert hat. Damit fangen die Analogien schon an: Verantwortung für jemanden zu übernehmen, sollte eben nicht heißen, sich an im festzuklammern. Je fester die Klammer, desto spärlicher der Informationsfluß. Wenn ich in meiner Führungsrolle den anderen wie in einem Schraubstock gefangen halte, kann ich weder nuancierte Informationen empfangen noch nuanciert reagieren. Durch Härte und Strenge allein kann keine Führung funktionieren. Instrumente reguliert man feinfühlig, damit sie störungsfrei arbeiten. Führung findet hier ein Vorbild. Der feste Griff verhindert die Feinabstimmung, weil er gleichzeitig das Handgelenk blockiert. Wer den Partner zu fest bei der

Das Signal »Vorsicht Gefahr!« (Geschirr auf dem Tisch) ist angekommen. Mit kleinsten Signalen wird der Abstieg aus der Gefahrenzone vorgenommen. Gute Führung versteht sich auf Nuancen. Hier kommt es darauf an, daß der Partner sich absolut auf die Führung verläßt und nicht auf den Gedanken kommt, selbst zu kontrollieren, zu tasten oder die Richtung angeben zu wollen.

Hand nimmt, kann in der dargestellten Spielsituation Signale nur noch durch Hebelwirkung setzen. Es wird gezerrt, geschoben, und die Bewegungen sind überzogen.

Viele Teilnehmer merken, daß sie so auf dem falschen Weg sind. In einer solchen Übung kommt die Erkenntnis selbstverständlich viel schneller als im privaten oder geschäftlichen Alltag, wo das Problem eines autoritären Führungsstils eine gewaltige Rolle spielt und nicht aufhört zu spielen. In der Übung stellt also einer fest, daß er die führende Hand lockern muß. Nur durch schwache Signale mit einer leblosen Hand verliert man die Führung. Ist der Geführte nicht an eine lockere Führung gewöhnt, wird er unsicher, und sofort wird der Griff des anderen wieder fester. Das muß kein Fehler sein, denn das Signal bedeutet zunächst: Fühlst du mich? Ich bin da, verlaß dich auf mich, ich bin stark genug, um dich zu führen! Alles hängt davon ab, wie es jetzt weitergeht und daß der Griff sich wieder lockert.

Führung erleben

Wir kennen die Probleme von Führung auf allen Ebenen unseres Alltags. Die beschriebene Übung läßt sie uns in einer unkonventionellen, körperlichen Weise unmittelbar erleben. Das ist der »Trick«, der die Alltagsphänomene auf einmal anschaulich macht. Durch die Neuheit des Erlebens werden die Mechanismen bewußt gemacht. Dieselben Erscheinungen im »normalen« Leben sind so stark institutionalisiert in unserem Bewußtsein, daß wir sie kaum mehr wahrnehmen.

Da führt einer seine Firma schon dreißig Jahre lang. Hat er noch das Erlebnis von Führung und Verantwortung? Eines Tages wird beim Arzt klar, woher der hohe Blutdruck, die Herzbeschwerden kommen. Sie sind das Resultat einer Belastung durch Führung und Verantwortung, die nicht mehr Erlebnis waren, sondern Gewohnheit. Innerhalb von zwanzig Minuten – während der beschriebenen Übung – wird Führen wieder erlebbar, als Lust wie als Last.

Eine weitere Erfahrung stellt sich während der Übung nach einigen Minuten ein, wenn ein gewisser Code sich zwischen Führendem und Geführtem etabliert hat. Die Schaffung eines solchen Codes, den beide verstehen, ist von entscheidender Wichtigkeit: Dieser technische Code, also die Festlegung, was bestimmte Signale bedeuten, ist begleitet von einer menschlichen, psychologischen Zeichengebung. Wie antworte ich auf Zögern, auf Unsicherheit, auf Angst? Denn es darf nicht geschehen, daß der führende Partner auf solche Signale nicht reagiert, weil er, dem alle Informationen zur Verfügung stehen, weiß, daß gar kein Problem in Sicht ist. Die Bewegung des »blinden« Partners etwa ist viel zu übertrieben. Auf ein Signal hin, das einen Übergang andeutet, hebt er den Fuß, als sei ein hohes Hindernis zu überwinden. Der Führende hat die Phantasie seines Partners unterschätzt, die jenem eine wer weiß wie große Schwierigkeit suggeriert, die gar nicht existiert. Das Signal, wird er sich sagen müssen, war

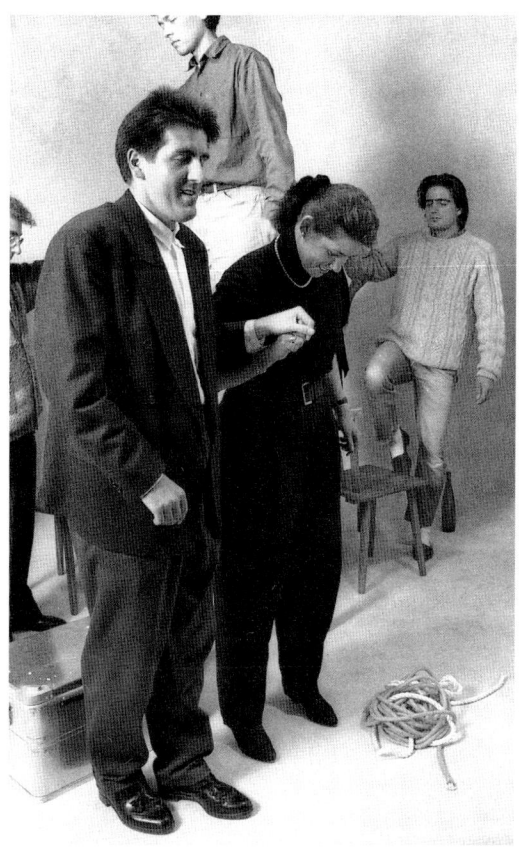

viel zu intensiv. Und nun ist es dem Partner sehr schwer klarzumachen, daß er sich nicht so anstrengen muß, weil das Problem es nicht erfordert. Richtiger ist es, die Intensität zu korrigieren, denn Intensität sowie Geschwindigkeit sind gleichfalls Signale. Sie müssen auf den Partner abgestimmt sein. Wir halten unsere Mitarbeiter vielleicht manchmal in zu großer Spannung, sie glauben, daß ein gewaltiges Problem auf sie zukommt, und sie verausgaben sich aufgrund dieser Ankündigung für eine eher nebensächliche Aufgabe.

Dem geführten Partner unterläuft bei dieser Gelegenheit leicht der Fehler, daß er angestrengt darauf achtet, die vorgestellte Gefahr zu überwinden, dabei aber vergißt, daß er jemanden neben oder vor sich hat, der alles sieht, der die Über-Sicht besitzt. Bald kommt die Phase, in der unser »blinder« Partner glaubt zu verstehen und sich selbständig macht. In fast jeder Partnerschaftskombination beginnt der »Blinde« plötzlich zu führen. In seinem Kopf hat sich ein (Kurz-) Schluß vollzogen: Ich weiß jetzt, wie es geht. Er gibt sich nicht mehr damit zufrieden, mit einem Feedback zu reagieren: Ich habe verstanden und bin aktionsbereit. Statt dessen probiert er selbst, kommt auf den Geschmack, als Blinder den Sehenden zu führen. Er »zieht«, obwohl er den Weg nicht kennen kann. Aber die Stimulanz zur Aktion kommt von ihm. Aktionen, die auf diese Weise entstehen, sind in der Regel sinnlos und gefährlich.

Eine Situation »sieht aus« wie eine schon früher erlebte, und ohne wirklich

Gute Führung sucht sich günstige Ausgangspositionen und entspannte Mitarbeiter. *Links* ist die führende Partnerin mit sich und dem kleinen Hindernis vor ihr beschäftigt. Der Partner ist in seiner Anspannung allein gelassen. *Rechts* zeigt sich die falsche Ausgangsposition. Viel zu hoch streckt sie ihren Arm empor, und prompt hebt der Geführte seinen Fuß viel höher als nötig wäre. Was machen sie, wenn es noch höher hinausgehen soll? *Rechts am Bildrand:* Gute Führung läßt hohe Hindernisse leicht überwinden.

Führung in Kinderschuhen

Da zieht er sein Stofftier *(Bilder oben links)* ein Stück weit und wirft es um. Schadenfreude: Warum warst du so vertrauensselig?
Aber dann übt er regelrecht Führung und Verantwortung, übt Rücksicht und löst *(mittleres Bild rechts)* seine Aufgabe: Siehst du, ich kann's!

Einblick zu haben, entschließt er sich, die Aktion durchzuführen »wie früher«, ohne auf die Signale seines Partners zu achten – und schon ist das Malheur passiert. Der Tisch, auf dem er schon einmal gegangen zu sein glaubt, hat diesmal in der Mitte ein Loch, oder es stehen diesmal Flaschen und Gläser darauf, die er zerbricht. Vielleicht zögert er auch an einer Stelle, weiterzugehen, weil der Tisch beim vorigen Mal nur zwei Meter lang war, die er mit zwei Schritten hinter sich gebracht hat. Mit dem dritten glaubt er abstürzen zu müssen, denn er kann ja nicht sehen, daß durch eine »Fusion« jetzt zwei Tische miteinander verbunden sind. Sowohl sein Zögern wie zuvor seine selbständige Aktion erzeugen Störungen. Analogien zum Alltagsleben stellen sich ein: Einer glaubt wie immer richtig zu verfahren und hat die neuen Paragraphen eines Vertrags übersehen (Gläser und Flaschen auf dem Tisch). Oder: Ein Vater kommt zufällig an der Schule seiner Kinder vorbei und nimmt sie mit nach Hause, weil er weiß, sie haben immer um zwölf Uhr Schulschluß. Als er zu Hause ankommt, ist die Mutter nicht da, denn sie hat sich etwas anderes vorgenommen, weil für die Kinder ein Schulnachmittag geplant war.

Was passiert, wenn Führung ihre inspirierende Kraft verliert? Führung hat nicht nur einen mechanischen, funktionalen Aspekt, sie muß auch die Spannung zwischen Führendem und Geführtem aufrechterhalten, sonst fühlt sich der Geführte nicht genug in Anspruch genommen. Er hat das Gefühl, sein Potential kann sich nicht entfalten, und aus Langeweile übernimmt er selbst die Führung. Enttäuschend ist, und das halte ich für typisch, die Erfahrung dessen, der gut führt. Je besser einer führt, um so spärlicher werden die Streicheleinheiten, die er erhält. Denn nehmen wir an, der Geführte ist an kein Hindernis gestoßen und bekommt auch hinterher die vielen Hindernisse, die auf dem Weg lagen, nicht zu sehen, wird er nicht die Führungsleistung des Partners unterschätzen? Wird er nicht sagen: Was hat der schon getan? Wäre er aber gelegentlich an ein Hindernis gestoßen, hätte er beim Anblick der vielen Hindernisse gedacht: Er führt mich trotzdem sehr gut, wahrscheinlich ist es sehr schwer! Es ist ganz leicht, diese Führungssituation auf ein Wirtschaftsunternehmen zu übertragen: Alles läuft wie geschmiert, es gibt keine Reibungsverluste. Was daraus gefolgert wird, ist die Meinung: Was machen die eigentlich da oben? Haben die überhaupt etwas zu tun? Gute Führung erhält wenig Lob, weil gute Führung nicht spürbar wird; es sei denn, man macht die Augen auf und sieht – wie in unserer Übung –, welche Hindernisse zu überwinden waren und wie die gute Führung sie bewältigt hat. Jeder Jongleur oder Seiltänzer kennt diesen Effekt. Nach einer gewissen Zeit nimmt das Publikum das Vorgeführte als selbstverständlich hin. Deshalb baut der Artist einen kleinen Ausrutscher ein: Er stolpert auf dem Seil; es gelingt ihm nicht sofort, den Löffel in die Gläserpyramide zu werfen. Beim zweiten, dritten Versuch, wenn es schließlich gelingt, erntet er doppelten und dreifachen Applaus.

Mißtrauen – Feind der Partnerschaft

Pannen werden überbewertet, wenn nicht sofort eine neue Chance gegeben wird. Die Übung des Blindgeführtwerdens macht es beispielhaft klar. Da braucht einer nur einmal, höchstens zweimal anzustoßen und schon entzieht er dem Führenden das Vertrauen. Er versucht alles lieber auf eigene Faust, beginnt zu kontrollieren, statt sich führen zu lassen. Vorausgeschickt sei, daß Pannen sich in der Tat deshalb ereignen, weil der führende Partner nicht aufgepaßt hat, vorausgesetzt, der Code war bekannt und es mangelte nicht an der Verständigung. Allerdings gibt es noch eine andere Variante, von der schon die Rede war, daß nämlich der »blinde« Partner der Meinung war, schon zu wissen, was kommt. Diese Art des antizipierenden und, wie sich dann herausstellt, falschen Verständnisses, ist weit verbreitet. Die Schuld wird auf den Führenden geschoben.

Ich lege einen Gegenstand, eine Metallrolle in den Raum. Der sehende Partner führt den »blinden« darauf zu. Sein Signal, den Fuß zu heben, um darüber hinwegzusteigen, wird befolgt, dennoch stößt der »Blinde« mit dem Fuß leicht an die Rolle. Mißtrauen ist die Folge und der natürliche Wunsch, nun selbst zu kontrollieren, was man da vor sich hat. Logisch betrachtet ist das aber ein unnützes und zeitraubendes Unterfangen, denn der sehende Partner hat den Gegenstand ja vor Augen. Die Prüfung durch den »blinden« Partner hemmt die Dynamik des Vorgangs. Liegt die Rolle lose auf zwei Stützen, kann der tastende Fuß des »Blinden« sie herabstoßen, und es gibt einen lauten Knall. Das ist der kleine Betriebsunfall, der der Presse zu Ohren kommt und zum Skandal wird.

Neben dem Mißtrauen in Führung überhaupt, spielt persönliche Angst des geführten Partners eine hemmende Rolle. Das blinde Vertrauen kann sich aber, wenn alles gutgeht, tatsächlich einstellen: Der andere führt mich, ohne daß ich mich stoße. Ich kann mich auf ihn verlassen. Jedoch kann sich, auch bei absolut fehlerfreier Führung, die Angst einstellen. Je länger die »Blindheit« währt, um so stärker akkumuliert sich ein Angstgefühl. Der geführte Partner verkrampft sich. Und nun zeigt sich von neuem ein Anhaltspunkt für Führungsqualität: Wer hat während der Übung einen Blick dafür, ob sich die Schulterpartie seines Partners verkrampft? Wer hat für dieselbe körperliche Erscheinung, frage ich weiter, im Alltag bei seinem Gesprächspartner ein Auge? Wir reden weiter, obwohl wir sehen könnten, daß unser Partner durch verspannte Haltung deutlich signalisiert, daß er mehr und mehr unfähig wird, Informationen aufzunehmen. Vielleicht liegt es daran, daß die Selbstsicherheit des Führenden ihn verletzt. Indem der weiterredet, liefert er seinem Partner erst den Beweis. Dabei wäre es einfach, festzustellen, wann der andere Schutz sucht vor der Übermacht des Führenden; er hebt die Schultern, um den Hals zu schützen. Zeit, die Ansprüche zurückzuschrauben und eine Verschnaufpause einzulegen. Darin liegt ein Teil von Führungstechnik überhaupt: Der Anspruchsphase muß eine Zeit der Entspannung folgen. Die Wirtschaftswelt kennt häufig nur den Anspruch und übersieht die Notwendigkeit der rekreierenden Pausen. So verschleißt sie ihre besten Kräfte. Jedenfalls nimmt der Streß auf diese Weise immer mehr zu, und die Menschen werden immer unsicherer. Der verkrampfte Partner ist nicht mehr in der Lage, subtilere Signale aufzunehmen. Es wäre vernünftig, nach großen Aktionen eine Pause einzulegen, bevor mit neuer Kraft die nächste Aufgabe bewältigt wird. Man muß einen Erfolg genießen können.

Der Blick über die Schulter

Dynamischer Führungsstil hat seine Grenzen. Ich demonstriere es wieder mit einem Ausschnitt aus unserer Übung. Einer führt und hat sich vorgenommen, das Hindernis Tisch durch eine Unterquerung zu überwinden. Er kommt durch, aber er hat vergessen, zurückzuschauen, ob es seinem Partner auch gelingt. Für ihn ist klar: Es gibt kein Problem, deswegen unterläßt er den notwendigen Blick über die Schulter, der ihm gesagt hätte, ob der Partner es schafft oder nicht. Denn der weiß nicht, worunter und warum sie beide kriechen, wie hoch oder wie breit der Durchlaß ist. Und so wird eine Situation, die ohne Schwierigkeiten zu bewältigen gewesen wäre, zum Problem. Mehr noch: Wenn der Führende sich nach überstandener Gefahr wieder aufrichtet und vergißt, daß der Partner seine Hand hält und jede Bewegung als Signal wertet, stößt sich dieser den Kopf. Wer führt, muß damit rechnen, daß jede seiner Bewegungen umcodiert und gewertet wird.

Gerade bei scheinbar problemlosen Vorgängen unterstellt der Führende, daß auch der Partner damit keine Schwierigkeiten haben wird. Ein häufiger Fehlschluß wird hier drastisch vor Augen geführt, wenn der Partner sich den Kopf an der Tischplatte stößt. Denn für den »blinden« Partner besteht kein Unterschied zwischen den Hindernissen, die der Führende für groß oder klein hält. Gut geführt stößt er sich an keinem, schlecht geführt an vielen oder an allen. Führungsqualität hängt entscheidend davon ab, ob einer begreift, daß Situationen, die für ihn selbst ohne weiteres zu bewältigen wären, für den Partner, die Mitarbeiter, die Ehefrau, den Lebensgefährten, die Kinder problematisch sind. Für den Führenden mag das Hindernis geringfügig sein, er darf deshalb nicht aufhören zu führen, denn der andere, hier »blinde« Partner, ist auf seine Führung angewiesen.

In fremden Kulturen hat der Führende besondere Aufgaben; auch bei scheinbar unwichtigen Aktionen muß er seiner Führungsrolle gerecht werden, seinen Besucher geleiten. So ist es in Lateinamerika unhöflich, wenn Blumen ohne Verpackung überreicht werden. Sie sollten in Cellophan gehüllt sein, damit bewiesen ist, daß sie nicht auf einem billigen Markt gekauft wurden.

Als nach dem Friedensvertrag zwischen Ägypten und Israel Premier Menachem Begin die Frau des ägyptischen Präsidenten Sadat öffentlich vor allen TV-Kameras umarmte, kam dies einer Beleidigung der Araber gleich, weil eine verheiratete Frau sich unter keinen Umständen von einem fremden Mann umarmen lassen darf.

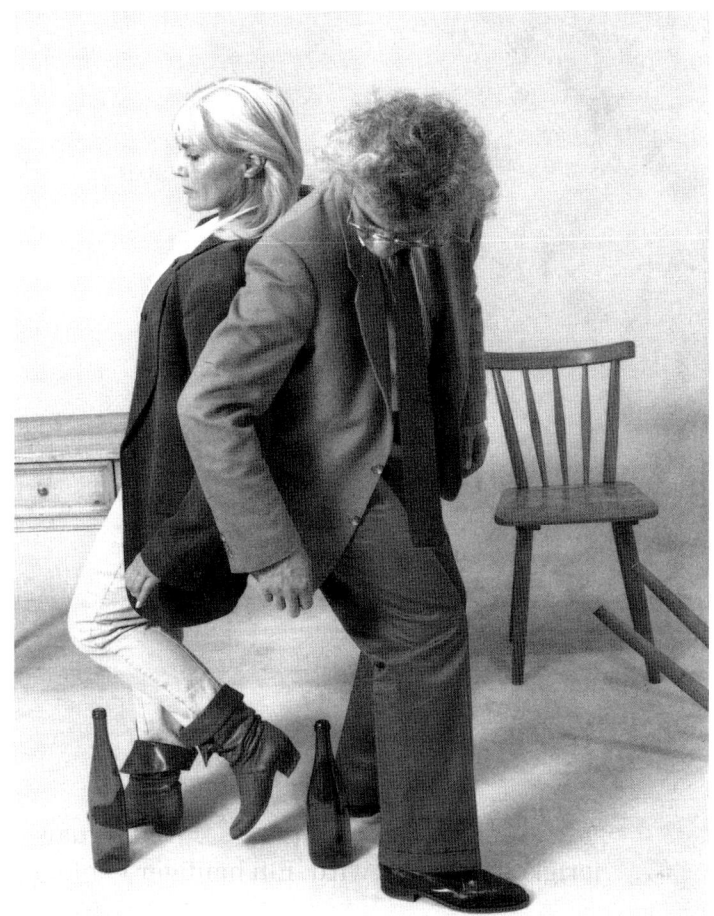 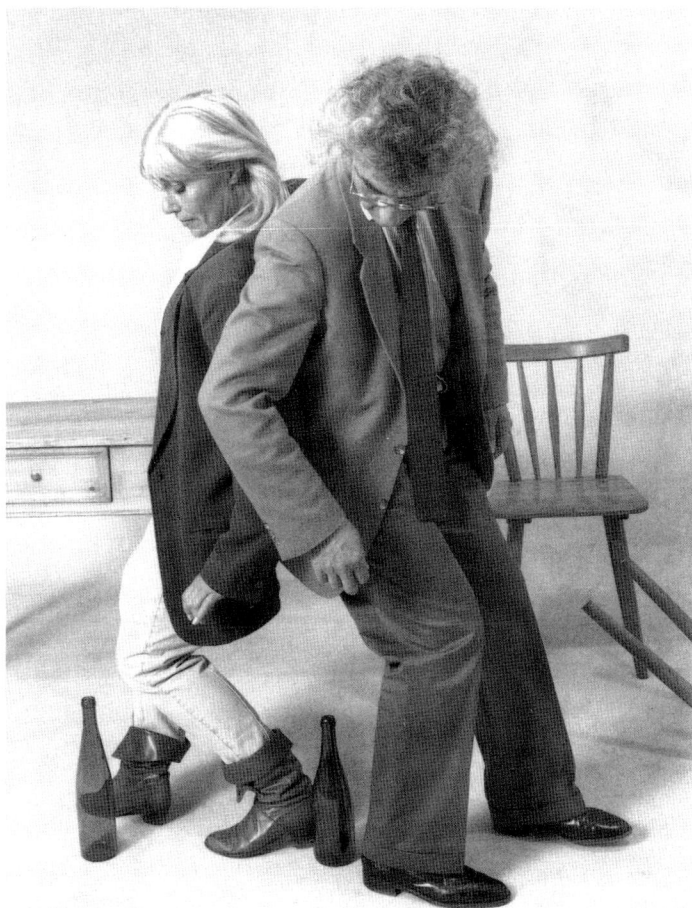

Bei meinem Besuch in Rotchina bat meine Frau während des Essens um Reis, wie sie es aus chinesischen Restaurants in Europa gewöhnt war. Die Gastgeber reagierten irritiert, ließen jedoch sofort Reis servieren. Am Schluß des Essens kam unaufgefordert noch einmal der Reis. Wie wir später erfuhren, kam das Verlangen nach Reis einer Beleidigung gleich. Reis aßen nur die Armen, die nichts anderes besaßen. Bei Reichen und Würdenträgern wurde der Reis am Schluß der Mahlzeit serviert und von den Gästen höflich zurückgewiesen: Es war genug zu essen auf dem Tisch, wir brauchen keinen Reis zum Sattwerden.

Der Weg ist voll Hindernisse. Schaust du auch einmal hin? Nicht immer ist Aufgabenteilung das Rezept. Hier sehen vier Augen genauer als zwei.

Das Vertrauensdefizit

Der Störfaktor Mißtrauen wurde schon angesprochen. Er spielt eine zerstörerische Rolle in vielen Beziehungen, in mancher Partnerschaft. Für den führenden Partner ist es ein deprimierendes Erlebnis, wenn der andere ständig versucht zu kontrollieren. Das Vertrauen hat Löcher und der Führende das Gefühl, daß man ihm seine Aufgabe nicht zutraut. Dazu kommt es, auch ohne daß sich

155

irgendeine Panne ereignet hätte. Das bedeutet aber, daß der Mangel an Vertrauen nichts mit dem führenden Partner zu tun haben muß, sondern mit dem Geführten, mit uns selbst. Es gibt so etwas wie eine unbewußte Abwehr, sich führen zu lassen. Die Reaktion des Führenden auf das mangelnde Vertrauen ist zunächst Enttäuschung: Er müßte wissen, daß ich ihn sicher führe, warum versucht er, mich ständig zu kontrollieren? Und schon ist ein eskalierendes System in Gang gesetzt; bewußt, unbewußt läßt der Führende den mißtraui-

Ich habe Angst zu stolpern, obwohl nichts vorhanden ist, worüber ich stolpern könnte. Meine Angst jedoch ist real und muß von dem führenden Partner respektiert werden. Zieht der mich rücksichtslos weiter, vermehrt er damit meine Angst und verstärkt meine Abwehr. Führen Sie Ihren Partner ruhig einmal um ein nicht vorhandenes Hindernis herum, wenn er so sehr daran glaubt. Spürt er, daß sein Stopsignal respektiert wird, wird seine Bereitschaft, größere Risiken anzunehmen, verstärkt.

schen Partner in eine Falle stolpern: Ich werde dir zeigen, was deine Kontroll-versuche wert sind! Der Chef rächt sich, wenn einer seine Führungsqualitäten anzweifelt. Abgesehen davon, daß Mißtrauensaktionen zu Verzögerungen führen, ist nicht auszuschließen, daß sie Gefahren heraufbeschwören.

In unserer Übung steht ein Glas am Tischrand. Der »blinde« Partner wird dar-an vorbeigeführt, und nichts geschähe, wenn er sich führen ließe. Er kontrolliert aber mit der Hand die Fläche und fegt das Glas vom Tisch. Ein harmloser, aber unnötiger Vorfall. Übertragen auf das Wirtschaftsleben heißt das: Ein Partner, der sich auf die Führungsrolle eines anderen verlassen sollte, kontrolliert dessen Entscheidung, indem er Erkundigungen einzieht; dies leider bei Konkur-renten oder Kunden, denen er dadurch Informationen an die Hand gibt, die sie keinesfalls erhalten sollten. Er war nämlich nicht in der Lage, das Geschäft zu überblicken, war »blind«. Unter Umständen wird der ganze Handel zum Flop.

So gilt es, sich stets seiner Rolle in einer bestimmten Situation bewußt zu sein. Für den »blind« geführten Partner heißt das, sich auf die Signale des Sehen-den zu verlassen, nicht kontrollieren zu wollen, was er nicht kontrollieren kann. Ich erinnere an meine Auslegung von Vertrauen. Kommunikation ist die Grund-lage einer funktionierenden Partnerschaft. Darauf haben wir uns zu konzen-trieren. Wir müssen unserer Hauptinformationsquelle Priorität einräumen, damit wir unsere Energie nicht unnötig vergeuden. Entschließen wir uns zu vertrauen, sollten wir es nicht halbherzig tun. Die Entscheidung darüber, wen und was wir für glaubwürdig halten, muß dem Entschluß vorausgehen. Im Zweiten Weltkrieg beispielsweise war es besser, den Nachrichten der BBC zu glauben als dem offiziellen deutschen Rundfunk.

Wagnisse

Führung kann in ungeahnte Höhen führen, in denen der führende Partner plötzlich die Orientierung verliert. In der Spielsituation wird das drastisch vor Augen geführt. Da steigt einer kühn auf den Tisch und läßt den ohnehin unsi-cheren Partner folgen. Er steht aber plötzlich vor dem Dilemma, wie er wieder herunterkommt. Und nun wird ihm auch klar, daß er ja nicht nur für seinen Abstieg verantwortlich ist, sondern auch noch für den des anderen. Er empfindet die Belastung doppelt, denn er hat den Partner in eine Situation gebracht, in der dessen Grenzen die eigenen Fähigkeiten (Führungsqualitäten) überfordern. Springt er ab, ist das Risiko groß, die Führung zu verlieren, obwohl er die Verbindung nicht abreißen lassen muß und die Chance behält, den anderen sicher herunterzuleiten, wenn er selbst wieder Boden unter den Füßen hat. Ich habe darauf hingewiesen, daß es schlechter Führungsstil ist, wenn man den Partner unterschätzt, ihm zu wenig abverlangt, da er gefordert werden will. Hier wird wieder einmal die Kehrseite der Medaille sichtbar, und zwar in zweifacher Hinsicht: Da überschätzt einer die eigenen Führungsquali-täten und zugleich die Belastbarkeit seines Partners.

Ich demonstriere Mißtrauen in der Partnerschaft. Mangelndes Vertrauen führt dazu, kontrollieren zu wollen, was man nicht kontrollieren kann. Zwischen Führung und Geführtem kommt es zu Spannungen *(links)*.

Das Resultat folgt auf dem Fuß: Es gibt Scherben. Das ist wie das Auslösen eines Skandals, der auf einmal die Öffentlichkeit beschäftigt. Die Handbewegung zeigt, daß der Mißtrauische dabei ist, seine Fehler zu wiederholen. Er wird nie begreifen, daß der Fehler nicht bei der Führung lag, sondern bei seiner Initiative, prüfen zu wollen, was dem anderen klar vor Augen stand.

Ein Seminarteilnehmer führte zum Beispiel seine Partnerin mit großem Elan über den Hindernisparcours, und ermutigt durch seinen Erfolg, ließ er sie einen Tisch besteigen, hatte jedoch übersehen, daß die Dame dabei in große Schwierigkeiten geriet durch den engen Rock, den sie trug. Beim Abstieg verstärkte sich das Problem, da es die Geführte unbedingt vermeiden wollte, durch das Hochziehen des Rocks ihre Schenkel zu entblößen. Die Aufgabe wurde dann mit großem Zeit- und Energieaufwand bewältigt, da sich schließlich nahezu für jede Situation Lösungsmöglichkeiten finden. Der Mann in der Führungsrolle hätte sich und seiner Partnerin das Ganze ersparen können, wenn er darin geübt gewesen wäre, auf die subjektiven Möglichkeiten und Handikaps seiner Partnerin zu achten. Laufen wir nicht oft Gefahr, unseren Partner unnötig bloßzustellen?

Bevor ich jemanden, der nicht bergerfahren ist, auf eine Bergtour mitnehme, muß ich mich fragen, ob ich selbst in der Lage bin, den Berg sicher zu bewältigen, so daß mir Kraft bleibt für die Führungsrolle; und ich muß mir meinen Bergkameraden genau ansehen, ob er der Aufgabe auch gewachsen ist. Ehe ich einen großen Auftrag übernehme, habe ich zu prüfen, ob meine Organisation dadurch nicht überfordert ist und mein Betrieb die Kapazität hat, ihn ohne Schwierigkeiten über die Bühne zu bringen.

Wagnis an sich ist weder gut noch schlecht. Wer etwas wagt, potenziert seine Alternativen, gewinnt dabei aber nicht immer. In der Partnerschaft, müssen wir hinzufügen, ist es notwendig, sowohl die eigenen wie die Grenzen des anderen zu erkennen.

Der nonverbale Austausch oder hier, besser gesagt, das Ausschalten der verbalen Kommunikation in der Übung macht erhöhte Aufmerksamkeit nötig und – eine immer wiederkehrende Beobachtung – mobilisiert sie auch. Eine Teilnehmerin erzählt: »Ich hatte sehr große Schwierigkeiten, mit geschlossenen Augen zu gehen. Als mein Partner mich von draußen wieder in den Raum führte, wurde es noch einmal viel dunkler für mich, mir war, als gingen wir in ein schwarzes Loch. Ich blieb einfach stehen. Dabei erinnerte ich mich daran, daß ich schon als Kind beim Blindekuhspielen dasselbe Gefühl von Bodenlosigkeit hatte.«

Ohne diese Information zu kennen, reagierte der Partner richtig; über die Hand-Verbindung spürte er die Verspannung, die Angst; das Stehenbleiben nahm er als deutliches Signal wahr. Er verzichtete auf einen risikoreichen Parcours und blieb bei leichten Aufgaben. Es ist durchaus möglich, daß sich bei längerer Dauer der Übung das Vertrauen in die kluge Führung des Partners so weit gefestigt hätte, daß die Teilnehmerin eine behutsame Steigerung des Schwierigkeitsgrades bereit gewesen wäre zu akzeptieren. Wie bei jeder Führung, spielt auch hier der Zeitfaktor eine große Rolle. Jedenfalls aber kann es richtig sein, sich mit weniger zufriedenzugeben, wenn die Überwindung eines Risikos zu einer Zerreißprobe werden könnte. Über den Einzelfall hinaus ist eine Bemerkung im Bericht der Teilnehmerin auch noch aufschlußreich für das Verhalten in einer Partnerschaft. Als ihre Unsicherheit stieg, sie vom

Führen und Geführtwerden:
Sind meine Signale verständlich?
Gibt der »blinde« Partner mir
das Feedback?
Kleine sanfte Signale sind
genauer als großräumige und
abrupte. Das stark gebogene
Handgelenk sperrt den feinen
Informationsfluß. Handhaltung
korrigieren!

Rechte Seite
Gute Handhaltung schafft einen
subtilen Kontakt.

Dunklen ins noch Dunklere trat, blieb sie stehen. Übersetzt heißt das: Sie stellte ihrem Partner eine Frage. Wenn sie trotz Unsicherheit mitgegangen wäre, hätte er annehmen können, es sei, die kleine Verspannung nicht gerechnet, alles in Ordnung. Fragen (Stehenbleiben) gehört zu den wichtigsten Grundlagen einer Partnerschaft. Viele Menschen scheuen sich zu fragen, weil sie ihre Unsicherheit verbergen wollen. Wie oft rennt oder fährt einer stundenlang im Kreis, statt anzuhalten und jemanden nach dem Weg zu fragen? Wie oft hören wir in einer Partnerschaft: Warum hast du mich nicht gefragt, ich hätte dir sofort sagen können, daß... Wir sollten das Anhalten in Kauf nehmen, das Zeit kostet, aber sehr viel verlorene Zeit spart. Außerdem kann keine Rede davon sein, daß Fragen mein Ansehen mindert. Fragen ist ein Wagnis, das ich gern übernehme. Fragen verrät keine Unsicherheit, im Gegenteil: Wer fragt, ist souverän. Wenn wir davon ausgehen, daß alle Antworten vorhanden sind, geht es nur um die richtige Frage. Führungsqualität manifestiert sich darin, Fragen nicht zu verhindern, sondern sie herauszufordern. Der Mann, der seine Maschine abstellt, weil ihm ein Zweifel kommt, sollte jedenfalls nicht hören müssen: »Mann, warum schalten Sie die Maschine ab, Zeit ist Geld.« Vielmehr müßte er hören:

»Stimmt etwas nicht? Fehlt Ihnen eine Information?« Denn wer den Zweifel des Partners respektiert, verhindert größeren Schaden als nur augenblicklichen Zeitverlust.

Keine Angst also vor zeitweisem Stillstand, der auch der Feinabstimmung dienen kann. Ich spreche immer von dem Code, der sich zwischen Partnern entwickeln muß. Wie soll das geschehen, wenn alles sozusagen im Laufschritt passiert? Übereifer verhindert Abstimmung.

Ich nehme ein Signal wahr, und um zu beweisen, daß ich es bereits verstanden habe, oder um nicht zuzugeben, daß ich es nicht ganz richtig verstanden habe, verstärke ich es in meiner Reaktion. In der Übung heißt das: Der Partner gibt eine leichte Linkswendung vor; ich drehe mich um neunzig Grad nach links. Übertragen in den Geschäftsalltag: Einer wird beauftragt, für eine Großgaststätte hundert Aschenbecher zu ordern; er hört nur Aschenbecher und »Groß«gaststätte und ordert tausend Stück, um zu beweisen, daß er alles richtig verstanden hat. Aktion soll die schlechte Kommunikation vernebeln. Noch einmal: Keine Angst vor Stillstand, denn nur die großen Hebelbewegungen stehen still. Der Informationsaustausch geht weiter, und er mindert das Risiko. Große Vorsicht aber ist denen gegenüber angebracht, die alles stets sofort verstanden zu haben vorgeben. Wer sich auf Feinabstimmung nicht einlassen will, weil er sowieso schon alles weiß, wird in der Folge schwer zu führen sein, denn er kann auf nuancierte Signale nicht reagieren, weil er den Code nicht kennt, sondern nur die grobe Richtung. Dem Führenden bleibt kaum eine andere Wahl, als die Intensität seiner Signale zu steigern; nicht selten löst er damit Panik aus. Wenn er klug ist, ruft er den Voreiligen zurück und besteht darauf, die Signale, den Code mit ihm zu klären. Rationeller wäre es gewesen, der andere hätte rechtzeitig gefragt. Feinabstimmung ist permanent notwendig, denn das Leben ist eine große Improvisation. Wer bekommt schon das Drehbuch seines Tages vollständig auf den Frühstückstisch gelegt?

Der Energieaufwand

Selten denken wir darüber nach, daß Partnerschaft Energie verbraucht. Wir stellen meist nur die Pannen fest, die durch Unaufmerksamkeit dem oder den Partnern gegenüber entstehen. Dieses Nachlassen der Aufmerksamkeit gehört in den Zusammenhang nachlassender Energie. Eine Teilnehmerin in einem Partnerschaftsseminar, die ihre Rolle als Führende absolviert hatte, berichtete, wie sie im Gesicht des Partners immer wieder nach einer Reaktion auf ihre Führungsleistung gesucht, dessen Pokerface aber nichts hergegeben habe. Erst als sie ihn umständlich einmal zum Sitzen gebracht habe, sei ein Lächeln über sein Gesicht gehuscht. Dies habe sie als Belohnung empfunden – endlich einmal.

Es war schon davon die Rede, wie wenig Dank eine gute Führungskraft erntet, weil die zu überwindenden Schwierigkeiten als zu gering erachtet werden. Was in diesem Fall jedoch zusätzlich deutlich wurde – als sich herausstellte, daß viele Partner an dieser Stelle, nämlich der des Niedersetzens, ein ähnliches Erlebnis hatten –, war die Tatsache, daß es weniger die »blinden« Partner waren, sondern vielmehr die führenden, die diese Pause als erwünschte Entlastung empfanden. Es zeigte sich exemplarisch, wie anstrengend die Führungsrolle ist. Dagegen wurde das Geführtwerden von vielen als genußvoll empfunden. Wir brauchen nicht lange zu suchen, um festzustellen, daß viele Menschen sich lieber führen lassen, als selbst zu führen. Nicht ohne Grund ist die Herzinfarkt- und Magengeschwürrate in den oberen Etagen der Wirtschaftsunternehmen höher als im Mittelbau. Und es kommt nicht darauf an, wo Führung gefordert wird. Die Hausfrau, die häufig die Kindererziehung so gut wie allein zu bewältigen hat, nimmt eine Führungsaufgabe wahr, die der eines Managers oder einer Managerin im Kräfteverbrauch durchaus entspricht. (Einkaufen, Kochen, Kinder, Schule, Kurse, Transporte, Krankenpflege.) Natürlich erklimmt eine oder einer freiwillig die Führungsleiter. Was ihr oder ihm aber auf jeden Fall gebührt, ist Anerkennung von seiten des Partners. Was kann sie oder er für sich selbst tun? Größere Pausen sind das längst bewährte »Geheim«rezept. Zwar gewöhnt man sich bald an gewisse Belastungen, die Gewöhnung jedoch hebt die Belastung nicht auf.

Rhythmuswechsel als Gefühlsausdruck

Das partnerschaftliche Miteinander von Führen und Geführtwerden wird durch Rhythmusänderung von seiten eines Partners, meist des Führenden, auf die Probe gestellt. Die Bewältigung von Hindernissen war für alle Teilnehmer der Übung eine einverständlich angenommene Aufgabe. Ein einfacher Rhythmuswechsel jedoch, wie in einem Fall der Übergang vom Gehen in einen Tanzschritt, wird kaum akzeptiert, weil er unmotiviert erscheint. »Wieso soll ich grundlos hopsen?«, sagte eine Teilnehmerin. Vielleicht hätte sie am Hopsen Spaß gefunden und damit den Grund nachgeliefert bekommen. Vertrauen in die Führung des Partners heißt auch, sich scheinbar unmotivierten oder unkonventionellen Signalen gegenüber aufgeschlossen zu verhalten. Statt dessen hören wir auch im Alltag auf überraschende Vorschläge häufig die Antwort: Nein, das haben wir so noch nie gemacht! Führung ist nicht allein dazu da, Probleme zu meistern, sie kann auch Vergnügen bereiten wollen und die Wege zu neuen Möglichkeiten öffnen. Rhythmuswechsel ist deshalb eine Herausforderung in der Partnerschaft, weil er unmittelbar mit unserem Organismus zusammenhängt. Unser Gefühl hat direkten Einfluß auf unseren Atem, den wir nicht beherrschen, da er vom vegetativen Nervensystem gesteuert wird. Wenn wir rennen, geraten wir außer Atem, und unser Körper zwingt uns dazu, uns »auszupusten«, dem ruhigen Atemholen wieder Platz zu geben. Aufregung löst die gleiche Reaktion aus, nur pusten wir nicht aus, sondern versuchen, den unregelmäßigen Atem unter Kontrolle zu bringen. Alle Gefühlszustände haben mit dem Atmen und dem Körperrhythmus zu tun. Am Atmen erkenne ich die Gefühlsregung meines Partners. Es kommt hier nicht darauf an, zu wissen, ob die Atmung den Rhythmus oder der Rhythmus die Atmung beeinflußt. Es handelt sich um eine Wechselwirkung, die außer durch körperliche Anstrengung auch von unserem Gefühl beeinflußt wird. Übrigens fühlen wir uns nach einem Dauerlauf auch anders als nach dem Mittagsschlaf. Indem wir durch Rennen Rhythmus und Atem beschleunigen, überwinden wir zum Beispiel einige unserer Gefühlshemmungen. Deshalb sind alle Arten von Sport hilfreich für Kommunikation und Annäherung.

Wie stark Gefühle auf Atem und Rhythmus wirken, läßt sich in jedem Gespräch feststellen, in dem die Meinungen weit auseinandergehen und bei den Gesprächsteilnehmern Emotionen ins Spiel kommen. Heftige Gefühle wirken auf die Atmungsorgane und übertragen sich auf das Zwerchfell; die Stimme verändert sich, wird lauter, höher, unter Umständen kreischend. Sprechen entsteht in der Hauptsache durch den Druck von Luft auf die Stimmbänder. Wo entsteht der Druck? Entsteht er im unteren Teil des Körpers, in der Becken-

Enge Bindung macht permanente Abstimmung erforderlich: Signal – Bewertung – Feedback – Aktion. Das kostet Zeit, bringt aber exakte Ergebnisse.

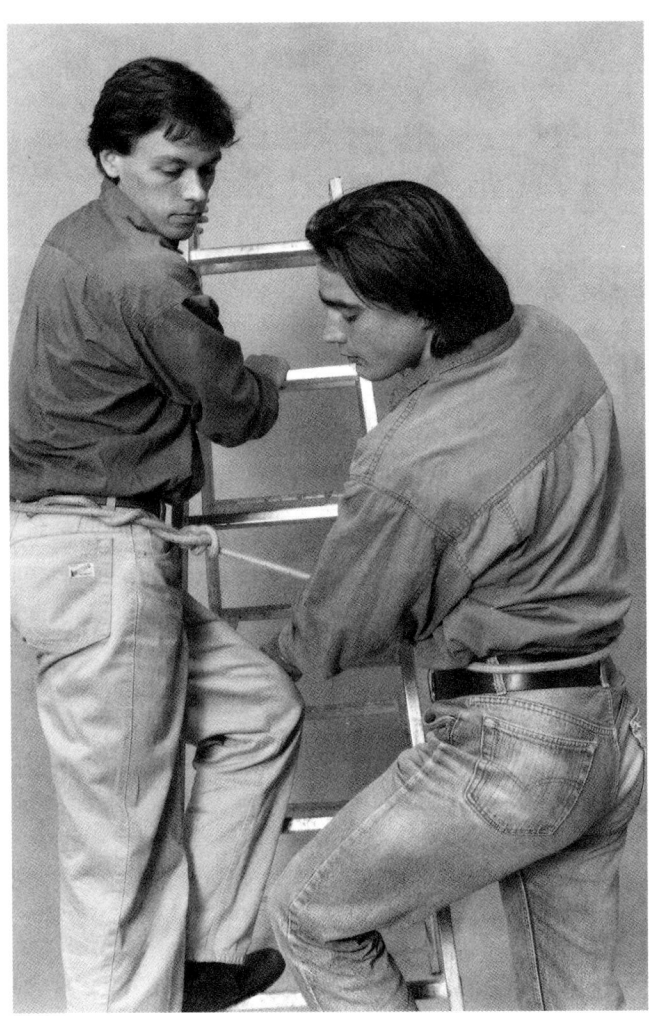

gegend, ergibt sich eine große Resonanz, die Stimme ist ruhig; wir sind auch kaum in der Lage, hektische Bewegungen auszuführen. Sind wir erregt, steigt der Druck in unserem Körper nach oben. Wir sprechen hoch, skandieren schrill. Auch der Sprachrhythmus hat sich verändert. Er ist schneller und neigt zum Stakkato.

Für Partnerschaft jeder Art ist Rhythmusausgleich eine Voraussetzung. Eine dynamische Partnerschaftsbeziehung erkennen wir an der Fähigkeit der Partner, Rhythmuswechsel, Rhythmusausgleich zu praktizieren. Permanent gleichförmiger Rhythmus führt zum Tod der Partnerschaft durch Routine. Da wir nur auf Veränderung reagieren, bemerken wir gar nicht, daß die Partnerschaft im Dornröschenschlaf liegt. Wer ist der Prinz, der uns wachküßt? Eine gestörte Beziehung läßt sich am ungleichen Rhythmus der Partner erkennen.

Ist es schon schwierig, auf einen anderen oder veränderten Rhythmus des Partners einzugehen, um wieviel anstrengender ist es dann, einen fremden Rhythmus zu tolerieren. Es wird auf die Dauer nicht gelingen. Folgender Schluß ist zu ziehen: Befinden sich Partner in unterschiedlichen Gemütszuständen, so daß ihr Rhythmus auseinanderstrebt, ist Rhythmusausgleich das wichtigste Gebot. Entweder gelingt es dem ruhigeren Partner, den anderen auf seinen Rhythmus einzustimmen, oder er muß sich, um dasselbe Ziel zu erreichen, zunächst dem erregten Rhythmus des anderen anpassen und sozusagen Hand in Hand mit ihm den Abstieg beginnen. Die Angleichung der Emotionen ist der Schlüssel zum Erfolg.

Sogenannte Temperamentsunterschiede sind meist nichts anderes als Rhythmusunterschiede. Ein anderes Temperament zieht uns an, in der Partnerschaft aber wirft es die beschriebenen Schwierigkeiten auf, die nur durch Rhythmusausgleich zu bewältigen sind.

Zwölf Führungssituationen

Der führende Partner will den anderen über einen Tisch gehen lassen, signalisiert den Aufstieg, nicht aber den Übergang, zerrt also den Partner schließlich über den Tisch, nicht weil der unfähig gewesen wäre, selbst zu gehen, sondern weil die eigene Zeichengebung nicht nuanciert genug war; die Zielsetzung drängte ihn vorwärts. Allerdings sollten wir den Partner nicht über ein Hindernis tragen, sondern ihn führen. Ein Wegweiser läuft nie mit.

Führender und Geführter halten sich bei erhobenen Armen an den Händen. Das Ergebnis: Lockerheit ist ausgeschlossen, und keiner von beiden kommt auf den Gedanken, die Hand herunterzunehmen. Die für beide bequeme Ausgangsposition ließe ohne Informationsverlust einen neuen Start zu. Das Problem liegt darin, daß die zufällig erreichte Position als Null- bzw. Ausgangspunkt betrachtet wird, gleichgültig, wie unbequem sie auch ist. Aber wie nimmt man

Wer führen will, muß nicht unbedingt alle Hindernisse selbst nehmen. Der Handkontakt, der kontrollierende Blick können genügen. Wie hier zu sehen ist, kommt der Partner unbeschädigt aus der Problemlage.

die Hände herunter, ohne daß die Bewegung als Signal für Herabsteigen oder Herunterkommen mißverstanden wird? Ich habe es durch ein Signal des Ausschüttelns versucht, während die Hände herunterhingen. Bestimmt gibt es mehrere Wege, einen Code zu finden, der Neutralisieren bedeutet.

Hieraus läßt sich das Prinzip ableiten, daß wir mit der oft zufälligen Ausgangsposition einer kommunikativen Handlung, einem Gespräch oder ähnlichem, Spannung schaffen. Die Ebene, auf der wir eine Information geben, versetzt den anderen in einen bestimmten Gefühlszustand. Schon der Klang der Stimme kann das bewirken, Bemerkungen, die anspruchsvoll erscheinen lassen, was noch nicht ausgesprochen ist. Ort und Zeit spielen eine große Rolle für Spannung und Entspannung, auch die Anwesenheit anderer. Männer reagieren empfindlicher, wenn sie in Gegenwart von Frauen kritisiert werden, junge Mädchen vor ihrer geheimen Liebe und so weiter.

Unverhältnismäßige Ankündigungen schaffen enttäuschte Erwartungen. Das Signal des führenden Partners deutet auf ein hohes Hindernis. Es stellt sich als niedrig heraus. Der Geführte fühlt sich getäuscht, er wird unsicher. Ergebnis: Er tastet sich auf eigene Faust vor, was dem Führenden seine Aufgabe wiederum erschwert. Denn wer auf die selbst ertasteten Informationen achtet, wird die Signale des »Sehenden« nur noch mit geteilter Aufmerksamkeit wahrnehmen.

Zwei haben einander fest im Griff, die Hände bilden fast eine gemeinsame Faust: Informationsaustausch ist fast ausgeschlossen. Sie sind nur noch zu großen, unkonturierten Aktionen fähig. Sie klammern sich aneinander und behindern jeden subtilen Informationsfluß.

Zwei Teilnehmer haben ein schwieriges Stück des Parcours bewältigt. Der führende Partner deutet durch das Sinkenlassen der mit dem anderen verbundenen Hand die Entspannung an. Pause. Souveräne Führung hält niemanden unter Dauerstreß. Niemand, nicht einmal eine Maschine, kann ständig auf Hochtouren laufen. Regeneration ist ebenso wichtig wie Aktion. Falsch ist die verbreitete Meinung, Pausen machen faul. Es kommt auf den richtigen Augenblick an.

Spannung überträgt sich. Geht vom führenden Partner das Gefühl von Anspannung aus, ist die Reaktion des Geführten sofort spürbar. Gespannte Atmosphäre in der Chefetage überträgt sich in Windeseile auf alle Abteilungen einer Firma. Das Beispiel zeigt es: Die führende Hand verstärkt den Griff. Der Geführte verkrampft sich. Gefahr im Verzug. Er beginnt über mögliche Gefahren zu spekulieren, und die »mögliche« Gefahr ist meist größer als die reale. Die Spekulation über Gefahr lähmt die Aktion. Auf den Schatten eines Berges kann man nicht klettern, aber der Berg selbst läßt sich bezwingen.

Umcodierung ist das wahre Problem von Führung und Geführtwerden. Das Signal muß jedesmal umgesetzt werden in Aktion. Funktioniert diese Umcodierung einmal nicht, muß ein Korrektursignal erfolgen, das jedoch nur dann ankommt, wenn die durch eine solche Panne erzeugte Spannung aufgelöst ist. Also Lockerung vor Korrektur, weil vorher der Informationsfluß gestört worden ist und die Korrektur nicht auf die fehlgerichtete Intention aufbauen darf.

Zwei Partner haben ein »Krisengebiet« des Parcours hinter sich gebracht; sie gehen genauso vorsichtig weiter, als befänden sich vor ihnen weitere Hindernisse. Der führende Partner hat es versäumt, Entwarnung zu geben. Das aber wäre wichtig für den Fortgang der Aktion. So entsteht ein Paradox: Die Krise ist überwunden, aber die hemmende Spannung bleibt. Denn in der Phantasie des Partners besteht die Gefahr fort. Die Spannung akkumuliert sich, gerade, weil sie sich nicht mehr in Aktion umsetzen kann.

Der führende Partner räumt dem anderen ein schwieriges Hindernis aus dem Weg. Eine gute Aktion, nur darf er nicht auf Dankbarkeit rechnen, denn der andere weiß gar nichts von einem Hindernis.

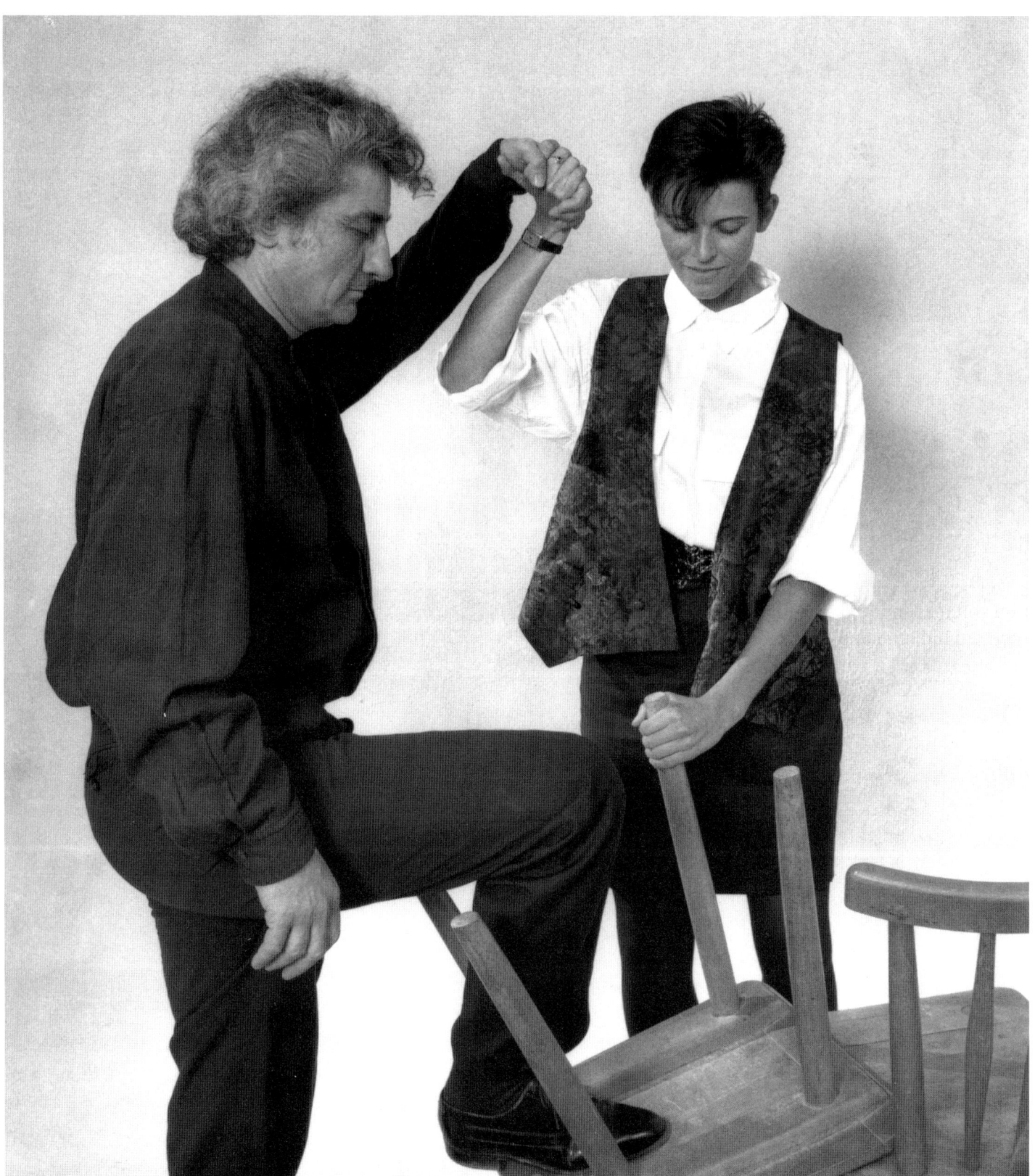

Der geführte Partner empfindet die Handhaltung des Führenden als unbequem. Er könnte das von sich aus signalisieren, geht aber wie selbstverständlich davon aus, daß der Führende auch die Form der Kommunikation bestimmen muß. Ein weitverbreiteter Irrtum.

Eine Aufgabe stellt sich dem Führenden als zu schwierig dar. Die Partner stehen einen Augenblick vor dem Hindernis, wenden sich wieder ab. Ein wichtiges Beispiel. Es beweist Mut, von einem Vorhaben abzusehen, wenn erkannt wurde, daß die Kräfte nicht reichen, es auszuführen. Eine Alternative zu suchen, ist die richtige Entscheidung.

Ein »blinder« Partner wird durch einen leeren Raum ohne Hindernisse geführt, signalisiert jedoch Angst, wagt nicht, weiterzugehen und bringt seinen sehenden Partner zum Stehen. Der sieht aber keinen Grund stehenzubleiben. Zieht er nun den »blinden« Partner einfach weiter, verliert er dessen Vertrauen, denn er hat das Angst-Signal nicht respektiert. Wir erinnern uns: Die für den einen unsichtbaren Hindernisse können für den anderen genauso real sein wie sichtbare. Der Partner zögert, weil er sich nicht sicher fühlt. Grund genug, anzuhalten. Vielleicht sollten wir den Verunsicherten sogar über scheinbar vorhandene Hindernisse führen. Der »Blinde« wird sich uns wieder anvertrauen, wenn wir seine Signale respektieren und schnell beantworten. Vielleicht glaubt er auch, daß sein »Instinkt« uns rechtzeitig gewarnt hat. Es ist leichter und zeitsparender zu respektieren als zu diskutieren. Es geht nicht darum, recht zu haben, sondern um Verständnis und Kommunikation.

Linke Seite
Die führende Partnerin erweist sich des in sie gesetzten Vertrauens würdig. Durch ihren Zugriff (sie hält den Stuhl fest, der abrutschen könnte) verhindert sie den möglichen Absturz. Dank darf sie nicht erwarten. Der »blinde« Partner sieht weder die Gefahr noch die Hilfestellung.

Führung im Wechsel oder
Die Hohe Schule der Partnerschaft

Solange die Rollen klar verteilt sind in einer Partnerschaft, solange die Spielregeln von Führen und Geführtwerden festliegen, ist die höchste Form von Partnerschaft noch nicht erreicht. Erst wenn die Partner bereit und in der Lage sind, zu führen *und* geführt zu werden, vorher aber nicht festgelegt ist, wann der eine und wann der andere die Führung übernimmt, ist das Ziel erreicht. Nun hängt der Führungswechsel von einem Signalaustausch zwischen den Partnern ab, der aus der Situation heraus begründet ist. Führung im Wechsel ist ein Vorgang unter absolut gleichberechtigten Partnern. Die private Zweierbeziehung ist nur eine Spielart solcher Partnerschaft. Die Unklarheit darüber, wann der Zeitpunkt der Führungsübernahme gekommen ist, erschwert selbstverständlich den reibungslosen Ablauf. Und es kommt hinzu, daß die Partner neben gemeinsamen auch unterschiedliche Interessen haben. Zu zweit könnten sie aber zu gleicher Zeit auch viel mehr wahrnehmen als jeder für sich allein; das bedeutet Informationszuwachs und zugleich Aktionsimpulse.

Jeder von uns besitzt wie der Mond sozusagen eine sichtbare und eine unsichtbare Seite. Unser Gesicht sieht, unser Rücken sieht nicht.

Haben Sie schon einmal versucht, vorwärts zu gehen und dabei Ihren Rücken bewußt wahrzunehmen? Das ist eine interessante Erfahrung, denn sie macht uns das permanente Vorhandensein des Rückens bewußt. Wir empfinden etwas von der Ganzheit unserer Person.

Rücken an Rücken oder: Rückendeckung

Was ich als Spielsituation zur Verdeutlichung der ganzheitlichen Partnerschaft vorgebe, umfaßt das gerade erläuterte System. Nicht mehr eine Verständigung durch die bewegliche Hand-in-Hand-Haltung ist gefragt, sondern sie muß vom Rücken, einem von uns vernachlässigten Körperteil, aufgebaut werden. Zwei Partner, die Rücken an Rücken stehen, haben den Vorteil der außerordentlichen Informationsbreite, sie verfügen über einen Radius von 360 Grad, was dem einzelnen verwehrt ist. Der Nachteil dabei ist, daß sie zwar beide sehen, sich aber nur mit der relativ ausdrucksschwachen Rückenpartie verständigen können und die Führungsrolle fließend von einem zum anderen übergehen muß. Dabei ist die Verbindung der Partner nicht mehr so eng wie im Fall der Hand-in-Hand-Situation, und dennoch soll sie erhalten bleiben. Wir haben es nicht mehr mit einer Beziehung zu tun, in der einer der Partner den anderen, der sich entfernen will, zurück-ziehen kann. Die Verbindung ist freiwillig. Keine andere Übung macht das Wechselspiel Partnerschaft so deutlich.

Geht einer der Partner ohne Abstimmung zu schnell vorwärts, fällt der andere entweder um, weil er sich zuvor stark angelehnt hat, oder man ist ihn einfach sehr schnell los, obwohl das gar nicht beabsichtigt war.

Sinn der Übung ist es, erfahrbar zu machen, wie Partnerschaft wohl aus Anlehnungsbedürfnis entstehen kann, daß sie, um zu funktionieren, aber Druck und Gegendruck braucht. Ich meine, man hat vergessen, uns das in unserer Erziehung mitzugeben. Gegendruck nämlich ist nicht mit Weigerung, mit Blokkade zu verwechseln. Es kommt auf einen wichtigen Unterschied an, nämlich darauf, ob der Gegendruck statisch ist oder dynamisch. Selbstverständlich brauchen wir in der Partnerschaft den dynamischen Gegendruck und nicht den statischen.

Als Partner bilden die beiden Menschen, die jetzt Rücken an Rücken stehen, ein Ganzes, als Individuen aber ist jeder ebenfalls ein Ganzes. Das ist die Spannung, die das Leben in der Partnerschaft ausmacht, und auch ihre Stärke.

Solange beide sich in Ruhestellung befinden, ist es beiden angenehm, so aneinander zu lehnen. Interessant wird es, wenn einer eine Entscheidung trifft, ein Ziel anvisiert und auf das Ziel zugehen will. Während er vorwärts geht, muß er sich des Gegendrucks des Partners versichern, der allein die Partnerschaft

Gleichberechtigte Partner können wechselweise führen und sich führen lassen. Nur Abstimmung, Information, Signal und Feedback müssen stimmen.
Auf dem *ersten Bild* betrachte ich das Problem; auf dem *zweiten* versuche ich eine egoistische Lösung und *(Bild 3)* löse das Problem, habe jedoch ein neues: Ich habe meine Partnerin verloren.

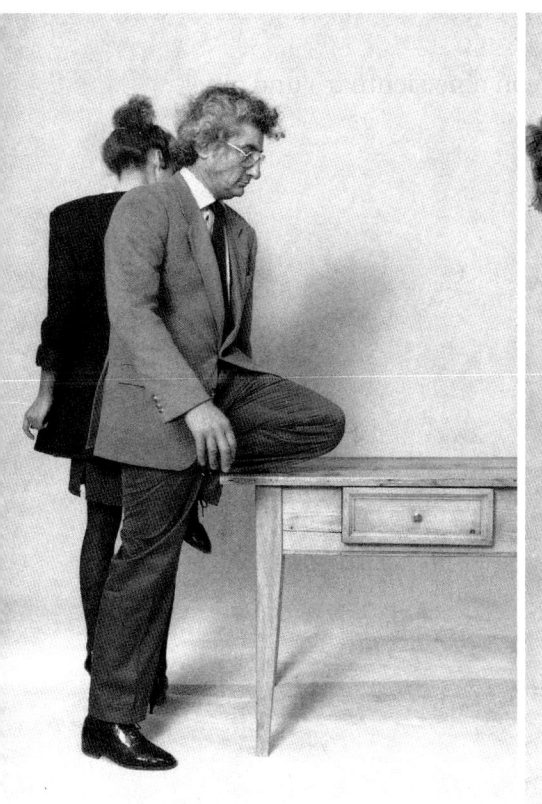
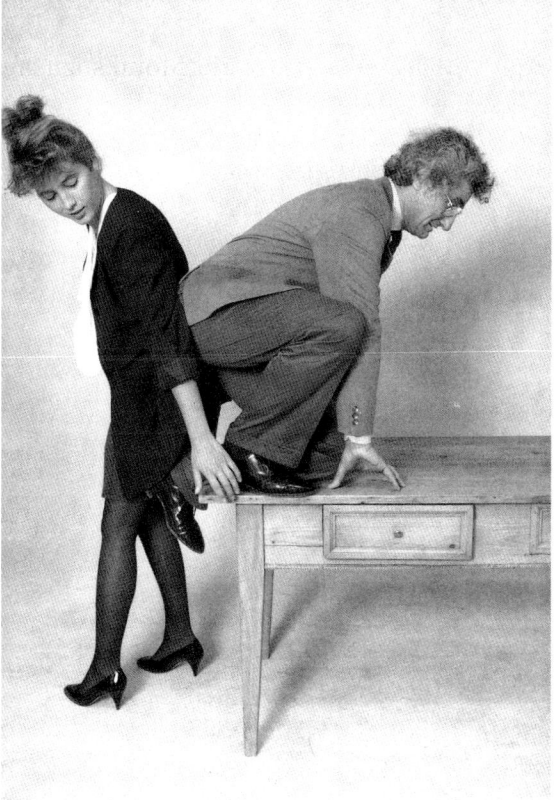

Meine Partnerin initiiert einen Positionswechsel. Ich will nicht *(Bild 1)*. Sie verzichtet dennoch nicht auf ihr Vorhaben und setzt sich in Bewegung *(Bild 2)*. Das Ergebnis *(Bild 3)* ist die Trennung des Paars.

zusammenhält. Im Gegendruck befindet sich die Informationsschaltstelle. Funktioniert die Kommunikation, kann ein Ziel problemlos angesteuert werden. Ist sie unterbrochen, kommt es zu Aggression und Frustration. Der zu schnell vorauseilende Partner wird aggressiv, weil der andere zurückbleibt, der rückwärts gehende Partner ist frustriert, weil der andere ihm davonrennt. Was kann der zweite tun, um den ersten zurückzuhalten? Gar nichts, denn der andere hat die Führung völlig an sich gerissen. Ein riskantes Mittel bleibt: Stopp! Ich bleibe stehen, komme nicht mehr mit. Aber das ist schon fast die Scheidung.

Viele Partnerschaften zerbrechen, weil der eine den anderen unbeachtet läßt wie seinen eigenen Rücken.

Druck und Gegendruck

Ich habe von statischem und dynamischem Gegendruck gesprochen. Stehen wir in der Partnerschaftsübung Rücken an Rücken, brauche ich den Gegendruck, um führen zu können. Es gibt keine passive Rolle in einer Partnerschaft. Jeder, der ein Partner sein will, muß aktiv sein. Denn wie schon beschrieben, ist der Kontakt schnell verloren, jede kleine Richtungsänderung kann diesen Verlust provozieren. Die Wechselwirkung von Druck und Gegendruck läßt sich mit der Kupplung im Auto vergleichen. Es gibt einen Punkt, an dem sie nicht mehr frei ist, aber auch noch nicht einrastet, noch nicht die Bewegung übernimmt. Der partnerschaftliche Kontakt ist ein elastischer Widerstand, besser: Anhaltspunkt, der die Druckveränderung aufnimmt, ohne zu trennen, der die Möglichkeit bietet, vorwärts oder rückwärts zu gehen, ohne daß es auch nur für einen Augenblick zu einer Trennung kommt. Existiert diese elastische Zone nicht mehr, oder ist sie erstarrt, verkrustet und unbeweglich, läßt sich weder steuern noch das Steuer übergeben. Partner, die zu schnell reagieren, heben die Wirkung der »Knautschzone«, wie ich sie manchmal nenne, auf. Da hebt einer die Hand, und schon marschiert der andere in die angezeigte Richtung. Dabei wollte der Partner nur auf etwas hinweisen, keineswegs aber hingehen. Nur anschauen, noch nicht kaufen! So etwas geschieht im Alltag unzählige Male. Wir hatten zu Hause einen großen Jugendstilkronleuchter, den wir zum Reinigen brachten. Nebenbei hatte meine Frau gefragt, ob man ein solches Stück wohl leicht verkaufen könne. Es war nur eine Frage, als wir wiederkamen, um den Luster abzuholen, war er verkauft. Das vorauseilende Verständnis des Geschäftsinhabers hatte uns eine böse Überraschung bereitet.

Das Spiel von Druck und Gegendruck ist ein Balanceakt. Der erwünschte und notwendige Gegendruck soll nicht Widerstand sein und nicht die Richtung ändern. Will ich die Richtungsänderung, weil ich vorwärts gehen möchte, brauche ich den Gegendruck des Partners, um den Kontakt mit ihm nicht zu verlieren. Ich lockere den Kontakt, ohne ihn aufzugeben, versteht er das Signal, weiß er, jetzt will ich vorwärts gehen. Ich kann nur dann damit anfangen, wenn er zu schieben beginnt. Er schiebt also, bringt die Energie für die Aktion auf, während ich führe. Es ist nicht einfach, den verlangten Gegendruck richtig zu dosieren. Wird er zu stark, gerät der andere, der nach vorn geht, ins Stolpern, verliert seine Führungsqualität, er wird geschoben; fällt er nicht ausgeglichen aus, das heißt eine Seite erfährt einen stärkeren Druck als die andere, wird es für den Führenden, der das Ziel anvisiert, schwer, den Kurs zu halten. Er wird in eine andere Richtung gedrängt, vermutet vielleicht sogar, der andere verbände eine Absicht damit, und läßt sich führen, obwohl die Führungsaufgabe logischerweise bei ihm läge, weil es in der Richtung seines Gesichtsfeldes vorwärts geht.

Derjenige von zwei Partnern, der rückwärts geht und den anderen schiebt, hat die leichtere Aufgabe. Er schiebt, während der andere im Vorwärtsgehen sich stets des anderen versichern muß, so läßt er sich schieben, während er durch leichten Gegendruck den Kontakt hält. Solange ich den Partner schiebe, kann ich mir auch sagen, er sieht für mich, er trägt die Verantwortung für Richtung und Ziel. So gibt es überall Menschen, die einen anderen zur Tat antreiben. Von diesem Moment an bestimmen sie Richtung und Rhythmus.

Verantwortung läßt sich aber auch teilen. Unser nach vorn gehender Partner kann die Sehfunktion übernehmen, sich nun aber auf Hinweise beschränken und dem anderen die Verantwortung für Richtung und Tempo übertragen. Die Entscheidungen trifft in diesem Fall der rückwärts gehende, schiebende Partner, während der andere, da er sieht, die Informationen gibt. Wichtig dabei

Hindernisse verstellen mir den Weg, und da ich noch keine Lösung weiß, sie zu umgehen, blockiere ich meine Partnerin, die mit dem Rücken nach vorn schiebt. Fällt mir nichts ein, gibt es Scherben *(Bild 1)*.

Richtungsänderung *(Bild 2)* ist möglich, ohne die Bindung zum Partner zu verlieren. Die Partnerin akzeptiert den Vorgang, ohne den Grund dafür sehen zu können: Vertrauen.

ist allerdings, daß jeder der beiden weiß, wann er welche Verantwortung zu tragen hat.

Der vorangehende Partner, der den Weg vor sich sieht, muß sich bewußt machen, daß sein rückwärts gehender Partner den Weg nicht sehen kann, daß er »blind« ist. Er kann deshalb nie so schnell sein wie der andere.

Es ist natürlich, daß dieser sich fragt, ob er ohne den Partner nicht viel schneller vorwärtskäme, nicht viel mehr erreichen könnte, als mit ihm. Die Rückendeckung, die der zweite ihm gibt, geht auf Kosten der Schnelligkeit, die er für sich allein entwickeln könnte. Rückendeckung kann hier heißen: technisches Wissen, Kapital, Branchenkenntnis, Beziehungen, die Kenntnis fremder Sprachen. Also sage ich dem Vorauseilenden: Nicht so schnell! Du brauchst meine Beziehungen, also mußt du mir durch Gegendruck ständig mitteilen, was du brauchst, was du willst. Die Zeitspanne, die ich benötige, um meine Beziehungen spielen zu lassen, meine Leute zu mobilisieren, die Ausführung deiner Vorstellungen zu erarbeiten, ist in deinem Plan zu berücksichtigen.

Einer will Gäste einladen, aber vorher muß gekocht werden. Der Partner braucht genaue Informationen darüber, wie viele Gäste kommen werden. Der

Akzeptiert meine Partnerin die Richtungsänderung und folgt meiner Intention, macht sie es so erst möglich, ein Hindernis ohne Schaden zu überwinden. Ich habe geführt, aber sie mußte schieben (der Aktion Kraft verleihen).

Gegendruck sagt, wenn es funktioniert, wie es funktionieren soll, nicht nur, wie viele Gäste kommen, sondern auch, wann sie kommen, um welche Einladung es sich überhaupt handelt, um einen Stehempfang, ein Abendessen und so fort. Der Alltag liefert die Beispiele für den elastischen Kontakt, der in der Partnerschaft notwendig ist: Signal und Gegensignal, Druck und Gegendruck.

Bevor dieses System aber in Gang kommen kann, muß der Anstoß dazu von einem Partner ausgegangen sein. Die Einladung war der auslösende Gedanke. Nun folgt der Balanceakt.

Rücken an Rücken: Einer der Partner sieht das Ziel (die Einladung). Er gibt das Zeichen zum Vorwärtsgehen, wartet das Okay des anderen (Gegendruck) ab. Erhält er das Signal, kann er losgehen und sein Ziel verfolgen, solange er den Gegendruck spürt. Vermindert sich der Druck, wird er langsamer vorangehen, sich nun seinerseits durch Gegendruck der weiteren Zustimmung des Partners versichern. Das Spiel ist mühsam und manchmal auch ärgerlich. Ich hätte eigentlich sofort losgehen können!

Die Verlangsamung, die partnerschaftliches Handeln mit sich bringt, habe ich schon erläutert. Das Fest mit fünfzig Gästen kann jedoch mit dem Partner zusammen besser vorbereitet werden. Die Frage stellt sich, ob die Langsamkeit, die durch Abstimmung entsteht, nicht entweder durch die partnerschaftliche Zusammenarbeit wieder aufgehoben wird, was den reinen Zeitverbrauch betrifft, oder ob die Qualität des Festes nicht den möglichen Zeitverlust bei weitem wettmacht.

Richtungswechsel

Jeder Partner hat das Recht, seine Meinung zu irgendeinem Problem zu ändern; jeder Partner kann auch ein gemeinsam geplantes Vorhaben fallenlassen und etwas anderes versuchen. Damit die Partnerschaft nicht Schaden leidet, bedarf es der Information des Partners. Aber sie allein genügt nicht. Wieder muß das Feedback, der bestätigende Gegendruck des Partners, abgewartet werden.

Ich komme nach Hause, mache die Haustür auf und rufe meiner Frau zu: »Ich gehe schon los. In einer halben Stunde erwarte ich dich am Eingang des ›Imperial‹ . . . Wiedersehn!« Für sie taucht ein Problem auf: Sie hat vier Kinder und keinen Babysitter. All das konnte sie nicht mitteilen, weil ich, der ich eigentlich nach Hause kommen sollte, plötzlich die Richtung gewechselt habe. Es ist durchaus legitim, sich anders zu entscheiden als vorgesehen. Aber ich muß die Meinung des Partners zu meinem Richtungswechsel einholen. Die Abstimmung muß erfolgen, der Kontakt muß hergestellt bleiben. Das Beispiel aus dem Privatleben läßt sich leicht durch eines aus dem Wirtschaftsbereich ergänzen. Eine Firma hat einen bestimmten Artikel im Programm. Partner A sieht einen Markt für einen anderen Artikel. Er teilt Partner B überraschend mit, daß die neue Produktion sofort beginnen müsse, und läßt ihm keine Zeit, mitzuteilen, daß drei Mechaniker krank und zwei in Ferien sind und eine

Maschine repariert werden muß. Der Richtungswechsel kam zu schnell, dem Partner wurde die Möglichkeit zum Feedback genommen. Wie oft läßt sich jemand das gefallen? Und wieviel Geld und Energie kostet es?

Rücksichtnahme – oder: »Bitte, belaste mich!«

Ich habe gelegentlich von falscher Rücksichtnahme in der Partnerschaft gesprochen, davon, daß der Partner nicht geschont, sondern belastet werden will. In einem Seminar bin ich für einen Teilnehmer, der nicht bis zum Schluß bleiben konnte, eingesprungen, gerade bei der Rücken-an-Rücken-Übung. Mein Partner konnte seine Knie nicht so weit beugen, wie es für einen Gang in gebückter Haltung (unter einem Hindernis hindurch) notwendig gewesen wäre. Ich habe ihn nur mit Mühe dazu gebracht, sich auf meinen Rücken zu legen und sich von mir tragen zu lassen. Er machte hundert Verrenkungen, um mich nicht zu belasten. Für mich aber wurde es viel leichter, als er seine Versuche mitzuhelfen, aufgab. Und natürlich läßt sich ein Partner vom anderen gern belasten, schon deshalb, weil er dann weniger Scheu haben muß, auch einmal den anderen zu belasten. Davon habe ich schon gesprochen.

Rücksichtnahme auf Voraussetzungen, die der Partner mitbringt, sind jedoch keineswegs unnötig, sondern sehr angebracht. An einer Rücken-an-Rücken-Übung läßt es sich drastisch darstellen. Ein Mann und eine Frau wollen den akrobatischen Versuch unternehmen, Rücken an Rücken einen Tisch zu unterqueren. Er trägt eine Hose, sie einen Rock. Bleiben sie bei ihrem Vorsatz, muß er immer wieder warten, damit sie ihre Beine bedecken kann, die während des Unternehmens bis weit hinauf entblößt werden. Die Alternative wäre gewesen, dieses Experiment wegen unterschiedlicher Voraussetzungen zu unterlassen. Das »nackte Bein« in diesem Beispiel kann als Synonym für vieles gelten, für Moral, für den guten Ruf, eine herausragende Stellung, Familienrücksichten oder auch ganz einfach für eine körperliche oder geistige Gegebenheit, die bestimmte Aktionen ausschließt, schwierig oder unangenehm macht. Eine Partnerfirma kann bei einem interessanten neuen Geschäftszweig nicht ohne weiteres einsteigen, weil ihr Stammkundenkreis davon irritiert wäre. Also muß sie zunächst das »nackte Bein« bedecken und beispielsweise unter einem zweiten Namen operieren. Solange diese Deckung nicht besteht, tritt eine Pause ein. Wieder ist Gegendruck, ist Information über den Aufenthalt nötig, denn sonst würden sich die anderen Partner fragen müssen: Warum bleibt er zurück? Und das ist schon das Vorspiel zur Trennung.

Ignoriert der Partner die von uns unterschiedlichen Voraussetzungen des anderen, kommt Sand ins Getriebe der Partnerschaft. Wir haben gesehen, daß ein großer Partner und ein kleiner sehr gut miteinander harmonieren. Nur darf der große Partner nicht vergessen, daß der kleinere nicht die gleichen Voraussetzungen mitbringt wie er selbst – und umgekehrt. Im Gegenteil, beide können unter Berücksichtigung der Andersartigkeit voneinander profitieren. Dazu sind

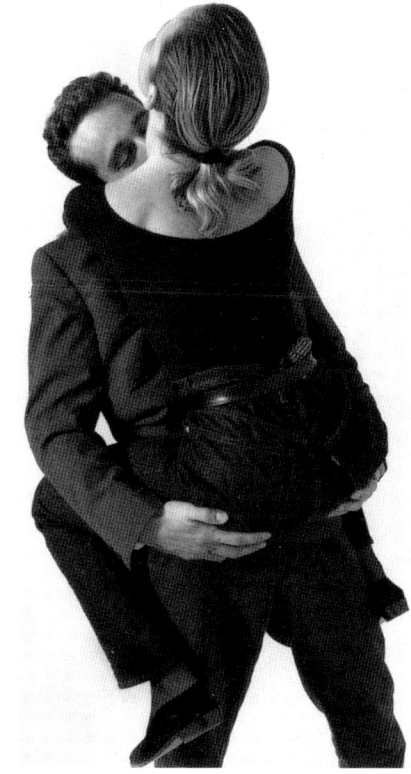

Sie ist ihm weder lästig, noch fällt sie ihm zur Last. Manche Partner werden einfach auf Händen getragen . . .

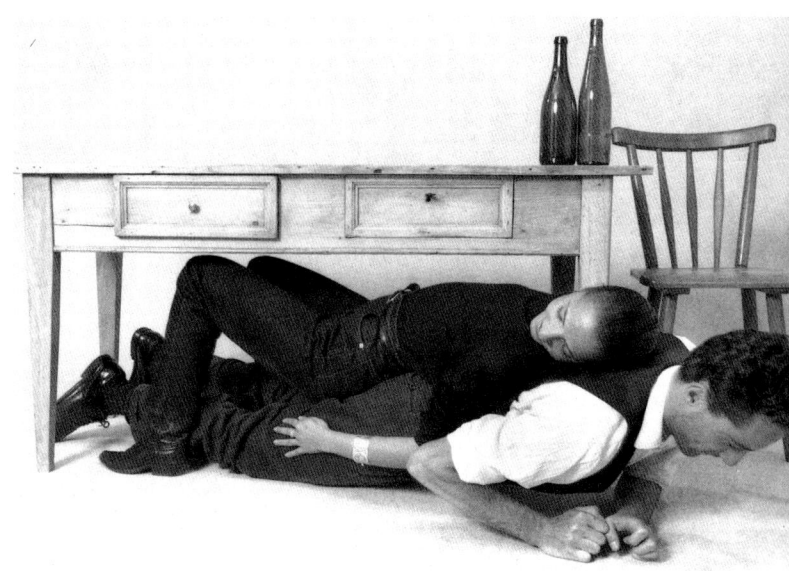

Wir brauchen uns nicht zu scheuen, den Partner zu belasten. Es ist häufig der einfachste Weg, ein Problem zu lösen. Leuchtet das ein, fühlt sich der Partner nicht »benutzt«, sondern »gebraucht«. Er kann beweisen, daß er belastbar ist.

die Variationen von Partnerschaftssystemen gedacht. Es gilt, der Situation entsprechend umschalten zu können. Die Rücksichtnahme auf Stärken und Schwächen des Partners nimmt an Bedeutung zu, wenn die Aufgabe in der Partnerschaft schwieriger und die Ziele weiter gesteckt werden. In diesen Fällen (Übungsbeispiel das Besteigen eines Tisches Rücken an Rücken) kann sich die Kontaktfläche dramatisch verringern. Der eine Partner will sehr schnell nach oben, der andere bleibt auf tieferem Niveau. Das ist eine typische Krisensituation, die sich ohne weiteres auf private, berufliche und geschäftliche Partnerschaft übertragen läßt. Niveauunterschiede, die sich während bestehender Partnerschaft vertiefen, sind gefährlich, gleichgültig, worum (Finanzen, Bildung, Sport) es sich handelt. Es gilt, dem benachteiligten oder zurückgebliebenen Partner zu helfen, mitzukommen. Eine Partnerschaftssünde, die sich kaum wieder gutmachen läßt, wäre es dagegen, zuzusehen, bis aus dem Niveauunterschied eine Weigerung des anderen wird, überhaupt noch nachzukommen. Aber auch die Bereitschaft, den Anschluß zu halten, gehört zur Voraussetzung der wirksamen Hilfe durch den Partner. Wir dürfen uns solche Partnerhilfe nicht zu leicht vorstellen. Vielleicht hat der Partner selbst große Mühe, das gesetzte Ziel zu erreichen, wahrscheinlich sind die dabei zu lösenden Probleme kaum zu bewältigen, und da soll einer noch Rücksicht nehmen auf die Schwäche des anderen, auf sein mögliches Feedback, das doch wahrscheinlich nur heißen kann: Nicht so schnell! Nicht so hoch!

Wer Partnerschaft will, muß diese Rücksicht nehmen. Was will er allein auf dem Gipfel, wenn er niemanden mehr hat (ich erinnere an den Golfer am Jom-Kippur-Tag), mit dem er die schöne Aussicht teilen kann... Und außerdem, wer sagt, daß die Stimme des nachhinkenden Partners nicht etwas anderes mitzu-

Wer für sich und seinen Partner
Risiken auf sich nimmt, hat die
Möglichkeiten, Stärken und Schwächen des anderen mitzubedenken.
Versäumt er es, kann der Partner auf
einmal bloßgestellt und gezwungen
sein, mühsam zu bedecken, was er
nicht sehen lassen wollte.

teilen hatte, vielleicht: Ich sehe einen anderen, leichteren Weg zum Ziel! Diesen anderen Weg hat der Partner mit dem Gipfelblick glatt übersehen.

Partnerschaft ist Kommunikation

Wer das Feedback des Partners übergeht, läßt Möglichkeiten ungenutzt. Wesentliche Ziele werden überhaupt nur erreicht, wenn beide Partner aufeinander hören. Die Notwendigkeit der Rückmeldung ist unbequem. Dialog ist mühsam, und manche Antwort wird uns nicht gefallen, wir wissen es im vorhinein. Deshalb rennen wir häufig einfach weiter, und zwar einzig aus dem Grund, die unerwünschte Antwort nicht hören zu müssen – und sind doch meist von ihrer Wahrheit überzeugt. Auch ein Kunde, der Schwierigkeiten sieht, wo wir keine sehen, wird erst dann zum Partner, wenn er seine Sicht der Dinge verständlich machen kann.

Mich besucht ein Vertreter für Burgunderweine. Ich koste, lobe die Weine, bestelle aber wenig. Er fragt nicht weiter, ist aber enttäuscht. Wenig später erscheint ein Vertreter für Bordeauxweine. Wieder koste ich, bestelle wiederum sehr wenig. Der Mann gibt sich damit nicht zufrieden. Er fragt nach: »Haben Ihnen die Weine nicht geschmeckt?« – »Doch.« – »Kommen Ihnen die Preise unangemessen vor?« – »Nein.« – »Aber warum bestellen Sie dann so gut wie nichts?« – »Weil ich keinen Platz im Keller habe.« Das Problem wird gelöst: Ich kaufe, er lagert für mich.

Feedback eröffnet Möglichkeiten, aus Kommunikation entsteht Partnerschaft.

Wir fürchten uns oft, ein Ziel, das wir anstreben, zu benennen, und zwar aus Angst, das Ziel nicht erreichen zu können und als Versager dazustehen. Es gehört Mut oder die Vertrautheit von Partnern dazu, ein Problem bzw. etwas, das uns ein Problem aufzuwerfen scheint, anzusprechen. Wir beschränken uns selbst aus falscher Vorsicht. So wie wir uns dem Nein des Partners stellen müssen, haben wir sein Lachen über eine verrückte Idee zu ertragen. Aber die Chance ist ebenso groß, daß er den Einfall für genial hält.

Also plädiere ich für den Mut zum Dialog. Zugleich warne ich vor dem Ehrgeiz, der uns am Dialog hindert, der uns vorgaukelt, alles allein und ohne die Hilfe eines Partners erreichen zu können. Lassen wir uns ruhig einmal tragen!

Der falsche Ehrgeiz hindert uns nebenbei gesagt an der eigenen richtigen Entscheidung. Ich erinnere mich an eine Begegnung mit Harald Kreuzberg, den großen Protagonisten des Ausdruckstanzes. In einem seiner Tanzstücke kam ein Gebet vor, und solange er das Stück auf die Bühne brachte, vollführte er im Augenblick des Gebets einen hohen Sprung. Eines Tages sagte er zu mir: »Ich bin heute daraufgekommen, daß das ganz falsch ist. Ich muß in diesem Moment auf die Knie fallen.« Ich sagte: »Dann tu's doch!« Er: »Dann werden die Leute glauben, ich könnte nicht mehr springen.«

Vor den Gesetzen der Partnerschaft müssen Ehrgeiz und Eitelkeit zurücktreten. Und gute Partner nehmen Rücksicht auf Ehrgeiz und Eitelkeit des anderen, auch durch ihr Feedback, durch den elastischen Gegendruck, der dem anderen vermittelt: Ich lasse dich nicht allein!

Es ist das Geheimnis des elastischen Gegendrucks, das subtilstes Wechselspiel in der Partnerschaft möglich macht.

Nullstellung

Die Rücken-an-Rücken-Position ist deshalb von großem Beispielwert, weil sie zeigt, wie schwer der Informationsaustausch bei einer laufenden Aktion wird. Bereits in der zuvor geschilderten Situation klarer Rollenverteilung zwischen führendem und geführtem Partner deutete sich an, daß schnelle Signalfolge, gerade im Korrekturfall, verwirrend sein muß. Deshalb ist das, was ich Nullstellung nenne und nichts anders ist als das Einnehmen der Ausgangsposition, von großer Wichtigkeit für den Fortgang der Aktion. Ich sollte sogar sagen: für den Wiederbeginn, denn zur Nullstellung gehört der vorläufige Abbruch von Aktion.

In der freien Partnerschaft Rücken an Rücken mit dem feinen Kommunikationsinstrument des elastischen Gegendrucks erhält die Nullstellung doppeltes Gewicht. Ich gehe voraus, spüre, wie der Gegendruck des Partners nachläßt, und muß auf seine Absicht achten. Marschiere ich weiter, wird sich der Partner lösen oder nur notgedrungen folgen. Wir haben beide die Möglichkeit, aus der Aktion in die Ruhestellung zu wechseln. Das heißt, wir bleiben stehen, blockieren die weitere Aktion. Das ist die Stellung zur Wiederherstellung des Einvernehmens, des Gesprächs überhaupt, der Abstimmung und neuerlichen Zielbestimmung. Stimmen die alten Vorgaben noch? Kennt unsere Partnerschaft neue Ziele? Können wir uns mehr zutrauen als bisher? Oder können wir auf ein paar Risiken verzichten?

Die Nullstellung ist dazu geschaffen, uns aufeinander einzustellen. Aus Übereifer nutzen wir kaum die Chance, uns die Aktionen durch vorherige Abstimmung leichterzumachen. Zurückgehen auf die Nullstellung bewahrt vor panischen Reaktionen, wenn Signale nicht mehr empfangen werden und das Ziel unerreichbar scheint, wenn die Kräfte nachlassen, wenn Ordnung sich in Unordnung zu verwandeln droht.

Teamarbeit

Ich habe mit Teilnehmern eines Seminars die Position Rücken an Rücken in der Gruppe ausprobiert. In einer langen Reihe standen die Partner, etwa zehn Paare, nebeneinander. Der Rückenkontakt mit dem unmittelbaren Partner sollte erhalten bleiben und der Seitenkontakt eines Paares zum nächsten möglichst nicht gelöst werden. Das Ergebnis war zunächst das gleiche wie in

Vorteil der Partnerschaft: Die beiden haben zusammen einen Gesichtskreis von 180 Grad. Wer gibt das Signal, auf ein Ziel zuzugehen? Gleichgültig, wer es ist, er muß auf das Einverständnis des Partners warten, denn er braucht den Druck des anderen, um vorwärtsgehen zu können, während dieser seinen Gegendruck braucht, damit die Verbindung hält. Druck und Gegendruck sind Elemente der Partnerschaft.

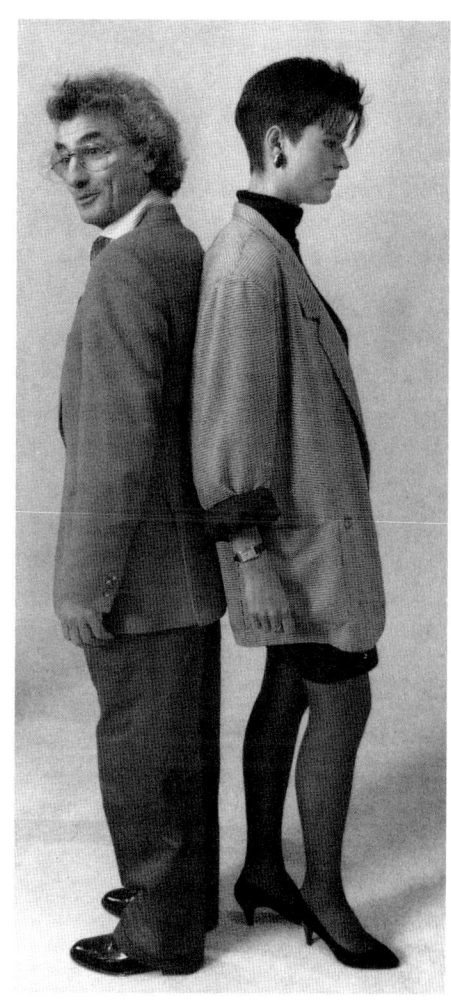

jeder Teamarbeit. Ein Teilnehmer begann zu schieben, sein Partner visierte ein Ziel an; die Richtung wird nach und nach in Abstimmung mit den übrigen Paaren festgelegt. Sie ergibt sich aus der Kombination von Impuls und der Bereitschaft der anderen, mitzumachen. Das Problem einer Weigerung von einzelnen entstand hier nicht, da sich alle bereitfanden, die Aufgabe als solche durchzuführen, was der Realität in Arbeitsgruppen weitgehend entspricht. Weigert sich auch nur einer, dann muß die ganze Gruppe warten oder aufgrund einer neuen Vereinbarung wieder mit der Abstimmung beginnen, um sich dann erneut in Bewegung setzen zu können. Ungeduld und Druck erzeugen Frustration, Aggression und als deren Folge aktive oder passive, bewußte oder unbewußte Sabotage.

Teamarbeit ist nicht mit Demokratie gleichzusetzen, die ein freiwilliges Zurückstehen der Minderheit verlangt. Teamarbeit verlangt die hundertprozentige Abstimmung mit allen Beteiligten. Die Arbeit kann erst beginnen, wenn alle den Weg akzeptiert haben. Ist das Ziel ausgemacht, der gemeinsame Rhythmus gefunden, wozu es mancher Abstimmung bedarf, bewegt sich die Gruppe in eine bestimmte Richtung.

Der Vorteil der Gruppe ist vor allem der uneingeschränkte, 360 Grad umfassende Beobachtungshorizont, die fachlichen Kapazitäten und der Schwung gemeinsamer Bewegung. Aber gerade mit ihm hat es eine eigene Bewandtnis. Gruppendynamik kommt ins Spiel. Mit der Zeit entsteht ein Druck, den keiner wollte und keiner bewußt erzeugt hat. Er ist auf einmal da, und die Gruppe wird von einer unsichtbaren Kraft geschoben. Und diese Kraft, dieser Druck neutralisiert die Entscheidung des einzelnen in dieser Gruppe. Alle werden nur noch mitgeschoben oder mitgezogen, als hätte sich die Gruppe verselbständigt. Wir sahen in diesem einfachen Experiment, wie plötzlich die Gruppe ins Schlingern kam. Ein nicht mehr auszumachender schwacher Punkt in der Partnerschaft hatte die Krise ausgelöst; die Eigendynamik der Gruppe nahm ihren Lauf und war nicht mehr zu korrigieren, nur noch zu blockieren, und das bedeutete, stehenbleiben, auf Nullstellung gehen, Ziel und Richtung neu bestimmen.

Im Alltag entsteht ein solcher, sich verselbständigender Druck in fast allen größeren Partnerschaftssystemen. In jeder Firma läßt sich diese Erscheinung beobachten, und oft sind Krisen, für die es keine rationale Begründung mehr gibt, die Folge. Versäumt wurde lediglich, eine Bewegung zu stoppen, die sich potenziert und verselbständigt hatte. Solange sie sich nur selbständig zu machen droht, ist noch Zeit, zur Nullstellung zurückzukehren, die Kräfte, die Kapazitäten zu ordnen. Der Prozeß wiederholt sich permanent. Die Übung führt es paradigmatisch vor Augen. Sie entspricht einem Modell der Ordnungsgesetze von Partnerschaft.

Körpersprache als Modell

Alle körpersprachlichen Beispiele, die ich dargestellt habe, sind modellhaft angelegt: Die Partnersuche, die ohne verbale Kommunikation verläuft; die Erfahrung, einen anderen eine Weile anzuschauen, sein Gesicht, seinen Körper, seine Kleidung in allen Einzelheiten wahrzunehmen und daraus ein Persönlichkeitsbild zu formen, uns von außen dem Partner zu nähern – damit haben wir begonnen. Die Partnerschaftsübung, Hand in Hand zu empfinden, wie Partnerschaft bindet, wie sie den einzelnen in seiner Bewegungsfreiheit einschränkt, aber die Erlebnisqualität steigert, war der nächste Schritt. Was Vertrauen heißt, nämlich die Abwesenheit von Kontrollmöglichkeiten, was Mißtrauen verhindert, also kontrollieren zu wollen, wo nur der Partner sehen kann, macht die Übung des Führens und Geführtwerdens durchsichtig. Der Informationsaustausch Rücken an Rücken über das Mittel des elastischen Gegendrucks schließlich kann als modellhaft für partnerschaftliche Kommunikation überhaupt stehen.

Was ich an allen Modellen zu zeigen versuche, ist das System von Partnerschaft überhaupt. Denn welches Ziel sie auch verfolgen, in ihrem System sind alle Partnerschaften gleich. Ob es sich um Liebe und Ehe, Geschäft oder Beruf handelt, das Schema von Annäherung und Werbung, von Kommunikation und Kontakt, von Druck und Gegendruck, Signalverständnis und Feedback, von Zuwendung und Liebesentzug, es trifft auf alle Formen von Partnerschaft zu. Die einzelnen Stationen haben je nach ihrem Zusammenhang einen emotional, traditionell oder zeitgebunden unterschiedlichen Stellenwert. Wir sträuben uns, die Werbung um einen Partner für Liebe und Leben so zu sehen wie die Bewerbung für eine berufliche Stellung oder einen Auftrag. Das Grundmotiv von Bewerbung liegt jedoch allen zugrunde. Innerhalb der Beziehungen ist es nicht anders. Und Kommunikation ist der Motor jeder Partnerschaft. Ich hoffe, die Formel kommt Ihnen nun ganz selbstverständlich vor, daß nur Information plus Feedback Partnerschaft ergeben kann. Wenn ich von Modellhaftigkeit spreche und von einem Schema, passend für jede Form von Partnerschaft, meine ich damit nicht Einförmigkeit der Abläufe und Problemlösungen. Ich rede im Gegenteil einer Vielfalt von Möglichkeiten das Wort. Selbst Partnerschaft, wenn auch biologisch vorgegeben, ist nur eine Möglichkeit der Existenz. So wie es unterschiedliche Welt- und Lebensmodelle gibt, die in sich alle stimmen mögen, muß man wissen, daß es davon mehrere gibt und daß sie verschiedene Wege aufzeigen. Es gibt den Fall, daß ein Problem innerhalb eines Systems, eines Modells nur durch eine Möglichkeit gelöst werden kann, die ein anderes System oder Modell bietet. Jeder Partner hat die Möglichkeit mehrerer Variationen. Wir wissen, daß es Variationen desselben großen Themas sind: Partnerschaft – ein großes Netz voller kleiner Knoten, das große Last trägt.

Beziehung ohne Konflikt

Der Mutter genügt ein kurzes Ziehen am Seil; der Sohn ist schon da *(oben links)*. Und auch eine Beziehung zwischen Brüdern kann gelegentlich ganz konfliktfrei sein *(unten links)*. Eine Mutter wird nach allen Seiten gezogen. Jeder will sie auf seiner Seite haben. Die Mutter (meine Frau) erlebt, wie gebunden sie ist. Irgendwann kommt die Gemeinschaft zum Stillstand *(oben rechts)*; oder die Beziehungsfäden verwirren sich. Die Karambolage ist nicht mehr zu verhindern *(unten rechts)*. Jetzt nimmt der Vater »das Heft in die Hand«.

Am Anfang war die Beziehung

Was Partnerschaft ist, was Partnerschaft bedeuten kann, wie man sie gewinnt, wie man sie verliert, davon sprechen die vorausgegangenen Kapitel. Die wichtigste Lehre, die daraus zu ziehen ist, scheint eine doppelte zu sein: Die erste ist, den Partner zu bemerken, ihn wahrzunehmen, die zweite, die permanente Kommunikation auf möglichst vielen Informationswegen zu versuchen. Es sind nicht unsere Taten, die Partnerschaft erhalten oder zerstören, es ist die Sprachlosigkeit – womit nicht ausschließlich das Fehlen verbaler Kommunikation gemeint ist –, die Entfremdung erzeugt.

Viel ist erreicht, wenn wir uns der Erlebnisqualität von Gemeinsamkeit an sich erinnern. Ein Teilnehmer eines Partnerschaftsseminars, der am Ende über seine Eindrücke referiert und gerade die Rücken-an-Rücken-Übung absolviert hatte, brachte es auf den Punkt: »Mir hat besonders gefallen, wie mein Partner und ich durch zunehmend besseren Informationsaustausch von Rücken an Rücken nach und nach auch schwierigere Aufgaben angegangen sind. Manches hat zwar nicht geklappt, aber das machte uns gar nichts aus.«

Ich habe eingangs gesagt: Wir gehen eine Partnerschaft ein, um einen Vorteil daraus zu ziehen. Dieser Vorteil muß nicht darin liegen, ein Ziel zu erreichen, das außerhalb der Partnerschaft liegt. Partnerschaft selbst kann das Ziel sein.

Der Mensch als Teil der Natur

Es existiert noch ein tieferer Zusammenhang, der mit dem Wort Partnerschaft verbunden ist.

Als der Mensch aus der Evolution hervortrat, kam er aus dem Zusammenhang mit der Natur, mit der gemeinsam er ein Ganzes bildete. Eine Trennung gab es so lange nicht, wie das Bewußtsein seiner selbst ihn noch nicht aus der Natur und aus sich selbst heraustreten ließ. Das Ich-Bewußtsein hatte noch kein Gegenüber in Gestalt eines Es-Bewußtseins.

Martin Buber hat in seinem Essay mit dem Titel »Ich und du« davon gesprochen, daß die Grundworte des Menschen nicht Einzelworte, sondern Wortpaare sind:

»Das eine Grundwort ist das Wortpaar *Ich–Du*. Das andere Grundwort ist das Wortpaar *Ich–Es*, wobei, ohne Änderung des Grundworts, für *Es* auch eines der Worte *Er* und *Sie* eintreten kann.«

Weit über das hinaus, was unsere Gefühle von Verbundenheit mit einem anderen sagen können, lebt der Urzusammenhang, aus dem der Mensch kommt, in uns weiter. Der Urmensch, wiewohl zum Bewußtsein seiner selbst gelangt, erlebte die Welt im Zusammenhang. Das heißt nicht, daß wir uns zurückträumen sollten in eine vorzivilisatorische Zeit. Ich huldige nicht dem Irrationalen, nicht einer Gegenaufklärung, sondern einer Aufgeschlossenheit des Geistes, die den tiefen Zusammenhang alles Lebendigen anerkennt.

Dieser Zusammenhang zeigt sich zuallererst in unserem Verhältnis zum Mitmenschen. Bleibt er mir der »andere«, gehört er in die Es-Welt, von der Martin Buber spricht. Anders steht es mit dem wahren partnerschaftlichen Verständnis: »Stehe ich einem Menschen als meinem Du gegenüber, spreche ich das Grundwort Ich-Du zu ihm, ist er kein Ding unter Dingen und nicht aus Dingen bestehend.«

Eine Weltsicht, die unsere Welt nicht nur von außen sieht, sondern sich als Teil der Welt und die Welt als Teil seiner selbst, kommt der Ganzheit von Mensch und Welt näher. Der Künstler erfährt dieses Phänomen in seinen besten Momenten. Martin Buber drückt es so aus:

»Das ist der ewige Ursprung der Kunst, daß einem Menschen Gestalt gegenübertritt und durch ihn Werk werden will. Keine Ausgeburt seiner Seele, sondern Erscheinung, die an sie tritt und von ihr die wirkende Kraft erheischt. Es kommt auf eine Wesenstat des Menschen an: Vollzieht er sie, spricht er mit seinem Wesen das Grundwort zu der erscheinenden Gestalt, dann strömt die wirkende Kraft, das Werk entsteht.«

Denken wir an das Porträt: Was geschieht mit dem Menschen, den der Maler porträtiert? Bleibt er ein anderer? Selbstverständlich ereignet sich etwas anderes als nur handwerkliches Abkonterfeien. Kunst findet zum alten Zusammenhang. Der Künstler assimiliert sich ein »Objekt«, das durch diesen Vorgang keines mehr ist.

In der Darstellung meines Lebens als Pantomime in *Magie der Stille* habe ich den Moment der Kunst zu beschreiben versucht und gesagt: »Die Pantomime durchbricht die Trennwand zwischen den beiden Wahrnehmungszuständen des Menschen, zwischen Wachsein also und Träumen. Deshalb ist mir die Leiter ein so liebes Symbol, herstammend von Jakobs Leiter, über die Gottes Engel auf- und niedersteigen zwischen Himmel und Erde . . .« Ein untrennbarer Zusammenhang wird darin deutlich. Wenn ich in meiner Pantomime »Der Vogel und der Jäger« den Vogel darstellte und ich »fliegen« konnte, entstand dieser von jedem Zuschauer miterlebte Moment zwar selbstverständlich auch durch eine lang erarbeitete Technik – durch genaue Beobachtung des Verhaltens von Vögeln –, aber es mußte etwas hinzukommen, das die Trennung zwischen mir und dem darzustellenden »Objekt« aufhob. Ich war der Vogel und war doch ich, gerade weil ich ihn nicht nachahmte. Das »Es« bleibt, so Buber, die ewige Puppe.

So kommt der Künstler einem menschlichen, einem natürlichen Urzustand nahe, wie er der Erlebniswelt primitiver Kulturen zum Teil noch anhaftet und wie er für das vorgeburtliche und früheste Leben eines Kindes gilt.

»Jedes werdende Menschenkind ruht, wie alles werdende Wesen, im Schoß der großen Mutter: der ungeschiedenen vorgestaltigen Urwelt. Von ihr aus löst es sich ins persönliche Leben, und nur noch in den dunklen Stunden, da wir diesem entgleiten (das widerfährt freilich auch dem Gesunden Nacht um Nacht), sind wir ihr wieder nah. Aber jene Ablösung geschieht nicht wie die von der leiblichen Mutter, plötzlich und katastrophal; es ist dem Menschenkind Frist gewährt, für die verlorengegangene naturhafte Verbundenheit mit der Welt geisthafte, das ist Beziehung, einzutauschen...« (Buber)

Und wenn das »Menschenkind« die Augen aufschlägt, beginnt sein Streben nach Beziehung, das stets auf ein Ich-Du-Verhältnis gerichtet ist, auf Verschmelzung. Der Liebesakt kann als Paradigma solcher Aufhebung der Ich-Es-Beziehung gelten, wenn es dabei nicht mehr um Befriedigung und Benutzung geht. Die Gemeinschaft zwischen Menschen ist immer dann dem ganzheitlichen Urzustand nahe, wenn sich die Ichbezogenheit auflöst im gemeinsamen Erleben.

Die Geschichte der Menschheit ist begleitet von der Ausbreitung der Es-Welt, der Welt der Dinge. Das hat gute Gründe, und wer wollte die Errungenschaften der aufgeklärten Menschheit missen? Wenn aber von Partnerschaft die Rede ist, muß auch an die Ganzheit der Natur, zu der wir Menschen gehören, erinnert werden.

Schillers »Alle Menschen werden Brüder« lege ich als eine Aufforderung zur Besinnung aus, zur Besinnung auf die Brüderlichkeit, aus der wir kommen. Darin eingeschlossen ist die Welt der Kreatur, des Tieres, die »zwischen den Reichen der pflanzenhaften Sicherung und des geistigen Wagnisses« liegt. Ob wir uns auf ein »ewiges Du« beziehen oder nicht, der Begriff Partnerschaft kann uns, soll uns an den von der Brüderlichkeit erinnern, der Mensch und Natur umschließt.

Register